PSICOLOGIA SOCIAL E SAÚDE

COLEÇÃO PSICOLOGIA SOCIAL

Coordenadores:
Pedrinho A. Guareschi – Pontifícia Universidade
  Católica do Rio Grande do Sul (PUCRS)
Sandra Jovchelovitch – London School of
  Economics and Political Science (LSE) – Londres

Conselho editorial:
Denise Jodelet – L'École des Hautes Études en Sciences Sociales – Paris
Ivana Marková – Universidade de Stirling – Reino Unido
Paula Castro – Instituto Superior de Ciências do Trabalho e da Empresa (ISCTE) –
  Lisboa, Portugal
Ana Maria Jacó-Vilela – Universidade do Estado do Rio de Janeiro (Uerj)
Regina Helena de Freitas Campos – Universidade Federal de Minas Gerais (UFMG)
Angela Arruda – Universidade Federal do Rio de Janeiro (UFRJ)
Neuza Maria de Fátima Guareschi – Pontifícia Universidade Católica do
  Rio Grande do Sul (PUCRS)
Leoncio Camino – Universidade Federal da Paraíba (UFPB)

Dados Internacionais de Catalogação na Publicação (CIP)
(Câmara Brasileira do Livro, SP, Brasil)

Spink, Mary Jane P.
  Psicologia social e saúde ; práticas, saberes e sentidos /
Mary Jane P. Spink. 9. ed. – Petrópolis, RJ
Vozes, 2013.

5ª reimpressão, 2017.

ISBN 978-85-326-2881-7

  1. Psicologia social 2. Saúde I. Título. II. Título : Práticas, saberes
e sentidos.

03-2296   CDD-302.5

Índices para catálogo sistemático:
1. Psicologia social da saúde : Sociologia   302.5

Mary Jane P. Spink

PSICOLOGIA SOCIAL E SAÚDE

Práticas, saberes e sentidos

Petrópolis

© 2003, Editora Vozes Ltda.
Rua Frei Luís, 100
25689-900 Petrópolis, RJ
www.vozes.com.br
Brasil

Todos os direitos reservados. Nenhuma parte desta obra poderá ser reproduzida ou transmitida por qualquer forma e/ou quaisquer meios (eletrônico ou mecânico, incluindo fotocópia e gravação) ou arquivada em qualquer sistema ou banco de dados sem permissão escrita da editora.

CONSELHO EDITORIAL

Diretor
Gilberto Gonçalves Garcia

Editores
Aline dos Santos Carneiro
Edrian Josué Pasini
Marilac Loraine Oleniki
Welder Lancieri Marchini

Conselheiros
Francisco Morás
Ludovico Garmus
Teobaldo Heidemann
Volney J. Berkenbrock

Secretário executivo
João Batista Kreuch

Editoração e org. literária: Maria Paula Eppinghaus de Figueiredo
Capa: Studio Graph-it

ISBN 978-85-326-2881-7

Editado conforme o novo acordo ortográfico.

Este livro foi composto e impresso pela Editora Vozes Ltda.

AGRADECIMENTOS

A proposta de reunir textos de minha autoria sobre o tema da saúde na abordagem da psicologia social surgiu das reuniões do Núcleo de Estudos e Pesquisas em Práticas Discursivas e Produção de Sentidos do Programa de Estudos Pós-graduados em Psicologia Social da Pontifícia Universidade Católica de São Paulo. Da mera ideia interessante à proposta concreta que levou à publicação da coletânea pela Editora Vozes, houve um longo percurso que envolveu muitas pessoas.

O percurso, por vezes turbulento e cansativo, só foi possível por causa da energia e entusiasmo de Jefferson Bernardes e Dolores Galindo, a Tina. Foram eles que fizeram a primeira seleção de textos, digitaram os que só existiam em versão em papel, traduziram, quando necessário, e fizeram os primeiros contatos solicitando cessão de direitos autorais de textos já publicados, contando para isso com a colaboração de Edith Janete Schaefer; Kelly Ferrão Nunes e Cristina Wulfhorst, alunas do curso de psicologia da Unisinos.

Mas os caminhos da vida nem sempre são retos e levam, por vezes, a atalhos que desviam a atenção de alguns projetos, priorizando outros. Foi assim com o projeto do livro. Assumi, então, a finalização do projeto, tendo nessa segunda fase a colaboração inestimável de Sergio Aragaki. A tarefa de preparação de textos parece, às vezes, interminável, e envolveu muitas outras pessoas: Rosineide Cordeiro, Rafaela Cocchiola, Vanda Nascimento, Jacqueline Brigagão e Milagros Garcia, do Núcleo de Pesquisa, ajudaram na revisão da digitação dos textos; Maria Helena Cascaldi, pacientemente, digitou os novos textos incluídos nesta segunda fase; Juliana Mills traduziu um dos capítulos, originalmente escrito em inglês; Simon Spink elaborou os gráficos e figuras mais complexas que exigiam conhecimento de programas mais sofisticados; Maria Helena Amaral Muniz de Carvalho fez a revisão dos textos introdutórios a cada parte do livro; Peter Spink ajudou nas difíceis decisões sobre a inclusão e exclusão de textos e a linha argumentativa do livro como um todo.

O projeto não poderia ter-se viabilizado sem a colaboração de editores de livros e revistas em que alguns textos haviam sido originalmente publicados, portanto, lhes agradecemos pela permissão para publicação: Capítulo 1, *Psicologia da saúde – A estruturação de um novo campo de saber* (Editora Hucitec); Capítulo 2, A construção social do saber sobre a saúde e a doença – Uma perspectiva psicossocial (*Revista Saúde e Sociedade*); Capítulo 3, Saúde: um campo transdisciplinar? (*Revista Terapia Ocupacional*); Capítulo 5, *Regulamentação das profissões da saúde: o espaço de cada um* (Cadernos Fundap – Fundação do Desenvolvimento Administrativo); Capítulo 7, *A formação do psicólogo para atuação em instituições de saúde* (Sociedade Brasileira de Psicologia); Capítulo 8, A construção social do paciente internado – uma análise psicossocial (*Revista de Psicologia Hospitalar*); Capítulo 11, *A medicina e o poder de legitimação das construções sociais de igualdade e diferença – Uma reflexão sobre cidadania e gênero* (Editora Cortez); Capítulo 13, *Os sentidos de ser voluntário – Uma reflexão sobre a complexidade dos ensaios terapêuticos na perspectiva da psicologia social* (Coordenação Nacional de DST e Aids, Ministério da Saúde) e Capítulo 15, *Permanência e diversidade nas representações sociais da hipertensão arterial essencial – Entendendo a produção de sentidos em uma perspectiva temporal* (Temas em Psicologia, Sociedade Brasileira de Psicologia). O Capítulo 12, *A relação médico-paciente como ordem negociada* é uma versão modificada de artigo publicado na *Revista Brasileira de Pesquisa em Psicologia*.

SUMÁRIO

Introdução – Reflexões sobre a processualidade do conhecimento, 9

PARTE I – PSICOLOGIA SOCIAL E SAÚDE – Construindo saberes, 19

1. Psicologia da saúde – A estruturação de um novo campo de saber, 29

2. A construção social do saber sobre a saúde e a doença – Uma perspectiva psicossocial, 40

3. Saúde: um campo transdisciplinar?, 51

4. Delimitação teórica e metodológica da psicologia da saúde, 61

PARTE II – OS PSICÓLOGOS NA SAÚDE – Reflexões sobre os contextos da prática profissional, 77

5. Regulamentação das profissões da saúde – O espaço de cada um, 87

6. O trabalho do psicólogo na comunidade – A identidade socioprofissional na berlinda, 122

7. A formação do psicólogo para atuação em instituições de saúde, 132

8. A construção social do paciente internado – Uma análise psicossocial, 141

9. O psicólogo e a saúde mental – Ressignificando a prática, 149

PARTE III – SOBRE PRÁTICAS QUE LEGITIMAM SENTIDOS –
A presença da história no tempo curto da interação entre
usuários e profissionais da saúde, 161

10. As origens históricas da obstetrícia moderna, 169

11. A medicina e o poder de legitimação das construções
sociais de igualdade e diferença – Uma reflexão sobre
cidadania e gênero, 194

12. A relação médico-paciente como "ordem
negociada", 204

13. Os sentidos de ser voluntário – Uma reflexão sobre a
complexidade dos ensaios terapêuticos na perspectiva da
psicologia social, 215

PARTE IV – CONHECIMENTO E PRODUÇÃO DE SENTIDOS
NO COTIDIANO – A saúde como campo de pesquisa da
psicologia social, 225

14. Crenças sobre desejos na gravidez e padrões de busca
de informação – A produção de sentidos na perspectiva
das disposições adquiridas nos processos de
socialização, 237

15. Permanência e diversidade nas representações sociais
da hipertensão arterial essencial – Entendendo a
produção de sentidos em uma perspectiva temporal, 260

16. A onipresença do câncer na vida das mulheres –
Entendendo os sentidos no fluxo das associações de
ideias, 276

17. Ao sabor dos riscos – Reflexões sobre a dialogia e a
coconstrução de sentidos, 295

Referências, 325

INTRODUÇÃO

Reflexões sobre a processualidade do conhecimento

Este livro reúne textos que pontuam diferentes fases da reflexão que venho fazendo sobre o tema da saúde na perspectiva da psicologia social. Mescla textos previamente publicados (mas, hoje, fora de circulação) e ensaios apresentados em eventos da área que, em seu conjunto, constituíram marcos na consolidação da perspectiva de saúde coletiva na psicologia social.

Embora esta coletânea tenha o caráter de "memória" de uma trajetória de pesquisa que teve início no curso de doutorado no London School of Economics and Political Science, Universidade de Londres, na década de 1970, traz no seu bojo uma postura pró-ativa de balanço dos avanços da área e possibilidades de desdobramentos futuros. Ou seja, recuperando uma trajetória de pesquisa e reflexão, trata a história como memória. Mas, sendo produto de uma seleção de textos que tem por objetivo contribuir para o avanço dessa perspectiva mais coletiva de reflexão sobre a saúde no âmbito da psicologia social, trata a memória como história.

A memória é uma construção ativa de posições de pessoa: um passado presentificado, tornado vivo pelo esforço de dar sentidos aos eventos presentes. Uma seleção de dados, portanto, que se traduz como esforço identitário. Assumo, neste livro, esta duplicidade da apresentação de dados. Retomar o passado, ordenar os muitos feitos é, também, oportunidade para dar sentido à profissão escolhida e entender a forma que lhe dei nesses muitos anos. Esta retomada de textos e temas, pois, tem que ser entendida como um *processo de produção de sentidos*, um resultado inevitável da seleção, descontextualização, reconstrução e criação de uma narrativa identitária em um novo contexto. Dar sentido aos eventos do mundo – à carreira acadêmica, por exemplo –, "é uma força poderosa e inevitável na vida em sociedade" (SPINK & MEDRADO, 1999).

No entanto, como já foi apontado, o objetivo desta coletânea é fortalecer os alicerces para uma psicologia social da saúde e, desse modo, tomar a memória como história de teorias e eventos relevantes para a área como pano de fundo, para que novos horizontes profissionais possam ser criados, abrindo outras possibilidades de atuação. É esse objetivo que definiu a linha de argumento da coletânea e que levou à organização dos textos em eixos temáticos, em vez de meramente organizá-los em ordem cronológica.

A estrutura do livro

Abarcando três décadas de leituras, reflexões teóricas e pesquisas, o livro está dividido em quatro partes:

• Parte I – Psicologia social e saúde – Construindo saberes, inclui quatro capítulos escritos na década de 1990. Os textos têm como proposta pontuar os "ingredientes" teóricos de uma psicologia da saúde pautada pelos princípios da saúde coletiva e apontar para a construção paulatina do campo profissional da psicologia na área da saúde.

• Parte II – Os psicólogos na saúde – Reflexões sobre os contextos da prática profissional, engloba cinco textos escritos nas décadas de 1980 e 1990. Esses ensaios buscavam situar a psicologia no âmbito das profissões da saúde, discutir a complexidade da atuação nas instituições de saúde e problematizar o trabalho em dois contextos específicos: a atuação na comunidade e a prática em saúde mental.

• Parte III – Sobre práticas que legitimam sentidos – A presença da história no tempo curto da interação entre usuários e profissionais da saúde; inclui quatro capítulos que têm como elo teórico a adoção de uma noção de contexto pautada numa temporalidade tríplice: o tempo longo, o tempo vivido e o tempo do aqui e agora. Esses capítulos estão organizados em duas vertentes. A primeira, de cunho mais histórico, situa a experiência moderna das relações de gênero e classe social na perspectiva do tempo longo da história das práticas médicas. A segunda reflete sobre a relação médico-paciente. Embora centrada no tempo curto da interação, busca trabalhar na intersecção entre tempo vivido e esse tempo do aqui e agora abordando contextos de relação específicos: internação hospitalar e ensaios clínicos de novos medicamentos.

• Parte IV – Conhecimento e produção de sentidos no cotidiano – A saúde como campo de pesquisa da psicologia social. Inclui quatro capítulos que discutem resultados de pesquisas realizadas nesses muitos anos de inserção profissional na área da saúde. As pesquisas aí incluídas versam sobre gravidez e parto, hipertensão arterial essencial, câncer e Aids, e foram escolhidas por terem sido contextos importantes do desenvolvimento teórico e metodológico que levou da abordagem do conhecimento como cognição social à teoria das representações sociais, e desta às perspectivas dialógicas de trabalho com práticas discursivas.

Do conhecimento como representação à produção de sentidos na vida cotidiana – Apontamentos históricos para não confundir os leitores e as leitoras

Os textos que integram esta coletânea abarcam um período que foi, para mim, de grande ebulição teórica. Gerou uma tese de doutorado; consolidou um diálogo rico com a Teoria das Representações sociais, marcado por produções diversas, entre as quais o livro *O conhecimento no cotidiano – As representações sociais na perspectiva da psicologia social* (SPINK, 1993c); questionou as bases epistemológicas da teoria em questão abrindo-se para a perspectiva construcionista, e se encerrou com a consolidação de um novo marco teórico, teorizações que constam do livro *Práticas discursivas e produção de sentidos no cotidiano* (SPINK, 1999).

Trata-se de caminho trilhado em boa companhia. São ideias gestadas na interlocução com autores variados. São muitas as vozes, pois muitos são os interlocutores. Mas algumas falam mais alto e se prestam, portanto, para ilustrar o movimento de ideias no período em análise. Em retrospecto, há três marcos teóricos importantes: o primeiro é a cognição social; o segundo é a teoria das representações sociais e o terceiro faz uma interlocução com a psicologia discursiva, marcado, sobretudo, pelo encanto com as ideias de Mikhail Bakhtin.

Essas reorientações teóricas espelham-se nas formas de nomeação adotadas para o grupo de pesquisa, integrado pelos alunos orientandos de mestrado e doutorado, que se reúnem sob minha coordenação na Pontifícia Universidade Católica de São Paulo. Optei por deixar a referência original ao Núcleo até mesmo para pontuar a processualidade dos esforços de teorização de cada período. Para facilitar a leitura dos textos da coletânea fazemos aqui um breve apanhado das nomenclaturas adotadas.

Criado em 1988, o Núcleo de Pesquisa passou por três fases muito distintas, demarcadas por reorientações teóricas: a ênfase na saúde coletiva, a teoria das representações sociais e a psicologia discursiva. Na primeira fase, chamava-se Núcleo de psicologia social e saúde, enfatizando a centralidade da reflexão sobre a contribuição da psicologia social à saúde coletiva.

Em 1992, o Núcleo passou a ser chamado de Núcleo de Estudos sobre as Representações de Saúde e Doença. A nomeação respondia ao crescente interesse pelos processos de produção de sentidos no cotidiano, tema que encontrou seu principal interlocutor no grupo de pesquisadores europeus sobre representações sociais.

O novo nome, Núcleo de Estudos e Pesquisa sobre Práticas Discursivas e Produção de Sentidos, adotado em 2002, deixa explícito o movimento teórico que tem por marco o livro homônimo.

Um primeiro eixo teórico: o breve namoro com a cognição social

É o interesse pelos processos de produção de conhecimento que dá unidade às rupturas teóricas da minha trajetória como psicóloga social. O ponto de partida para esse longo percurso foi a cognição social na vertente da abordagem teórica da Complexidade Cognitiva, tal como desenvolvida por Schroder, Driver e Streufert (1967). Trata-se de uma tradição de pesquisa que tem origem no trabalho de Rokeach (1960) sobre a flexibilidade da mente que traça sua ancestralidade aos estudos de Adorno sobre personalidade autoritária. É uma teoria cognitivista, sem dúvida, mas é também uma teoria dinâmica que tem por interesse central a incorporação do novo na construção de esquemas mentais (os *schematas*) cada vez mais complexos, e, embora focalize processos mentais individuais, tem por foco a mudança social.

A experiência de pesquisa para tese de doutorado e o encontro com correntes menos tradicionais de pesquisa da psicologia social anglo-saxônica, como a pesquisa naturalista de Barker e Wright (1955), e a pesquisa sobre redes sociais de Elizabeth Bott (1968), logo abriram novas portas e aguçaram a vontade de buscar formas de trabalho mais socialmente comprometidas. Do ponto de vista teórico, as correntes cognitivistas também balançaram frente às críticas de autores marxistas e humanistas, muitos dos quais uniram esforços para a publicação, em 1974, da coletânea organizada por Nigel Armistead, intitulada *Reconstructing Social Psychology*.

Retornando ao Brasil, iniciei minha carreira na PUC-SP em 1988. Confrontada com alunos críticos e ávidos de informação, retomei, com prazer, a crítica à psicologia social tradicional. Mergulhei em textos que historiavam o processo de disciplinarização da psicologia, assim como na leitura de autores críticos brasileiros (como Silvia Lane) e ingleses (entre eles, Rom Harré, Ian Parker e Michael Billig). Curiosamente, foram eles que abriram o caminho que me levou ao encontro da abordagem das representações sociais.

O diálogo com a Teoria das Representações sociais

Por que representações sociais? Por serem elas conceituadas como conhecimentos práticos constituídos a partir das relações sociais, e, simultaneamente, ser o quadro de referência que permite dar sentido ao mundo e as ferramentas que instrumentalizam a comunicação. Tratando-se de conhecimentos socialmente construídos, suas raízes extrapolam o momento presente; são inevitavelmente a expressão de uma ordem social constituída, mas também, resíduos arqueológicos de saberes e crenças passadas que ficaram impregnadas no imaginário social pela ação intemporal dos artefatos culturais que cultuamos e transformamos em monumentos. Uma teoria que seduz por ser simultaneamente psicossocial, antropológica e histórica.

O foco de meu interesse continuava a ser o conhecimento no cotidiano, pensado ainda a partir da polarização entre a ciência e o senso comum. Obviamente, à medida que eu fui avançando teoricamente, essa polarização deixou de fazer qualquer sentido. Mas, num primeiro momento, quando falava em sentidos ou em cotidiano, estava me referindo ao senso comum. E entre as teorias disponíveis na psicologia social para trabalhar com senso comum, a teoria das representações sociais era a que parecia responder ao que eu procurava. Afinal, trata-se, sobretudo, de uma teoria sobre senso comum.

O campo de estudos das representações sociais era então marcado por considerável polissemia teórica e metododológica, englobando posturas muito díspares que pareciam formar duas correntes quase irreconciliáveis: uma com forte ressonância da psicologia social de cunho mais positivista – mais quantitativa e mais preocupada com a postura nomotética –, e a outra mais chegada às análises culturais que têm na antropologia e história poderosos aliados.

Por algum tempo me aproximei dos pesquisadores desta segunda corrente, principalmente de Denise Jodelet (1989). Porém, como eu pesquisava sobretudo as trocas linguísticas no aqui e agora, o que eu encontrava era polissemia e variação que me fascinavam, me encantavam. E eu começava a ver que o tipo de análise feita na área de representações sociais, mesmo na vertente mais qualitativa, acabava em uma abstração; algo que não tinha mais a ver com as trocas do cotidiano – falava de um sujeito coletivo e não mais desse sujeito situado, contextualizado.

Então, eu comecei a me aproximar das vertentes da psicologia discursiva propostas por Jonathan Potter (POTTER & WETHERELL, 1987; Potter, 1996), Ian Parker (1989) e, eventualmente, Tomás Ibañez (1994). Aos poucos, fui elaborando uma crítica à teoria das representações sociais. Nessa aproximação, apropriei-me de outras noções que me pareceram particularmente interessantes, entre elas, a noção de *repertórios interpretativos* utilizada por Jonathan Potter.

É claro que a noção de repertórios interpretativos tem muitas similaridades com a de representação social. Entretanto, ela não visa desvelar teorias preexistentes ou núcleos organizadores dos significados de determinados fenômenos. Trata-se, simplesmente, de unidades de construção das práticas discursivas: termos, descrições, lugares-comuns, figuras de linguagem que constituem o leque de possibilidades da construção dos sentidos.

A psicologia discursiva: os sentidos como produções dialógicas

A psicologia discursiva com quem dialogo não pode ser traçada a nenhum interlocutor específico – Potter, Parker ou Ibañez – sendo ela fruto da trajetória teórica e empírica aqui brevemente referida. Mantém como elo com esses autores a postura construcionista face ao conhecimento e o foco no uso da linguagem. Mas tem como especificidade o trabalho com repertórios linguísticos em uma perspectiva temporal que inclui o tempo longo, o tempo vivido e o tempo do aqui e agora.

Nesse primeiro momento de abandono das representações sociais e começo de trabalho com práticas discursivas, a questão da contextualização histórica desses repertórios foi muito importante. Passei a trabalhar os repertórios em uma perspectiva temporal que abarcava três tempos: o tempo longo, o tempo vivido e o tempo curto da interação.

O *tempo longo* é o domínio da construção social dos conteúdos culturais que formam os discursos de uma dada época, dos conhecimentos produzidos e reinterpretados por diferentes domínios de saber. O *tempo vivido* é o tempo de ressignificação desses conteúdos históricos a partir dos processos de socialização. É o tempo da vida de cada um de nós, sendo, portanto, o filtro que nós utilizamos para pensar, usar e falar sobre os repertórios do tempo longo. E o *tempo curto* é o tempo da interanimação dialógica, da dinâmica de produção de sentidos.

Mas o foco da análise das práticas discursivas é o tempo do aqui e agora, o que nos levou a precisar o que entendemos por produção de sentidos. Os processos de produção de sentidos e os de produção de conhecimento estão intimamente relacionados: conhecer é dar sentido ao mundo, seja isso feito de acordo com as regras da ciência ou do senso comum. Ou seja, também a ciência é uma tarefa de dar sentido ao mundo, dentro das suas regras, seus gêneros de fala, como diria Mikhail Bakhtin. Mas é também uma atividade de dar sentido ao mundo. E esse sentido é uma construção social; é um empreendimento coletivo – mais precisamente interativo – por meio do qual as pessoas, na dinâmica das relações sociais historicamente datadas e localizadas, constroem os termos e a partir deles compreendem e se posicionam em situações cotidianas

Quando buscamos entender a dialogia nos processos cotidianos de produção de sentidos, trabalhamos com conversas do cotidiano, de entrevistas, de grupos de discussão e depoimentos. Nessa vertente de pesquisa, mais próxima à psicologia discursiva, os aspectos centrais são: a) a questão das unidades básicas de linguagem, enunciado e interanimação dialógica, que tem por principal apoio as teorizações de Mikhail Bakhtin (1994, 1995); b) o posicionamento, conforme teorizações de Rom Harré (DAVIES & HARRÉ, 1990); c) os repertórios linguísticos, conceito derivado de Jonathan Potter (POTTER & WETHERELL, 1987) e d) práticas discursivas que são o foco da pesquisa e integram os demais elementos.

Em contraste, quando o objetivo é entender a construção de "fatos" ou a circulação de repertórios em diversos contextos sociais, a pesquisa alia-se mais fortemente às reflexões construcionistas. Trabalhamos, no caso, com documentos de domínio público e com as diferentes mídias que os produzem ou os tornam acessíveis.

O construcionismo como ponto de apoio

Nos vários textos que integram esta coletânea surpreenderá, talvez, o uso precoce da expressão construtivismo[1] ou construcionismo. Embora mais identificada com a última fase de desenvolvimento teórico, a visão de mundo construcionista se faz claramente presente muito cedo.

A transição epistemológica se fez tendo como guias Thomás Ibañez e Kenneth Gergen – os quais conheci no XXV Congresso Interamericano de Psicologia – SIP, realizado no Chile em 1993 –, assim como pela leitura dos escritos de Rom Harré, filósofo e psicólogo social de Oxford, na Inglaterra. Contudo, a adoção plena do

---

1. Termo introduzido na psicologia social por Joachim Israel (1972) para referir-se ao sujeito ativo, produto e produtor da realidade social, de uma Psicologia social "ressocializada".

construcionismo veio com a leitura de Richard Rorty, especialmente seu livro *A Filosofia e o espelho da natureza*, publicação original de 1979.

O diálogo, porém, com esses autores só foi possível porque o solo já estava fértil. Há muito tempo eu vinha lendo com ávida paixão a obra de Michel Foucault. Ecos do desconstrucionismo, próprio da arqueologia Foucaultiana, já se faziam sentir nas minhas reflexões e publicações do período anterior. Há muito, também, que o construcionismo social, à moda de Peter Berger e Thomas Luckmann (1976), já tinha sido absorvido em meu trabalho. Em suma, há muito eu vinha assumindo a postura construcionista, buscando entender como certos campos e ideias haviam sido formatados, as noções de poder que estavam aí implícitas e as consequências para a produção de conhecimentos hegemônicos em diferentes domínios de saber que incidiam nas questões de saúde e doença, meu campo privilegiado de reflexão. Rorty apenas contribuiu para sistematizar esses tantos fascínios.

Possibilitou, também, por sua defesa intransigente do respeito à alteridade no mundo das ideias filosóficas, repensar a pesquisa qualitativa à luz das posturas construcionistas. Derivam dessa fase as várias reflexões sobre metodologia, publicadas em diferentes livros e periódicos chegando à sua versão mais madura no terceiro capítulo do livro *Práticas discursivas e produção de sentidos*, publicado em colaboração com Vera Menegon (SPINK & MENEGON, 1999). Abriu, assim, espaços teóricos e conceituais para que também o foco de análise fosse refinado, ficando mais claro a priorização do tempo curto da interação.

É nesse contexto que se legitima a adoção plena do conceito de *repertórios linguísticos*, assumidos agora como os múltiplos sentidos possíveis, decorrentes das produções culturais humanas que constituem o acervo de imagens, termos, lugares-comuns e tropos de linguagem por nós utilizados no afã cotidiano de dar sentido aos eventos do mundo. Fica pontuada aqui a herança dos anos de dedicação ao estudo das representações sociais, só que desmembradas de seus esquemas estruturais e tomadas, agora, como *possibilidades de sentidos* e não mais como elementos que estruturam núcleos compartilhados de sentidos.

É nesse contexto, ainda, que se legitima o esboço de uma concepção de linguagem em uso, que alimentou o encantamento com a obra de Mikhail Bakhtin e fortaleceu a concepção do processo de produção de sentidos como uma coconstrução.

De modo a pontuar os elos entre os textos da coletânea, até por estarem eles presos a diferentes fases desse percurso teórico, precede cada uma das quatro partes do livro uma breve introdução: uma espécie de visita monitorada aos textos incluídos em cada uma.

PARTE I

PSICOLOGIA SOCIAL E SAÚDE

Construindo saberes

Fiz o curso de psicologia na USP nos anos 1960. Entrei para a faculdade no mesmo ano do golpe militar. Fui com amigos comemorar o sucesso no vestibular na então longínqua e paradisíaca Paraty. Longe de São Paulo e, relativamente incomunicável, acompanhamos as notícias pelo rádio. Como havia participado do movimento estudantil no secundário e estivesse acompanhada de amigos que militavam em partidos da esquerda, achamos – movidos pelo mais puro desejo, é claro – que o que escutávamos anunciava a tomada de poder pela esquerda. Ledo engano. Estávamos, ao contrário, entrando nos anos turbulentos da ditadura militar. Mas os silêncios impostos não fizeram calar os sonhos e nem a busca de "justiça social", e muitos de nós que entrávamos então na academia, buscamos desenvolver uma prática de ensino e pesquisa mais condizente com esses sonhos.

Tendo casado e emigrado para a Inglaterra em 1969, ingressei no doutorado na London School of Economics and Political Science (LSE), um dos *colleges* da Universidade de Londres, onde encontrei um espaço propício para colocar esses sonhos em prática. O LSE era, e é ainda hoje, uma universidade socialmente comprometida. Fundada por Beatrice e Sidney Webb com uma dotação feita à Fabian Society, a universidade refletiu os ideais socialistas de seus fundadores, buscando aliar a excelência acadêmica ao compromisso social. Entre seus professores eméritos destacam-se: Bertrand Russell, Bronislaw Malinowski, Karl Popper, Imre Lakatos e Amartya Sen.

O meu tema inicial de pesquisa era o processo de elaboração do diagnóstico médico, tendo por foco o processamento de informação que leva ao diagnóstico na clínica médica. Mas, em 1972, a experiência pessoal de gravidez e parto no Sistema Nacional de Saúde inglês despertou o desconforto pela maneira como as mulheres eram tratadas nas clínicas de pré-natal e a curiosidade quanto à relação entre os médicos e seus pacientes. Perguntava se era inevitável que tal experiência fosse tão insatisfatória! Abandonei então a perspectiva cognitivista de cunho mais intraindividual e reorientei minha pesquisa para a experiência de gravidez e parto de mulheres primigestas e a utilização dos serviços de pré-natal.

A vinda ao Brasil por um ano – de 1976 a 1977 – e a obtenção de uma dotação da Fundação Ford em concurso para pesquisas sobre estudos populacionais criaram a oportunidade para o contato com o movimento sanitarista e com os pesquisadores da área de ciências sociais e saúde. Essa era uma época de muita ebulição no campo da saúde pública. Por exemplo, em 1976, foi criado o Centro Brasileiro de Estudos da Saúde – Cebes, como parte de um projeto aglutinador de profissionais e estudantes comprometidos com a luta pela democratização da saúde e da sociedade. Foi nesse período, também, que se deu o movimento de aproximação com outros países da América Latina que buscavam modelos democráticos e pluralistas para a saúde e que contou com o apoio da Opas. Esses vários movimentos geraram um solo propício para o desenvolvimento de uma ciência social crítica, influenciada pelo materialismo histórico, que congregava, na época, cientistas sociais e médicos sanitaristas do porte de Maria Cecília Donnangelo, em São Paulo, Sergio Arouca e Carlos Gentille de Mello no Rio de Janeiro, Jaime Breilh e Ana Cristina Laurell, no México, e Juan César Garcia, na Opas. Foi nessa fonte que bebi durante minha estadia no Brasil[1].

Nesse período, fui acolhida tanto na Universidade Federal de São Paulo, a então Escola Paulista de Medicina, como na Faculdade de Saúde Pública. Na primeira, permaneci um ano como pesquisadora visitante no Departamento de Medicina Coletiva, então sob a direção de Magid Iunes, por meio do qual conheci vários médicos e cientistas sociais comprometidos com a reforma do sistema de saúde, incluindo aí profissionais da Secretaria de Saúde que me abriram portas para que eu visitasse os recém-criados serviços de pré-natal da cidade de São Paulo. Foi nesses serviços que pude localizar as muitas mulheres que participaram de minha pesquisa de doutorado.

Na Faculdade de Saúde Pública tive a honra de ser recebida e acolhida por Ciro Ciari, então diretor do Departamento de Saúde Materno-Infantil e por professores e pesquisadores que circulavam pelos espaços do Cebes e das reuniões de ciências sociais e saúde.

Ao retornar ao Brasil em 1980, ingressei como técnica na Fundação de Desenvolvimento Administrativo, Fundap, atuando como pesquisadora no Centro de Estudos e Coordenação de Bolsas

---

1. Cf. a este respeito DUARTE, E., 1999.

e Estágios. Meus colegas eram, em sua maioria, sociólogos que compartilhavam de raízes intelectuais semelhantes às minhas. Lá me envolvi com duas vertentes de atuação. A primeira, voltada à formação profissional por meio dos cursos de aprimoramento. Sendo a técnica responsável pelo assessoramento à Comissão de Aprimoramento do Programa de Aprimoramento para Profissionais Não Médicos que Atuam na Área da Saúde, tive a oportunidade de conhecer muitas pessoas, médicos e não médicos, comprometidas com a melhoria do sistema de saúde. Entre eles, destaco o nome de José da Rocha Carvalheiro, com quem colaborei mais tarde em outros projetos de pesquisa como, por exemplo, o Projeto Bela Vista – um estudo de incidência da infecção pelo HIV entre homens que faziam sexo com homens, preparatório para futuros ensaios de vacina anti-HIV/Aids, conduzido em São Paulo de 1994 a 1998. Tive também oportunidade de visitar vários institutos, hospitais e serviços de saúde que desenvolviam, na época, cursos de aprimoramento, propiciando experiências valiosas sobre o exercício profissional em instituições.

A segunda vertente de atuação estava mais diretamente relacionada à pesquisa, priorizando a organização dos serviços e a relação desses com os usuários. Casava, assim, a visão mais macro da organização de serviços, que retomava os autores comprometidos com o movimento sanitarista, com a visão mais psicossocial dos sentidos da saúde e da doença para os usuários e das formas de interação entre esses e os profissionais de saúde.

Enfim, tais memórias permitem entender por que minha socialização no campo da saúde tenha sido mais influenciada pela Sociologia da saúde do que pela psicologia da saúde. Permitem entender, ainda, a tentativa de integração teórica da história das práticas de saúde com as estruturas sociais e os sentidos da saúde e doença que acabou dando forma e cor a uma proposta específica de desenvolvimento de psicologia social voltada à compreensão dos fenômenos da saúde e da doença.

A psicologia social a que tive acesso no LSE se encontrava em plena fase de encantamento com as ciências cognitivas. Essa era a ciência "hard" idealizada por tantos. Mas já na década de 1970 havia, na psicologia social, uma contracorrente que almejava uma ciência mais socialmente envolvida e menos comprometida com a visão hegemônica de ciência. Nas margens do curso de doutorado do LSE circulavam os textos de Joachim Israel e Henri Tajfel, a vasta literatura já existente na época sobre psicologia humanista (incluindo a Gestalt de Fritz Pearls e a obra da antipsiquiatria de Ronald Laing e companheiros) e, sobretudo, o influente livro organizado por Nigel Armistead e publicado em 1974, intitulado *Reconstructing Social Psychology*.

Foi da confluência entre o campo da saúde coletiva na América Latina e as perspectivas críticas e humanistas, que emergiam nas universidades europeias e norte-americanas, que se foi formatando o meu ideal de psicologia social da saúde. Esse ideal é traçado nos quatro artigos que integram a primeira parte deste livro. Escritos na década de 1990, buscam definir os contornos de um campo de saberes e fazeres relacionados com os fenômenos da saúde e da doença que incorpora a visão da psicologia social crítica e os ideais da saúde coletiva.

O primeiro capítulo – intitulado Psicologia da saúde – A estruturação de um novo campo de saber – busca explorar os contornos possíveis de um campo de pesquisa e prática fortemente ancorado na perspectiva da psicologia social crítica. Partindo da contraposição entre saberes acumulados na história da disciplina e demandas, geradas pela crescente inserção da psicologia nos serviços de saúde, arrola as possíveis dificuldades para a estruturação de um marco teórico crítico, entre elas: o predomínio do modelo psicodinâmico na formação dos psicólogos; a preponderância da abordagem a-histórica descolada do contexto social; e a hegemonia do modelo médico na definição do objeto de investigação e intervenção.

Toma como modelo a constituição do campo da medicina social na América Latina, incentivado pela Organização Pan-americana de Saúde, que começou a tomar forma nos anos 1950, atingindo a maturidade teórica e institucional na década de 1970, tendo como marco a reunião de Cuencas, no Equador, realizada em 1972. Tendo a medicina social como horizonte, esse texto busca definir algumas dimensões centrais a serem incorporadas para a explicação de cunho psicossocial dos fenômenos da saúde e da doença, entre eles: a constituição histórica da medicina ocidental, as características do saber oficial em suas dimensões históricas e de poder, e as características do saber de senso comum sobre saúde e doença.

O segundo capítulo – intitulado A construção social do saber sobre saúde e doença – Uma perspectiva psicossocial – avança em relação ao primeiro buscando situar mais especificamente a contribuição da psicologia social. Parte do pressuposto que, sendo um meio de campo entre a esfera individual e social, esta disciplina adquire uma vocação antropofágica, tendendo à incorporação de visões de mundo da antropologia, sociologia, história e linguística, para citar apenas algumas.

Neste capítulo, já adoto uma postura francamente construcionista que busca fugir do enquadre intra ou interindividual, situando as pessoas na intersecção de suas histórias pessoais e a história da sociedade em que vivem. Focaliza, portanto, as visões de mundo de pessoas pensadas como sujeitos ativos, produtores de conhecimentos no afã de dar sentido ao mundo e que, nesse percurso, constroem efetivamente o mundo de artefatos e sociabilidade que chamamos de "realidade".

Traz como contribuição específica a sistematização das três fases teóricas pelas quais passou a psicologia da saúde na progressiva incorporação da dimensão social na explicação dos processos da saúde e doença. Uma primeira fase que privilegiava a dimensão intraindividual, em duas vertentes: a da psicogênese dos problemas de saúde e a das teorias da personalidade. Uma segunda fase que buscava dar ênfase aos aspectos psicossociais da cadeia multicausal que leva ao surgimento da doença. Situam-se aí os estudos sobre "eventos de vida", "qualidade de vida" e *estresse*. E uma terceira fase que focaliza a doença como fenômeno psicossocial, historicamente constituído e só passível de ser compreendido se, lado a lado com a ótica dos profissionais da medicina, abordar também a perspectiva do paciente.

Embora estabeleça um diálogo com a Teoria das Representações sociais, anuncia um duplo salto teórico: primeiramente, em direção à adoção da abordagem construcionista; segundo, em direção a uma perspectiva teórica centrada na produção dialógica de sentidos (e não mais na identificação de representações compartilhadas).

O terceiro capítulo – intitulado Saúde: um campo transdisciplinar? – toma um rumo oposto aos anteriores e, ao invés de demarcar a diferença, questiona a divisão dos saberes no campo da saúde. Fortemente influenciado pela Teoria da Complexidade de Edgar

Morin, busca indagar o porquê dessas fronteiras disciplinares e as implicações dessa fragmentação para a produção do conhecimento.

Discute, ainda, as contradições entre a interdisciplinaridade – ideal de síntese buscado pelas disciplinas que pensam e atuam na saúde-doença – e transdisciplinaridade, voltada à articulação dos saberes que constituem, em seu conjunto, o que Morin denomina "anel do conhecimento". Para trabalhar o embate entre essas perspectivas, o texto introduz a noção de "campo científico", desenvolvida por Pierre Bourdieu. Passa a focalizar as estratégias de poder que encastelam os saberes e fazeres em campos disciplinares, entre elas a regulamentação do exercício profissional.

O quarto capítulo – intitulado Delimitação teórica e metodológica da psicologia da saúde – encerra o ciclo de reflexões sobre os fundamentos e especificidades da psicologia da saúde. Tendo por pano de fundo a progressiva diferenciação entre a abordagem da psicologia hospitalar, em pleno movimento de fortalecimento, e da psicologia social da saúde, trabalha dois cenários contrastantes. No primeiro, são privilegiados os avanços conjuntos, argumentando-se que a psicologia da saúde é um campo unitário com contornos claros e em franco processo de institucionalização. O segundo cenário argumenta na direção oposta, que se trata de campo teoricamente multifacetado e fragmentado no qual se trava uma luta concorrencial entre visões mais e menos comprometidas com as desigualdades sociais que marcam os processos da saúde e da doença.

De 1992 – data em que o primeiro capítulo havia sido publicado – a 1997 – data da elaboração do quarto capítulo – muito havia acontecido em relação à psicologia na área da saúde, destacando-se a institucionalização progressiva da psicologia hospitalar. Criaram-se ou fortaleceram-se associações, revistas e, mais recentemente, passou a ser outorgado, pelo Conselho Federal de Psicologia, o título de especialista em psicologia hospitalar. Já a psicologia social da saúde tendeu ao encastelamento na pesquisa e formação universitária tendo pouco ou nenhum reconhecimento como área de atuação profissional[2].

---

2. Embora possa ser eventualmente incorporada em titulações abrangentes, como psicologia comunitária, tendo em vista sua vocação para trabalhar nos níveis de atenção primária à saúde.

Mas, se perde espaço no debate profissional, o mesmo não acontece na arena teórica e são essas especificidades teóricas que constituem o cerne do segundo cenário trabalhado nesse capítulo. Nele, a psicologia da saúde emerge como uma colcha de retalhos de teorias que mal conversam entre si. Retomando a perspectiva psicossocial crítica, argumenta a favor da necessidade de situar a psicologia da saúde no contexto sociopolítico, apontando para os obstáculos à consecução desta ressocialização da área. São discutidos três obstáculos à adoção de uma postura mais crítica e comprometida com a mudança social: o viés individualista das teorias de base; a falta de atenção às questões sociais com consequente descaso para com as desigualdades sociais e a falta de reflexão sobre os processos de elaboração das políticas públicas na área da saúde.

Então, o que seria hoje a psicologia social da saúde?

Diria que a primeira característica é o compromisso com os direitos sociais pensados numa ótica coletiva. Foge, portanto, das perspectivas mais tradicionais da psicologia voltadas à compreensão de processos individuais ou intraindividuais. Dialoga, necessariamente, com teorias e autores que pensam as formas de vida e de organização na sociedade brasileira contemporânea. Tende a pesquisar e atuar em serviços de atenção primária, em contextos comunitários, em problemas de saúde em que pesa a prevenção à doença e a promoção à saúde (como a Aids ou a saúde do trabalhador) ou onde há necessidade de acompanhamento continuado (como as doenças crônicas e a saúde mental). Tende, ainda, a atuar na esfera pública: conselhos de saúde, comissões e fóruns de elaboração de políticas públicas. Desta forma, diria que o psicólogo social da saúde é um pesquisador e um profissional que não foge da complexidade e transita dos microprocessos de produção de sentido às questões institucionais e políticas.

1. PSICOLOGIA DA SAÚDE
A estruturação de um novo campo de saber*

Falar da psicologia da saúde como novo campo de saber parece ser, à primeira vista, uma temeridade. Afinal, os aspectos psicológicos da saúde/doença vêm sendo discutidos desde longa data e os psicólogos já há muito tempo vêm marcando presença na área de saúde mental. Entretanto, mudanças recentes na forma de inserção dos psicólogos na saúde e a abertura de novos campos de atuação vêm introduzindo transformações qualitativas na prática que requerem, por sua vez, novas perspectivas teóricas. É isto, pois, que nos permite afirmar que nos estamos defrontando com a emergência de um novo campo de saber.

Partimos, assim, da constatação de que a psicologia, em um primeiro momento, entra para o rol das profissões ditas "da saúde" através da aplicação de um *know-how* técnico – derivado da experiência clínica – sem a contrapartida do questionamento desta transposição de técnicas de uma esfera para outra. Aos poucos, entretanto, o saber acumulado na prática, a necessidade de contextualizar esta prática e a própria ampliação no número de psicólogos envolvidos nesta área determinam o surgimento de condições apropriadas para a estruturação de uma psicologia da saúde. Campo esse que, por situar as questões da saúde na interface entre o individual e o social, configura-se como uma área de especialização da psicologia social.

É esta contraposição entre o saber psicológico especificamente voltado às questões da saúde/doença e a prática psicológica nesta área que será o objeto da reflexão empreendida neste texto.

A psicologia, embora intimamente relacionada com o conceito de saúde (definida pela Organização Mundial da Saúde como o bem-estar físico, mental e social) como disciplina, chega tardia-

---

* Originalmente publicado em Campos (s.d.).

mente à área da saúde. Temos, atualmente, uma Sociologia da saúde, uma antropologia da saúde e, até mesmo, uma economia da saúde com campos bem delimitados e uma vasta produção científica, e com atuação bem definida nos departamentos de Medicina Social e Preventiva das escolas médicas. A psicologia chega tarde neste cenário e chega "miúda", tateando, buscando ainda definir seu campo de atuação, sua contribuição teórica efetiva e as formas de incorporação do biológico e do social ao fato psicológico, procurando abandonar os enfoques centrados em um indivíduo abstrato e a-histórico tão frequentes na psicologia clínica tradicional.

A psicologia – ao contrário das outras disciplinas mencionadas – tem aplicações práticas na área da saúde, e a emergência da psicologia da saúde, como campo de saber, está intimamente relacionada com as transformações que vêm ocorrendo na inserção do psicólogo na saúde. Até recentemente o campo de atuação da psicologia se resumia a duas principais dimensões: em primeiro lugar, as atividades exercidas em consultórios particulares, restritas a uma clientela derivada das classes mais abastadas. Uma atividade exercida de forma autônoma, como profissional liberal e, de forma geral, não inserida no contexto dos serviços de saúde. A segunda vertente compreendia as atividades exercidas em hospitais e ambulatórios de saúde mental. Atuação essa que, até recentemente, estava subordinada aos paradigmas da Psiquiatria, sendo desenvolvida dentro do enfoque, então predominante, de internação e medicação.

Havia, é claro, formas alternativas de inserção. Na área clínica, o trabalho desenvolvido por algumas clínicas-escola junto a comunidades, trabalhando com segmentos menos privilegiados da população, possibilitou uma reflexão sobre o conceito de saúde mental e a contribuição potencial da psicologia. Nos demais serviços de saúde, embora com participação incipiente, o trabalho conjunto com médicos e outros profissionais em hospitais e consultórios permitiu aperfeiçoar técnicas de diagnóstico e intervenção. Tendo em vista o grande desenvolvimento das técnicas comportamentais – por exemplo, o *biofeedback* –, englobadas pelo termo genérico de medicina comportamental. Mas, de maneira geral, esses psicólogos, trabalhando de forma isolada, acabavam por adotar a perspectiva médica, ignorando outras dimensões, entre elas a própria natureza da prática médica. Sua inserção na equipe era, frequentemente, como facilitador do processo de tratamento, havendo – com raras exceções – poucas oportunidades para contribuir nesse processo como profissional autônomo. Nesta perspectiva, caberia aos psicólogos preparar o paciente para a cirurgia e outras intervenções e, de modo geral, *segurar a barra* quando o paciente expressasse suas emoções, restituindo-o ao papel de agente passivo.

A grande virada, no que diz respeito à inserção dos psicólogos nos serviços de saúde em São Paulo, ocorreu a partir de 1982, com a adoção de uma política explícita, por parte da Secretaria da Saúde, de desospitalização e de extensão dos serviços de saúde mental à rede básica. A implementação dessa política ainda tão recente a ponto de não permitir uma avaliação foi o resultado de uma longa batalha entre psiquiatras tradicionais e alternativos, batalha essa que tem suas origens na divulgação do trabalho de Franco Basaglia na Itália.

Não cabe aqui, evidentemente, resgatar a história dessa luta ou o estado atual da questão. O que importa, considerando a constituição da psicologia da saúde como um campo de saber, é apontar que a política adotada pela então Coordenadoria de Saúde Mental levou à criação de equipes de saúde mental integradas, minimamente, por um psiquiatra, um assistente social e um psicólogo, que passaram a atuar nos centros de saúde do Estado. Constituía-se, assim, uma rede de serviços teoricamente integrados com atuação nos níveis primário, secundário e terciário.

A constituição dessas equipes e sua inserção nos centros de saúde não foi um processo simples. De um lado, houve resistência por parte dos demais profissionais que não compreendiam o papel atribuído aos membros dessas equipes. De outro lado, faltava o embasamento teórico-prático necessário para a compreensão dessa nova forma de atuação que fugia aos parâmetros da atuação tradicional dos profissionais que as integravam. O depoimento de uma psicóloga entrevistada no decorrer de uma pesquisa sobre a prática profissional em unidades básicas realizada por Spink (1985) ilustra bem este dilema:

> Nos primeiros dias foi horrível porque ninguém sabia o que eu vinha fazer aqui, e eu também não estava sabendo bem o que eu estava fazendo aqui. Porque prática de faculdade, né, você atende o pacientezinho lá, tem acompanhamento e tal. Mesmo em consul-

tório... não tem nada a ver. Eu entrei sozinha, não tinha o assistente social... bem perdida. Pensei: ai, meu Deus, o que é que eu vou fazer aqui?

Ou seja, como atuar? Onde atuar: com a comunidade, com os usuários, com os profissionais? Manter o papel tradicional de psicodiagnóstico e terapia individual ou grupal?

Acompanhei esse processo de questionamento e revisão de perto através de meu envolvimento em várias pesquisas relacionadas à prestação de serviços de saúde e vi delinearem-se novos campos de atuação. Por exemplo, acompanhei um projeto da então Coordenadoria de Saúde Mental que visava a implantação do Programa de Saúde Integral da Mulher. Vale apontar, como desdobramento desse projeto, para o fortalecimento do papel do psicólogo no treinamento de recursos humanos para atuação nesse programa e o surgimento de novas áreas de pesquisa, ampliando-lhe o objeto de modo a incorporar não apenas os usuários como também os prestadores de serviço e o próprio processo de saúde-doença.

Aliás, as implicações das transformações ocorridas na inserção do psicólogo nos serviços de saúde para a constituição de um campo específico de saber são apontadas também no caso de outros países, por exemplo, Inglaterra e Cuba. Na Inglaterra tem havido uma expansão paulatina no número de cargos para psicólogos em serviços de saúde voltados ao atendimento primário, sendo raro, hoje em dia, não haver um departamento de psicologia clínica vinculado ao sistema de médicos generalistas encarregados da atenção primária. Marteu e Johnson (1987), em artigo sobre a psicologia da saúde na Inglaterra, sugerem que essas novas formas de inserção poderiam estar relacionadas à crise vivenciada atualmente pela medicina: relacionadas pois

> À crescente insatisfação com a medicina moderna, particularmente com a impossibilidade de esta englobar a nova epidemiologia que incorpora fatores psicológicos, sociais e econômicos; e ao desenvolvimento de terapias psicológicas para queixas físicas que leva ao reexame da validade do dualismo cartesiano mente-corpo que continua a embasar a medicina moderna (p. 82).

Quanto a Cuba, de acordo com Averasturi (1985) – então chefe do Grupo Nacional de Psicologia do Ministério de Saúde Pública e autora de um artigo sobre a psicologia social da saúde na América Latina –, foi esse o único país da América Latina, e talvez do mundo, que conseguiu integrar plenamente a prática psicológica aos serviços de saúde em todos os níveis de atenção – primário, secundário e terciário – com participação não apenas nas práticas assistenciais, como também nas áreas de pesquisa e formação de recursos humanos. Participação essa que data de 1968, quando foi elaborado o Plano Nacional de Atividades de Psicologia para a Policlínica, ocasião em que o psicólogo foi integrado, pela primeira vez, à equipe de saúde.

Dessa forma, em Cuba, a psicologia da saúde ampliou seu objeto de estudo, que passou a englobar não apenas os processos psicológicos e psicopatológicos que caracterizavam a psicologia clínica tradicional, como também o conhecimento dos processos sociopsicológicos relevantes para a manutenção da saúde e a compreensão da origem e do desenvolvimento da doença e dos diversos aspectos da prática médica, entre eles a relação médico-paciente, a satisfação da população com os serviços, as formas de utilização dos serviços e a participação da comunidade em sua avaliação.

É fácil constatar e até mesmo buscar dados quantitativos para comprovar a ampliação do papel do psicólogo na área da saúde e a consequente ampliação de seu objeto de estudo e intervenção. Por exemplo, temos como evidência do crescente interesse pela saúde a multiplicação de revistas especializadas (*Health Psychology, The Journal of Behavioural Medicine, Psychology and Health,* entre outras); a formação de divisões de psicologia da saúde em associações de psicologia nacionais e estrangeiras; a organização de congressos específicos; e o aumento bastante visível da participação de psicólogos nos serviços de saúde, seja no nível do atendimento direto a pacientes ou, como psicólogos sociais, nas atividades de docência e pesquisa. Entretanto, o que está em pauta é a constituição de um novo campo de saber – a psicologia da saúde –, e não se constrói uma disciplina apenas através do relato das práticas a ela associadas. Voltarei minha atenção, portanto, aos modelos explicativos e aos marcos teóricos dessa disciplina.

Examinando as bases existentes para o desenvolvimento de um marco teórico adequado à psicologia da saúde constatam-se três problemas. Em primeiro lugar, o predomínio do modelo psico-dinâmico no ensino da psicologia no nível da graduação, com ênfase nas aplicações clínicas na área da saúde mental e total ausência das temáticas relacionadas à saúde pública. Embora a psicologia ocupe um lugar de relevo entre as profissões de saúde que apoiam a prática médica – seja pelo número de profissionais aí engajados ou pela especificidade de sua contribuição – o contexto de sua atuação, isto é, a organização dos serviços de saúde, é totalmente ignorada nos cursos básicos.

Em segundo lugar, vale apontar a predominância dos enfoques em que o indivíduo é tratado como ser abstrato e a-histórico, desvinculado de seu contexto social. É pouco frequente no treinamento do psicólogo a introdução de temas macrossociais que possibilitem uma discussão das determinações econômico-sociais dos fenômenos psicológicos. A incorporação do social se dá, portanto, de forma reducionista atendendo-se muitas vezes a categorias estanques como classe social que, embora permitindo a manipulação estatística das variáveis, não contribuem para a compreensão do social como processo.

Finalmente, merecem realce, também, a hegemonia do modelo médico na definição do objeto de investigação e a ausência de paradigmas verdadeiramente psicológicos para o estudo do processo saúde/doença. O modelo médico vigente está embasado no paradigma da medicina científica, ou seja, no corpo de conhecimentos derivados empiricamente e que é compartilhado como "verdade" pelo conjunto dos profissionais médicos. Ao adotar essa perspectiva, o comportamento do paciente passa a ser avaliado, antes de mais nada, em função de sua adequação ao saber médico oficial. Se o paciente não segue o tratamento proposto, seu comportamento será definido como rebelde, ou pior, como ignorante.

Marteau e Johnson (1987) propõem algumas explicações para a hegemonia do modelo médico em boa parte das pesquisas no campo da psicologia social da saúde. Essa hegemonia reflete, antes de mais nada, a aceitação da autoridade do profissional na relação com o paciente, fruto da formação clínica predominante entre os psicólogos. Nesse contexto, nada mais fácil a aceitação da autoridade da profissão dominante na saúde: o médico. Reflete, ainda, a crença na verdade absoluta das ciências naturais. Estando o saber médico embasado nesta verdade, a variância e o desvio da norma deverão ser buscados algures, ou seja, no paciente. E, finalmente, reflete a forma de inserção do psicólogo no setor saúde, sendo predominantes a falta de autonomia e a subordinação ao médico, o que não encoraja um saber independente. Em síntese, a formação recebida nos cursos de graduação e a forma de inserção do psicólogo no setor da saúde pouco contribui para a compreensão das formas e da dinâmica da prática médica e da organização dos serviços de saúde. Sem essa compreensão, será difícil situar corretamente a contribuição da psicologia na explicação e/ou intervenção no processo saúde/doença.

O momento vivenciado atualmente no processo de constituição da psicologia da saúde é, talvez, mais bem apreendido quando equacionado à constituição da medicina social como campo de saber. Fruto da crise da medicina oficial nos anos pós-guerra e da constatação de que seria preciso formar um profissional mais compatível com a situação de saúde vigente nos países do Terceiro Mundo, a medicina social foi introduzida na América Latina a partir dos anos 1950 através de esforços conjugados da Organização Pan-americana de Saúde e da Fundação Milbank. O objetivo inicial era estimular a contratação de cientistas sociais pelas escolas médicas, de modo a modernizar o ensino médico e estimular a consciência social desses profissionais.

Inicialmente, visto que os cursos básicos em ciências sociais não incluíam, em seus currículos, a questão saúde, havia grande heterogeneidade entre os professores contratados, seja quanto aos marcos teóricos adotados ou aos métodos de pesquisa. O processo de constituição dessa área levou cerca de vinte anos, tendo começado nos anos 1950 e se concretizado por ocasião da reunião de Cuencas, no Equador, em 1972. Período esse que foi caracterizado por, pelo menos, três etapas:

1) O despertar do interesse pelo processo saúde/doença, caracterizado por grande diversidade metodológica e por uma vigorosa troca de experiências através da organização de seminários regionais;

2) A concretização do "cimento ideológico" entre os integrantes do grupo, predominando a crítica ao positivismo e

redundando na aplicação rígida do materialismo histórico ao estudo do processo saúde-doença. Resulta dessa etapa um rico acervo de publicações críticas mas poucos avanços na pesquisa empírica;

3) A fase caracterizada pelo aprofundamento da aplicação do materialismo histórico no estudo da saúde-doença, e superação dos erros. No dizer de Breilh (1986):

> Torna-se evidente a necessidade de passar das reformulações teóricas mais gerais para o estudo de problemas específicos. Torna-se imprescindível, também, a exigência de passar dos desvios empíricos positivistas, do questionamento ao aculturalismo, à fenomenologia, à absolutização da análise quantitativa e ecológica, para a recuperação seletiva e subordinada de toda a riqueza do conhecimento antropológico, ecológico, matemático. O ciclo histórico demonstra a necessidade de se passar de uma primeira etapa, eminentemente crítica, de reconstrução teórica, para uma fase seguinte, também crítica, porém na qual se solidificou um marco teórico que permita, sem receios, assumir o desafio da incorporação, com maior profundidade, de recursos especializados da ciência convencional (p. 251).

No caso da psicologia da saúde, encontramo-nos, sem dúvida, na primeira etapa desse processo: a descoberta de novos campos de atuação, a abertura de novos horizontes. Falta, no entanto, uma reflexão mais aprofundada sobre o contexto mais global em que se dá esta atuação: as representações do processo saúde/doença; a configuração dos serviços de saúde e das profissões que aí atuam; as políticas setoriais e suas implicações para os usuários. A Figura 1 procura sintetizar algumas das principais dimensões a serem incorporadas na busca de um embasamento mais globalizante para a psicologia da saúde. Tendo por objetivo central a explicação do processo saúde/doença as diferentes abordagens aí consideradas subsumem três dimensões distintas: o saber oficial, o saber popular (ou do senso comum) e a sociedade.

Figura 1 – Linhas de investigação pertinentes à explicação do processo saúde/doença

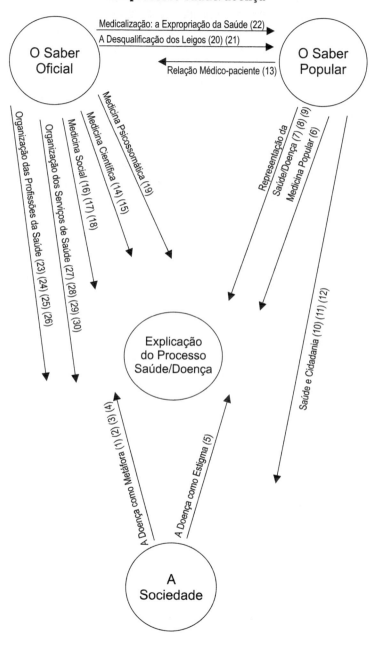

O eixo central do esquema proposto é a explicação do processo saúde/doença, ou seja, as representações que predominam em uma determinada época – veiculadas, ou não, pelo saber oficial. As representações são formas de conhecimento social que orientam a ação, individual ou institucional, para a prevenção da doença e a promoção ou recuperação da saúde. Sendo criações individuais na interface do saber oficial e dos processos sociais, constituem uma esfera privilegiada para a psicologia da saúde, dado que possibilita desvendar certas dimensões cruciais para a compreensão do processo saúde/doença. Dentre estas dimensões destacaremos três:

1) A compreensão da doença como fenômeno coletivo, ou seja, privilegiando o discurso de uma dada sociedade sobre as enfermidades e os enfermos. São exemplos de trabalhos nesta vertente: as perspectivas históricas como a de Foucault, 1987 (1) sobre a loucura e de Herzlich e Pierret, 1984 (2) sobre as doenças coletivas e individuais; os estudos sobre a metaforização das doenças, como os ensaios de Sontag, 1984 (3) sobre a tuberculose e o câncer, e Sontag, 1989 (4) sobre a Aids; ou ainda, o trabalho de Goffman, 1982 (5) sobre a doença como estigma.

2) A construção do saber leigo, ou seja, os modelos explicativos que embasam as diferentes interpretações das doenças e a busca de alternativas terapêuticas. São exemplos dessa vertente: o estudo sobre a medicina popular realizada por Loyola, 1994 (6); a pesquisa sobre as representações da saúde/doença desenvolvida por Herzlich, 1973 (7) e sobre a representação da saúde mental – Jodelet, 1989 (8) – e do nervoso – Duarte, 1988 (9); assim como, também, os estudos sobre a inserção dos indivíduos no sistema de saúde, seja como cidadãos – Fleury, 1986 (10); Marsiglia et al., 1987 (11); Cohn et al., 1991 (12) – ou como usuário, Boltanski, 1969 (13).

3) A interface entre o saber oficial – mediado pela constituição do campo da prática médica e das instituições médicas – e a representação da doença prevalecente em determinadas épocas e/ou grupos. São relevantes, aqui, os estudos que permitem entender a evolução do saber médico seja como medicina científica – Foucault, 1977 (14); 1984 (15); como medicina social – Foucault, 1984 (16); Nunes, 1983 (17);

Rosen, 1980 (18); ou como mediação entre corpo e mente, como exemplificado no trabalho de Lipowsky, 1986 (19) sobre a medicina psicossomática. São importantes, também, os estudos que permitem entender a imposição deste saber como único saber legítimo, seja através da desqualificação dos leigos, como evidenciado nas pesquisas de Ehrenreich e English, 1973a (20) e de Spink, 1982 (21) ou do processo de medicalização da vida, tão bem caracterizado por Illich, 1977 (22). Integram este conjunto, ainda, os estudos referentes à estruturação da atenção à saúde: a constituição dos campos profissionais na saúde – Amaral, 1988 (23); Durand, 1985 (24); Prado, 1985 (25); Spink, 1985 (26) – e a organização dos serviços de saúde – Braga e Paula, 1981 (27); Donnangelo, 1975 (28); Luz, 1979 (29) e Singer et al., 1978 (30), entre outros.

A Figura 1 permite, portanto, visualisar a amplitude dos temas possíveis e o trabalho que nos espera na consolidação dos marcos teóricos da psicologia da saúde. Permite, sobretudo, perceber a necessidade de superar os enfoques intraindividuais prevalecentes até recentemente, e adotar uma perspectiva mais globalizante e dinâmica que possibilite entender a saúde/doença como processo histórico e multideterminado.

2. A CONSTRUÇÃO SOCIAL DO SABER SOBRE A SAÚDE E A DOENÇA
Uma perspectiva psicossocial*

Ao abordar as contribuições possíveis da psicologia social para a compreensão do processo de adoecimento e das práticas adotadas para a prevenção deste adoecer, sua cura ou a promoção do estado de saúde, partiremos, neste ensaio, de uma concepção psicossocial bastante específica. Concepção esta que é fruto de todo um processo de questionamento que perpassa não apenas esta disciplina mas, de forma geral, inaugura uma nova epistemologia nas ciências sociais de forma incisiva.

Esta perspectiva construtivista e historicista por excelência tem como precursores, como aponta Ibañez (1990), Nietzsche, passando por Heidegger, pelo Wittgenstein da segunda fase e por Foucault. Consiste, essencialmente, em uma tentativa de desmontar o arcabouço epistemológico de retórica da verdade pautada pela razão científica, enfatizando, em marcada oposição a esta postura, a natureza "construída" da realidade social. Ou seja, muito embora a objetividade possível do "mundo das coisas" não seja posta em dúvida (realismo ontológico), as nossas explicações e descrições deste mundo são tidas como construções socialmente determinadas. Desta forma, o discurso e a própria prática científica podem e devem ser eles próprios objetos de uma análise social.

A consequência mais visível desta postura é a adoção necessária de uma perspectiva historicista, dado que "toda produção que emana de seres históricos tem as condições de sua produção nelas incorporadas" (IBAÑEZ, 1990: 11). Ou seja, elas são sempre contingentes às condições concretas particulares que as engendraram e tornaram possível sua disseminação em um determinado grupo social.

---

* Originalmente publicado em *Saúde e Sociedade*, 1(2), 1992, p. 125-139.

A ótica construtivista, em última análise, acaba gerando uma visão mais integrada e compreensiva das ciências sociais, sendo a fragmentação atual em disciplinas relativamente estanques vista igualmente como produto de uma construção específica, historicamente datada, de ciência. Assim, embora tomando como ponto de partida uma perspectiva específica – tal como a da psicologia social – cada vez mais se torna imprescindível cruzar e recruzar fronteiras disciplinares em um processo contínuo de desterritorialização. Afinal, como afirma Rolnik (1989: 16) "o cartógrafo é sobretudo um antropófago" e as cartografias "trazem marcas dos encontros que as foram constituindo: sinais dos estrangeiros que, devorados, desencadearam direções na sua evolução".

A psicologia social, tendo como arena de atuação o complicado meio de campo entre a esfera individual e social, tem necessariamente – pela própria constituição de seu objeto de estudo – esta vocação antropofágica; ou, usando uma linguagem menos "pós-moderna", tem evidente vocação interdisciplinar, sendo suas fronteiras permeáveis às contribuições de uma variedade de outras disciplinas afins. Vocação esta que já foi negada em certas fases de sua história, quando foram privilegiadas vertentes mais intraindividuais; mas foi reassumida, a partir dos anos 1970, quando psicólogos mais críticos passaram a exigir "uma psicologia social mais social" (TAJFEL, 1982).

Nesta nova perspectiva caberia à psicologia social, como afirma Lane (1984), recuperar o indivíduo na intersecção de sua história com a história de sua sociedade. Abandonar, portanto, a dicotomia indivíduo-sociedade retomando, em uma nova base, o debate sobre a autonomia relativa das esferas social e individual sem cair no reducionismo sociologizante (quando o indivíduo é visto como produto do mundo social que o cerca) ou psicologizante (quando, em última análise, o indivíduo é visto como um ser autônomo, produto da dinâmica de suas características individuais).

O que está em pauta, portanto, é a adoção, também na psicologia social, da postura construtivista (ISRAEL, 1972) onde o sujeito é enfocado como produto e produtor da realidade social. Ao adotar esta ótica construtivista, o objeto privilegiado da psicologia social passa a ser o processo de aquisição de conhecimentos no afã de dar sentido ao mundo – a construção social da realidade para usar a expressão cunhada por Berger e Luckmann (1976).

Processo privilegiado minimamente devido à centralidade que assumem a introjeção e a transformação dos dados sociais no desenvolvimento do pensamento.

A aquisição do conhecimento, nesta perspectiva, é um processo ativo de construção em dois sentidos complementares. Em primeiro lugar, o sujeito é ativo porque ele dá sentido aos objetos sociais, materiais ou ideacionais que o cercam; ou seja, em última análise, ele constrói representações ou teorias sobre estes objetos. Em segundo lugar, ele é ativo porque cria, efetivamente, o mundo social através de sua atividade. Neste sentido, o homem transforma a natureza e, ao transformá-la, gera as condições sociais para o processo de produção: a práxis no vocabulário marxista.

Estas duas dimensões, a atividade simbólica e a práxis, estão numa relação dialética uma vez que conhecimento é a base da práxis, e a práxis a forma de verificação do conhecimento. Como diz Leontiev (1978):

> Se por um lado os significados atribuídos às palavras são produzidos pela coletividade no seu processar histórico e no desenvolvimento de sua consciência social e, como tal, se subordinam às leis histórico-sociais, por outro, os significados se processam e se transformam através de atividades e pensamentos de indivíduos concretos, e assim se subjetivam (adquirindo um sentido pessoal), na medida em que retornam para a objetividade sensorial do mundo que os cerca, através das ações que eles desenvolvem concretamente (apud LANE, 1984: 33).

A perspectiva construtivista privilegia, portanto, tanto a relação dialética entre a esfera individual e social quanto a relação dialética entre pensamento e atividade. É justamente pela ênfase dada a estes dois eixos que a abordagem denominada por Serge Moscovici em 1961 de Representações sociais (MOSCOVICI, 1978) vem assumindo uma função agregadora em psicologia social.

As representações sociais são formas de conhecimento prático – o saber do senso comum – que têm por função estabelecer uma ordem que permita aos indivíduos orientarem-se em seu mundo social e material e possibilitar, desta forma, a comunicação entre os membros de um mesmo grupo. Dado seu caráter eminentemente social – visto que o significado a elas atribuído advém do mundo social – é imperativo que elas sejam sempre remetidas às condições de sua produção; às comunicações mediante as quais elas são veiculadas; e às funções a que servem na interação com o mundo social. Assim, embora acessadas através do discurso, elas são elucidadas pelos nexos que estabelecem com o entorno social.

Psicologia social e saúde

Se a perspectiva construtivista é recente na psicologia social, mais recente ainda é ela nas aplicações ao campo da saúde onde, tradicionalmente, a psicologia tem atuado embasada numa ótica intraindividual.

Para entender esta afirmação, necessário se faz pontuar a dupla interface da psicologia com a saúde: primeiramente como prática, atuando a partir do referencial clínico e centrada na experiência do paciente-cliente com sua doença. Em segundo lugar como teoria explicativa, contribuindo, juntamente com as demais disciplinas relevantes neste cenário interdisciplinar, para a compreensão do processo saúde/doença.

Em se tratando da contribuição da perspectiva construtivista da psicologia social à área da saúde, é obvio que estaremos abordando apenas a segunda interface; embora óbvio também seja que a abordagem teórica pode – e deve – embasar a prática. Pode e deve, mas não o faz – no momento – talvez por constituir um corpo de conhecimentos ainda incipiente.

Ao ser pensada como disciplina explicativa, a psicologia da saúde, ao longo de sua breve história, reproduziu a situação existente na disciplina mãe. Partiu, inicialmente, de uma perspectiva intraindividual para a explicação do processo saúde/doença; passou, numa fase posterior, a incorporar o social de forma mecânica e apenas recentemente adotou uma postura mais dinâmica face ao social, abraçando uma postura construtivista.

Ao fazer referência à "breve história da psicologia da saúde" torna-se necessário abrir novo parêntese. Afinal, todos sabemos que desde tempos imemoriais, tanto no Ocidente quanto no Oriente, a vinculação entre comportamento e saúde, ou entre corpo e mente, fez parte da reflexão sobre a doença, especialmente em períodos históricos (ou a partir de visões de mundo) onde a doença foi equacionada com a ruptura do equilíbrio intraindivíduo ou entre o indivíduo e o cosmos. Falar em "breve história" exige, pois, uma qualificação. Breve, aqui, refere-se ao esforço sistematizado de pesquisa, próprio à postura científica das modernas disciplinas. Neste sentido, as explicações do processo saúde/doença que englobam uma perspectiva psicológica tem uma história recente que remonta, segundo revisão feita por Lipowski (1986), à década de 1930.

Psicologia e saúde na vertente intraindividual

Retornando então às fases por que passou a psicologia da saúde na progressiva incorporação da dimensão social na explicação do processo saúde/doença, mencionamos anteriormente que, num primeiro momento, a explicação privilegiou, sem dúvida, a esfera intraindividual. Voltada à explicação do aparecimento da doença como organismo individual, esta primeira vertente subsume duas correntes distintas: uma fortemente influenciada pela abordagem psicanalítica e a outra mais vinculada às teorias da personalidade.

A primeira corrente aqui identificada tem como conceito central a psicogênese da doença. Derivada da teoria psicanalítica tem como principal proponente o psicanalista Franz Alexander. A tese central de Alexander era de que os conflitos inconscientes não resolvidos entre os desejos e as forças antagonísticas do ego e do superego geravam tensões emocionais crônicas cujos correlatos fisiológicos podiam resultar em disfunção ou mesmo em mudanças estruturais em determinados órgãos do corpo. Uma nova versão para a velha e influente tese de que a emoção não domesticada gera doença. A psicogênese foi a teoria predominante na medicina psicossomática entre 1930 e 1968, perdendo força, entretanto, à medida que se reconhecia a multicausalidade da doença e se re-situava a emoção como um dos elementos da resposta psicofisiológica do organismo aos *inputs* de informação do ambiente – e não mais como causa primária de determinadas reações somáticas.

A segunda corrente da vertente intraindividual, mais próxima às teorias da personalidade, também toma fôlego na década de 1930, especialmente através do trabalho de Helen Dunbar. O pressuposto central, no caso, é que existe uma relação entre certos tipos de personalidade e certas doenças. Atualmente o esforço de pesquisa nesta corrente centra-se especialmente em duas doenças da modernidade: o câncer e as doenças cardíacas. O câncer, objeto de análise de um ensaio de Susan Sontag (1984) sobre as metáforas da doença, tem sido vinculado com a repressão das emoções, seja no sentido mais genérico de bloqueio de energias – como no caso de Reich (1970) – ou no sentido mais específico de introversão como característica de personalidade – como no caso de Eysenck (EYSENCK & RACHMAN, 1966).

Já as doenças cardíacas, atualmente no epicentro da atividade de pesquisa nesta área, destacaram o papel da chamada "personalidade tipo A": uma constelação de características de comportamento explorada pelos pesquisadores na área de cardiologia desde a década de 1960 e que ocupa hoje lugar proeminente nas publicações especializadas em psicologia da saúde como aponta a revisão da literatura nesta área feita por Bennett e Carroll em 1990. A personalidade tipo A agrega as características típicas da vida nos grandes centros urbanos: competitividade, hostilidade, pressão de tempo, impaciência, necessidade de autoatualização, tensão muscular, etc. Em suma, é esta a corrente responsável pelas manchetes recentes em jornais paulistas que afirmavam que a "hostilidade mata"... ou seja, lendo-se nas entrelinhas – faça terapia e viva mais tempo!

Aspectos psicossociais do adoecimento

A segunda vertente identificada neste ensaio enfatiza os aspectos psicossociais da cadeia multicausal responsável pelo surgimento da doença. Situam-se aqui os estudos sobre os "eventos da vida" e sobre o *stress*, a começar pela obra já clássica de Wolff – *Stress e doença* –, publicada em 1953.

Esta vertente tornou-se particularmente popular em função dos avanços metodológicos que possibilitaram a mensuração das variáveis, a construção de indicadores e o seu tratamento estatístico através de técnicas multivariáveis em busca de correlações entre eventos estressantes na vida do indivíduo e o aparecimento da doença. É necessário ressaltar, de modo a prevenir os incautos, de que não se trata, nesta vertente, de apontar os aspectos patogênicos da vida social – aspecto este que é objeto de estudo da epidemiologia –, mas de buscar nexos causais entre experiências de vida e o adoecer.

Foi no afã de desenvolver metodologias adequadas para análises quantitativas – tarefa tão popular nas ciências sociais da década de 1950 e 1960 – que surgiram os questionários estandardizados, como os de Holmes e Rahe (*Schedule of Recent Experiences*) que possibilitaram a elaboração de indicadores de *stress*. Foi esta vertente, em suma, a responsável pela popularização de mensagens emocionalmente ameaçadoras como a famosa conclusão de que o câncer tende a surgir entre seis e dezoito meses após a experiência de tensões críticas (como, por exemplo, a morte do companheiro).

Mas, como medir tensões críticas? Afinal, como apontou Brown (1981) em sua crítica aos questionários sobre eventos de vida, o que conta não é a experiência em si, mas o significado – o sentido pessoal – que ela tem para o indivíduo. Curiosamente, após tão valioso *insight*, o que faz Brown? Dedica-se a reformular o questionário de Holmes e Rahe de modo a acessar o significado da experiência de forma quantificável!

Corrente paralela, nesta vertente, e com sérias implicações do ponto de vista da medicalização de nossas vidas, enfoca mais particularmente os fatores objetivos do *stress* físico, procurando entender e, especialmente, prevenir os comportamentos de risco: fumar, comer alimentos inadequados, levar uma vida sedentária.

Fica evidente, sem dúvida, que esta segunda vertente está intrinsecamente relacionada às posturas de promoção da saúde e prevenção de doença. Afinal, é difícil, sem recorrer à psicoterapia, mudar características de personalidade. Mas, no que diz respeito ao estilo de vida, a responsabilidade fica com o indivíduo e, como já dizia Platão, faz parte da esfera de socialização. Assim, se a primeira vertente pertencia à esfera das emoções e das terapias, a segunda parece pertencer à esfera da educação.

Saúde/doença na perspectiva construcionista

Já a terceira vertente difere das demais em vários sentidos. Antes de mais nada, partindo da analogia das esferas, poderíamos afirmar que esta vertente – privilegiando a perspectiva do paciente e não mais do médico ou do sistema de saúde – pertence sobretudo à esfera da conscientização. Há, ainda, uma segunda inversão importante. As duas primeiras vertentes privilegiam a explicação da doença a partir da explicitação da rede de causalidade: o que está em pauta é entender (e prevenir) o surgimento da doença. A terceira vertente, ao contrário, não tem por objetivo formular leis causais; a doença é vista como um fenômeno psicossocial, historicamente construído, e como tal, é sobretudo, um indicador da ideologia vigente sobre o adoecer e os doentes em uma determinada sociedade.

Tal postura implica dois saltos qualitativos: primeiramente porque aborda a doença não apenas como uma experiência individual mas também como um fenômeno coletivo sujeito às forças ideológicas da sociedade. Em segundo lugar, por inverter a perspectiva deixando de privilegiar a ótica médica como único padrão de comparação legítimo e passando a legitimar também a ótica do paciente. Esta vertente, portanto, possibilita o confronto entre o significado (social) da experiência e o sentido (pessoal) que lhe é dado pelo indivíduo.

A terceira vertente enfatiza, assim, as representações do processo saúde/doença, procurando explicitar o substrato social das construções que determinados grupos ou sociedades fazem da doença e da saúde. Também nesta vertente é possível identificar várias correntes. A primeira corrente centra os esforços de pesquisa especificamente nas teorias do senso comum, ou seja, nas explicações da saúde/doença na interface entre os fatores sociais e psicobiológicos. Inserem-se nesta perspectiva alguns dos estudos clássicos sobre representações. Por exemplo, a pesquisa de Claudine Herzlich, publicada na França em 1969 (HERZLICH, 1973), teve por objetivo estudar as representações da saúde/doença então vigentes. Representações que, de acordo com a análise realizada, estavam organizadas em torno de um núcleo figurativo constituído através da polarização de duas dicotomias: indivíduo/sociedade e atividade/inatividade. A doença, portanto, surgia do conflito entre o social (mediado pelo estilo de vida) e a resistência individual (a reserva de saúde própria a cada indivíduo). Paralelamente, a saúde representava a integração na sociedade, através da atividade (especialmente a atividade produtiva) enquanto a doença representava a exclusão da sociedade pela inatividade.

Outro exemplo relevante de pesquisa nesta corrente é o estudo de Denise Jodelet (1989b), também realizado na França, sobre as representações sociais da loucura em uma comunidade rural que integrava um sistema de albergamento de doentes mentais egressos de hospitais psiquiátricos. Neste estudo as representações pareciam se organizar através da polarização entre cérebro e nervos, como instâncias biológicas determinantes da doença mental. A articulação entre este núcleo figurativo e as suposições feitas a respeito das condições sociais e do período de vida em que a doença havia se manifestado gerou um complexo sistema de classificação que orientava a ação da comunidade estudada no trato aos doentes mentais ali albergados.

Dados surpreendentemente compatíveis, considerando as diferenças relativas ao contexto cultural em que os estudos foram realizados, foram obtidos em uma pesquisa realizada em Petrópolis, Rio de Janeiro, por Luiz Fernando Duarte (1988). Também nesta pesquisa a representação do "nervoso" tem um *locus* físico que opõe cabeça (nervos) e corpo, oposição esta que é mediada por noções de resistência (como força e fraqueza) e de movimento (irritação, obstrução). O dado mais importante, talvez, é que também neste estudo as representações das perturbações nervosas evocavam um forte componente moral; uma instância axiológica que criava uma oposição entre o inocente – vítima das circunstâncias – e o fraco ou maldoso, revelando um terreno ainda virgem do ponto de vista da pesquisa psicossocial. Ou seja, as ordens morais imbricadas na construção dos saberes sobre saúde/doença.

A segunda corrente desta terceira vertente explora as interfaces entre a representação e o comportamento. Por exemplo, a relação entre a representação da doença e a automedicação ou, ainda, entre representações e a escolha de terapêuticas oficiais e/ou alternativas. Assim, na pesquisa realizada por Loyola (1994) sobre a medicina popular fica bastante evidente que a definição da origem da doença – se doença do corpo ou da alma – orienta a escolha da terapêutica adequada – por exemplo, se é doença de médico ou de umbanda.

A terceira corrente, por sua vez, explora a interface entre o saber popular e o saber oficial. Incluiríamos nesta corrente os estudos referentes à difusão do saber oficial, tal como explorado na pesquisa de Moscovici (1978) sobre a representação social da psicanálise na França na década de 1950. Incluiríamos também, os estudos sobre as inevitáveis tensões resultantes do confronto entre os dois tipos de saber como ocorre, por exemplo, nas interações entre médicos (ou outros profissionais da equipe de saúde) e pacientes. A título de ilustração valeria citar o clássico estudo de Boltanski (1969) sobre as práticas de puericultura nas classes trabalhadoras francesas. Neste estudo o autor aborda tanto a difusão dos conhecimentos oficiais e sua penetração no saber do senso comum, quanto as implicações deste saber popular para o "colóquio singular" entre médicos e pacientes das classes menos privilegiadas.

Implicações

Face ao salto qualitativo introduzido por esta terceira vertente – vertente que proponho ser mais compatível com a perspectiva construtivista – cabe perguntar qual é a relevância para a área da saúde pensada como o conjunto de práticas voltadas para a promoção da saúde e prevenção ou cura da doença. No meu entender são três as possíveis contribuições.

Em primeiro lugar, são as representações – como forma de conhecimento prático – que orientam a ação. Se quisermos influenciar a ação (seja esta ação a busca de atendimento, a automedicação ou até mesmo os estilos de vida) precisamos antes compreender o que embasa a ação. A palavra de ordem, no caso, não é educar, mas conscientizar, tornando transparente o que era opaco e enfatizando os aspectos criativos do pensamento individual.

Em segundo lugar, como já havia apontado Brown em sua crítica aos estudos sobre eventos de vida, o que está em pauta é o sentido pessoal dado à experiência. Sentido este que está intimamente imbricado com as representações que se tem dos eventos em pauta.

Finalmente, retomando a questão da psicologia como prática, merecem destaque as mudanças que vêm ocorrendo na inserção dos psicólogos nos serviços de saúde, especialmente no que diz respeito à sua atuação em serviços ambulatoriais e em unidades básicas. Estas novas formas de inserção pervertem a relação clínica tradicional e força os psicólogos a adotarem uma postura mais compatível com a psicologia comunitária. Tais transformações colocam a formação tradicional do psicólogo na berlinda, deixando transparecer as lacunas no que se refere aos conhecimentos necessários para embasar esta nova forma de atuação. Aqui também a perspectiva da construção social do conhecimento sobre saúde e doença pode trazer contribuições efetivas, diminuindo a distância social; possibilitando a compreensão da visão de mundo específica dos diversos grupos sociais e motivando os psicólogos a buscarem formas de atuação mais compatíveis com os objetivos do atendimento ao nível primário.

3. SAÚDE: UM CAMPO TRANSDISCIPLINAR?*

Este artigo tem por objetivo discutir a possibilidade de integração da atuação dos diversos profissionais da saúde de modo a superar a fragmentação resultante da compartimentalização do conhecimento em disciplinas estanques. Iniciando com uma reflexão sobre o paradigma clássico da ciência inaugurado com o racionalismo, examinaremos suas implicações para a divisão de saberes/poderes no campo da saúde, para então explorar as possíveis formas de superação da fragmentação vigente.

A fragmentação do conhecimento: a hegemonia do paradigma da simplificação

A grande proliferação de disciplinas após a Revolução Científica do século XVII coloca para os epistemólogos dois tipos de problemas. De um lado, a questão das fronteiras; incluindo aqui a definição do que vem a ser ciência com a consequente outorgação do estatuto de ciência às novas disciplinas e a delimitação dos objetos específicos a cada disciplina. De outro lado, coloca o problema da complexidade do conhecimento e das consequências da fragmentação contínua para o conhecimento do conhecimento.

Considerando a primeira perspectiva, cabe perguntar, antes de mais nada, se as fronteiras disciplinares são necessárias para o crescimento do conhecimento. De acordo com Fuller (1988) as disciplinas delimitam suas fronteiras através da definição de procedimentos para se apossarem de reivindicações de conhecimentos, ou seja, da adoção de formas de argumentação que possam res-

---

* Originalmente publicado na *Revista de Terapia Ocupacional*, 3 (1/2), 1992, p. 17-23, jan.-dez.

tringir 1) o uso de certas terminologias; 2) o empréstimo permitido de conhecimentos de outras disciplinas e 3) os contextos legítimos de justificação e descobertas. As disciplinas que têm suas fronteiras claramente delimitadas são denominadas "autônomas" e controlam inteiramente seus departamentos acadêmicos, seus programas de pesquisa e suas linhagens históricas.

Entretanto, possuir fronteiras claramente delimitadas não implica ter domínios de investigação excludentes. As disciplinas podem ser ortogonais, ou seja: podem ser independentes mesmo abordando um mesmo objeto de estudo. Por exemplo, a neurofisiologia e a psicologia cognitiva debruçam-se ambas sobre o mesmo objeto: os processos de pensamentos de organismos humanos; entretanto, suas respectivas leis não são passíveis de tradução interdisciplinar. Em resumo, a ortogonalidade não implica necessariamente incomensurabilidade, ficando a questão de uma síntese futura no terreno das conjunturas.

Embora convivamos com um perpétuo desdobramento de disciplinas, há quem questione a necessidade de fronteiras para o avanço do conhecimento. De acordo com o ideal sistêmico, por exemplo, as fronteiras emergem apenas porque as atividades interdisciplinares não são monitoradas adequadamente por disciplinas hierarquicamente superiores; ou pelo público, permitindo, desta forma, a emergência de uma linguagem hermética no interior das múltiplas disciplinas. Na busca da síntese, a visão sistêmica apela frequentemente para o reducionismo, buscando a construção de um "esperanto" científico, uma linguagem transdisciplinar. Os positivistas lógicos, por exemplo, segundo Fuller (1988), dividiram-se entre o reducionismo democrático (baseado no fenomenalismo) e o reducionismo autocrático, tal como o fisicalismo que sujeita todas as disciplinas à Física.

Disjunção (a fragmentação do conhecimento em compartimentos estanques) e redução (a busca de um mínimo denominador comum científico) são, segundo Morin, as características básicas do paradigma da simplificação que orientou a ciência clássica. Este paradigma

> [...] determina um tipo de pensamento que separa o objeto de seu meio, separa o físico do biológico, separa o biológico do humano, separa as categorias, as disciplinas, etc. A alternativa à disjunção

é a redução: este tipo de pensamento reduz o humano ao biológico, reduz o biológico ao físico-químico, reduz o complexo ao simples, unifica o diverso. Por isso, as operações comandadas por este paradigma são principalmente disjuntivas, principalmente redutoras e fundamentalmente unidimensionais. Se se obedece apenas ao princípio de disjunção, chega-se a um puro catálogo de elementos não ligados; se se obedece ao princípio de redução, chega-se a uma unificação abstrata que anula a diversidade. Por outras palavras, o paradigma da simplificação não permite pensar a unidade na diversidade ou a diversidade na unidade, a *unitas multiplex, só* permite ver unidades abstratas ou diversidades também abstratas, porque não coordenadas (MORIN, 1983: 31).

Contrapondo-se a esta visão, Morin discute a possibilidade da introdução de uma epistemologia complexa e situa este paradigma alternativo contando-nos uma pequena estória:

Era uma vez um grão de onde cresceu uma árvore que foi abatida por um lenhador e cortada numa serração. Um marceneiro trabalhou-a e entregou-a a um vendedor de móveis. O móvel foi decorar um apartamento e mais tarde deitaram-no fora. Foi apanhado por outras pessoas que o venderam numa feira. O móvel estava lá no adeleiro, foi comprado barato e, finalmente, houve quem o partisse para fazer lenha. O móvel transformou-se em chama, fumo e cinza (MORIN, 1983: 134).

E, defendendo-se contra a acusação de pretender fazer uma grande síntese dos conhecimentos existentes, continua:

Eu quero ter o direito de refletir sobre esta história; sobre o grão que se transforma em árvore, que se torna móvel e acaba fogo, sem ser lenhador, marceneiro, vendedor que não veem senão um segmento da história (MORIN, 1983: 134).

É este o paradoxo com que nos defrontamos ao pensar a unidade indivisível da saúde multifacetada em disciplinas diversas. Percebemos que a fragmentação do conhecimento em disciplinas diversas possibilita um crescimento acelerado dos saberes, mas, paradoxalmente, este conhecimento assim fragmentado dificulta a apreensão do todo. Por quê? É mais uma vez Morin quem nos oferece uma pista:

Porque este campo (do conhecimento) está fragmentado em campos de conhecimento não comunicantes. Se considerarem o cérebro, ele é objeto das neurociências, que são um campo especializado da Biologia, mas também reenvia para a teoria da evolução, já que o cérebro é resultado de uma longa evolução. Mas o espírito releva das ciências humanas, que por sua vez estão separadas em disciplinas e escolas; as ciências psicológicas, a psicologia cognitiva, a psicanálise, etc. As neurociências e as psicociências encontram-se em setores universitários muito afastados e ignoram-se umas às outras. A sociologia da ciência não comunica com a história das ideias, que não comunica com a teoria do conhecimento, ou muito mal. A própria epistemologia pertence a outro domínio, e, finalmente, há o continente desconhecido da nosologia. Entre todos estes fragmentos separados há uma zona enorme de desconhecimento e damo-nos conta de que o progresso dos conhecimentos constitui ao mesmo tempo um grande progresso do desconhecimento (MORIN, 1983: 20).

Não se trata, porém, de desenvolver um esquema de integração de conhecimentos sintético e harmonioso. Não se trata, especialmente, de perder competências, pois o lenhador continuará a ser um lenhador e o marceneiro, um marceneiro. Não se trata, também, de uma tarefa individual e, como tal, impossível. Trata-se de "uma tarefa que necessita do encontro, da troca entre todos os investigadores e universitários que trabalham nestes domínios disjuntos e se fecham como ostras quando solicitados" (MORIN, 1983: 33).

O problema, ainda segundo Morin, está em que cada competência "desenvolva o suficiente para articular com outras competências que, ligadas em cadeia, formariam o anel completo e dinâmico, o anel do conhecimento do conhecimento" (p. 33). Ou seja, a apreensão do todo só pode ser efetivada através da adoção de uma postura transdisciplinar, onde as competências individuais, em vez de esfaceladas, passam a ser articuladas.

Mas, sabemos todos nós que procuramos enfrentar a complexidade do fenômeno saúde/doença, que tal articulação não é fácil, pois não se trata de mera contraposição de domínios científicos e sim de um confronto entre *saberes*. Distinção esta introduzida por Foucault (1987) para situar a diferença entre uma história das ideias – centrada no desenvolvimento dos diversos domínios científicos – e os territórios arqueológicos – centrados nos elementos de sustentação de práticas discursivas que antecedem um determinado domínio científico. São estes elementos, formados por uma determinada prática discursiva e indispensáveis à constituição de uma ciência, que Foucault (1987) denomina de saberes:

Um saber é aquilo de que podemos falar em uma prática discursiva que se encontra assim especificada: o domínio constituído pelos diferentes objetos que irão adquirir ou não um *status* científico (o saber da psiquiatria no século XIX não é a soma do que se acreditava fosse verdadeiro; é o conjunto das condutas, das singularidades, dos desvios de que se pode falar no discurso psiquiátrico); um saber é, também, o espaço em que o sujeito pode tomar posição para falar dos objetos de que se ocupa em seu discurso (neste sentido, o saber da medicina clínica e o conjunto das funções de observação, interrogação, decifração, registro, decisão, que podem ser exercidas pelo sujeito do discurso médico); um saber é também o campo de coordenação e de subordinação dos enunciados em que os conceitos aparecem, se definem, se aplicam e se transformam (neste nível, o saber da História Natural, no século XVIII, não é a soma do que foi dito, mas sim o conjunto dos modos e das posições segundo os quais se pode integrar ao já dito qualquer enunciado novo); finalmente, um saber se define por possibilidades de utilização e de apropriação oferecidas pelo discurso (assim, o saber da economia política, na época clássica, não é a tese das diferentes teses sustentadas, mas o conjunto de seus pontos de articulação com outros discursos ou outras práticas que não são discursivas). Há saberes que são independentes das ciências (que não são nem seu esboço histórico, nem o avesso vivido); mas não há saber sem uma prática discursiva definida e toda prática discursiva pode definir-se pelo saber que ela forma (FOUCAULT, 1987: 206-207).

É neste embate, das diferentes práticas discursivas, que a dificuldade da interdisciplinaridade na área da saúde pode ser apreendida. Não se trata, portanto, de demarcação de fronteiras epistemológicas; não se trata de definir quem é mais "ciência", se a medicina, a psicologia ou a terapia ocupacional. Trata-se, sim, de entender as oposições que emergem em função de e a partir das práticas discursivas que aí circulam.

A ciência como campo de saber

O campo científico, segundo Bourdieu (1983), é o lugar de um jogo concorrencial onde o objeto de disputa é o monopólio da autoridade científica. Ou seja, "o monopólio da competência científica, compreendida como capacidade de falar e agir legitimamente que é socialmente outorgada a um agente determinado (BOURDIEU, 1983: 122-123).

O que está em jogo, em última análise, é tanto a competência técnica quanto o poder social, aceitando-se, aqui, a postura implícita das correntes sociológicas da epistemologia de que a ciência produz e supõe uma forma específica de interesse. Desta forma, se a análise epistemológica permite desvelar a lógica segundo a qual uma determinada ciência se constitui como ciência, a análise sociológica permite relacionar estes elementos estruturantes às condições sociais que possibilitam seu aparecimento.

O campo científico, como lugar de luta pela dominação científica, define para cada pesquisador, em função da posição que ele ocupa no campo, as estratégias científicas possíveis; estratégias estas que são indissoluvelmente científicas e políticas, uma vez que são expressas com referência às posições constitutivas do campo. Tais estratégias visam a obtenção do capital social específico do campo científico: a autoridade científica, segundo Bourdieu. Capital este que, de acordo com a autonomia específica dos diversos campos, terá seu valor definido pelos pares, pois "só os cientistas engajados no mesmo jogo detêm os meios de se apropriar simbolicamente da obra científica e de avaliar seus méritos" (BOURDIEU, 1983: 127). Desta forma, impor autoridade como produtor legítimo implica sempre impor uma definição de ciência; ou seja, implica poder delimitar campos de problemas, métodos e teorias que são considerados científicos e excluir outros que não estejam de acordo com os interesses específicos. Desta forma, existe sempre no campo científico uma hierarquia social de campos específicos (as disciplinas) assim como no interior de cada uma destas se estabelece uma hierarquia de objetos e métodos. Para Bourdieu, então:

> os dominantes são aqueles que conseguem impor uma definição de ciência segundo a qual a realização mais perfeita consiste em ter, ser e fazer aquilo que eles têm, são e fazem (BOURDIEU, 1983: 128).

Em todo campo, seja este uma única disciplina ou o conjunto de disciplinas concorrenciais, se distribuem agentes com forças mais ou menos desiguais ou dominantes ocupando as posições mais altas na estrutura de distribuição do capital científico. É esta estrutura de distribuição de capital que marca o movimento do campo: a luta entre dominantes, que se consagram a estratégias de conservação visando a perpetuação da ordem estabelecida, e os "novatos", os pretendentes, que podem se orientar das estratégias de sucessão, mais seguras, ou por estratégias de subversão:

> Investimentos infinitamente mais custosos e arriscados que só podem assegurar os lucros prometidos aos detentores do monopólio da legitimidade científica em troca de uma redefinição completa dos princípios de legitimação da dominação (BOURDIEU, 1983: 138).

A redefinição em pauta refere-se à distribuição do capital e, portanto, à redistribuição do poder, dentro do campo. A ortodoxia e a heterodoxia no campo científico se recortam, como bem aponta Bourdieu, sob o pano de fundo da *doxa*, "conjunto de pressupostos que os antagonistas admitem como evidentes, aquém de qualquer discussão, porque constituem a condição tácita de qualquer discussão[...]" (BOURDIEU, 1983: 146).

Doxa, portanto, nada mais é, neste caso, do que a retórica da cientificidade através da qual a comunidade científica como um todo reproduz a crença no valor de seus produtos e na autoridade de seus membros. Entre as estratégias de conservação e subversão contam-se as variadas formas de defesa das competências específicas como a definição de legislação específica para regulamentação do exercício profissional ou a criação de órgãos de fiscalização.

As competências específicas no campo da saúde, da fragmentação do conhecimento à defesa dos espaços de atuação

É apenas quando focalizamos o conhecimento na perspectiva do saber-fazer, ou seja, da práxis, que as implicações da fragmentação destes saberes em múltiplas disciplinas ficam claras. O saber, examinado sob a ótica do fazer, nos fornece essencialmente a dimensão do poder. Poder este que é melhor compreendido quando abordado na perspectiva da regulamentação do exercício profissional, estratégia esta que dá respaldo ao movimento incessante de circunscrição de campos científicos discutida anteriormente neste artigo.

Ao examinarmos a regulamentação do exercício profissional, a atenção é atraída, sem dúvida, pela inserção no jogo concorrencial de um ator coadjuvante: o Estado. Não mais, portanto, o julgamento pelos pares, mas a extrapolação dos interesses para a esfera do mercado.

É constatação unânime a ampliação progressiva da ação estatal na área das políticas sociais, entre as quais se enquadra a legislação trabalhista. Estas políticas são concomitantemente um colchão amortecedor dos conflitos sociais e, portanto, uma forma de controle e uma demonstração de força, de sucesso dos esforços e lutas dos setores dominados da sociedade. Na visão de Silva (1984), a ampliação dos programas e políticas de recorte social representam simultaneamente a "estruturação de mecanismos mais complexos de dominação política e social e uma forma de introduzir, no seio do próprio *aparelho de Estado*, questões socialmente relevantes aos setores subalternos, representando, neste último caso, conquistas importantes de novos patamares de participação política e social das classes dominadas".

Cabe destacar, ainda, que estas políticas sociais remetem, em última instância, às "questões sociais" e, como apontam Braga e Paula (1981), "o desenvolvimento capitalista [...] constitui em questões sociais, entre outros, aqueles processos relacionados à formação e reprodução da força de trabalho para o capital e, num mesmo movimento, constitui o Estado no organismo por excelência a regular tais questões". É compreensível, portanto, que, no Brasil, o papel do Estado na regulamentação do exercício profissional tenha sido explicitado a partir da constituição getulista de 1934. Compete à União, desde esta época:

1) Legislar sobre as condições de capacitação para o exercício profissional, ou seja, definir o conteúdo da formação profissional, competência esta que desde a Lei de Diretrizes e Bases, de 1961, é função do Conselho Federal de Educação;

2) Regulamentar o exercício profissional, competência que abarca: o reconhecimento da especificidade do campo de atuação das diversas profissões através de legislação específica e a delegação da fiscalização do exercício profissional assim definido a órgãos especificamente criados para este fim – os Conselhos Federais e Regionais que atuam sob a tutela do Ministério do Trabalho.

O processo que leva a regulamentação das diversas profissões da área da saúde, analisado por Spink (1985), é um exemplo claro do jogo concorrencial no campo científico ilustrando estratégias de conservação por parte das categorias mais organizadas assim como intervenções diretas do Estado a partir de interesses específicos do desenvolvimento econômico do país. Para o argumento aqui desenvolvido, entretanto, é a ótica das disciplinas que mais interessa. Neste sentido, a regulamentação profissional é, acima de tudo, uma estratégia para a garantia dos espaços de atuação em um contexto de divisão técnica do trabalho cada vez mais complexa em função do desenvolvimento tecnológico e do surgimento de um número cada vez maior de especializações.

Neste processo de desdobramento contínuo de áreas de especialização, não basta apenas a proteção de legislação específica para a delimitação dos campos de atuação. A definição efetiva das fronteiras em disputa passa, também, pela arena jurídica, o que envolve um processo de vigilância permanente para garantir que a legislação pretendida por uma categoria não ameace as conquistas de outra categoria.

É óbvio, entretanto, que a proclamada visão totalizadora do fenômeno saúde/doença remete à busca de soluções fora da esfera legislativa. Do ponto de vista político, a integração vem sendo lentamente encaminhada através da aproximação paulatina dos conselhos de saúde para discussão dos problemas da área e pela criação de órgãos de reivindicação supracategoriais. Mas é a partir da prática integrada, da articulação das competências específicas e a formação do anel do conhecimento do conhecimento propagado por Morin (1983), que nos aproximaremos da totalidade. Este é o terreno das tão faladas equipes multiprofissionais.

Da possibilidade de integração: repensando as equipes multiprofissionais

Embora conceitualmente louvável, na prática as equipes multiprofissionais não parecem ter logrado grande sucesso. As equipes reproduzem no seu interior as posições ocupadas pelas diversas profissões no campo da saúde como um todo. O indicador mais óbvio deste fenômeno é a posição subalterna das diferentes profissões face à profissão hegemônica: a medicina. Esta distribuição reflete a posse diferencial do capital específico da área: o conhecimento científico sobre saúde/doença. Várias das profissões mais recentes, constituídas a partir do processo de especialização decorrente dos avanços tecnológicos e/ou da ampliação do conceito de saúde, não têm um corpo de conhecimentos, métodos e técnicas suficientemente bem delimitados que permita uma co-existência sem conflitos. Não há, frequentemente, as três condições discutidas por Fuller (1988) para a constituição de disciplinas autônomas. Por exemplo, no que diz respeito aos "empréstimos" teórico-metodológicos, o referencial da psicologia é amplamente utilizado por enfermeiros e terapeutas ocupacionais, a ponto de confundirem-se as práticas terapêuticas destas categorias.

Frequentemente, portanto, as equipes multiprofissionais acabam por perpetuar a fragmentação do atendimento prestado ao paciente, adotando uma divisão tácita de competências e práticas.

Como, então, superar as barreiras erigidas da fragmentação do conhecimento de um lado, e pela luta concorrencial que leva à defesa dos espaços de atuação através de estratégias de regulamentação e fiscalização do exercício profissional?

Os mais diversos autores são unânimes em apontar que a integração não significa a equalização dos saberes/fazeres e nem a submissão das diferenças a uma verdade única e inequívoca. Do ponto de vista cognitivo a superação das diferenças implica a compreensão do modo de estruturação dos outros tipos de pensamento diferentes dos nossos. Nas palavras de Morin, "o problema não está em que cada um perca sua competência. Está em que a desenvolva o suficiente para articular com outras competências que, ligadas em cadeia, formariam o anel completo e dinâmico, o anel do conhecimento do conhecimento" (MORIN, 1983: 33).

Do ponto de vista afetivo, a superação está na aceitação e incorporação da alteridade, entendida aqui como o diferente, lembrando que, como diz Mautner,

> os diferentes só o são porque se encontram sob a minha percepção. E enquanto forem as diferenças que estiverem na mira de um projeto de equalização, estaremos esterilmente rodando em falso (MAUTNER, 1991: 72).

Mais uma vez, portanto, o caminho da superação está no enfrentamento das barreiras de contato erigidas nos encontros com os diferentes. Nas palavras de Mautner, "o caminho está na compreensão do contato e suas vicissitudes, só aí está a possibilidade de interpretação" (MAUTNER, 1991: 72). Compreensão que exige de nós todos uma abertura para a escuta do desejo, dos medos, da insegurança que o diferente suscita em nós mesmos.

4. DELIMITAÇÃO TEÓRICA E METODOLÓGICA DA PSICOLOGIA DA SAÚDE*

A argumentação que será desenvolvida nesta conferência contraporá duas propostas aparentemente excludentes: a) que a psicologia da saúde tem contornos claros e bem delimitados; b) que a psicologia da saúde é um pântano de enfoques teóricos, com mais areia movediça do que terra firme.

A argumentação a favor da primeira proposição alinha-se a uma perspectiva exógena: olha de fora para dentro, buscando a forma do todo e re-constrói historicamente a constituição da psicologia da saúde como campo de saber ou, pelo menos, como campo de saber-fazer. Argumentaremos, nesta perspectiva, que a prática acaba criando mecanismos de institucionalização que dão visibilidade e aparente coerência aos saberes e fazeres que aí se delineiam.

Já a argumentação a favor da segunda proposição adota a postura inversa. Examina o campo a partir de dentro, buscando responder à provocação do título que foi dado a esta conferência. Buscaremos, nesta perspectiva, entender as especificidades da contribuição teórica e metodológica da psicologia à compreensão do processo saúde/doença, entendido este como uma totalidade irredutível que compreende os aspectos biológicos e psicossociais do adoecimento.

A psicologia da saúde como campo de saber (fazer)

Pierre Bourdieu, sociólogo francês de grande expressão, discorrendo sobre a natureza dos campos científicos nos alerta que um dos indicadores mais seguros da constituição de um campo

---

* Conferência. *VII Encontro Nacional dos Psicólogos da Área Hospitalar*, Brasília, 22-26/08/1997.

é a aparição de um corpo de conservadores de vidas e obras. Citando o autor:

> Pelo conhecimento prático dos princípios do jogo que é tacitamente exigido dos recém-chegados, toda a história do jogo, todo o passado do jogo, estão presentes em cada ato do jogo. Não é por acaso que um dos índices mais seguros da constituição de um campo é, juntamente com o fato das obras apresentarem traços que as relacionam objetivamente [...] às outras obras, passadas ou contemporâneas, a aparição de um corpo de conservadores de vidas – os biógrafos – e de obras – os filólogos, os historiadores de arte e de literatura, que começam a arquivar os esboços, as fichas, os manuscritos, a "corrigi-los" (o direito à "correção" é a violência legítima do filólogo), a decifrá-la, etc. – todas essas pessoas compactuam com a conservação do que é produzido no campo, tendo interesse em conservar e a se conservar conservando (BOURDIEU, 1983a: 91-92).

No caso da psicologia da saúde, contamos já com várias cronologias e historiografias do campo. Contamos, também, com a instituição de uma linha narrativa que, ao citar autores do próprio campo, cria, também, sua identidade. Basta, para nossos propósitos aqui, fazer referência a três esforços historiográficos: um relativo à institucionalização da psicologia da saúde na América do Norte, o outro situando os principais marcos de institucionalização na América Latina e o terceiro reportando-se mais especificamente à psicologia no âmbito hospitalar na cidade de São Paulo. São três "histórias" escolhidas por mera conveniência, não sendo, portanto, retratos fiéis dos esforços que vêm sendo feitos de sistematização da área.

O *primeiro esforço historiográfico* a que me reportarei data de 1987. Trata-se de artigo publicado por Shelley Taylor no *Health Psychology* que teve por objetivo fazer uma apreciação crítica do progresso e das perspectivas da psicologia da saúde. A autora toma como marco inicial do campo a criação da Divisão de Psicologia da Saúde (*Division 38*) na *American Psychological Society* em 1978. O fato em si é interessante visto que não são as obras (seja em papel ou na forma de práticas desenvolvidas), mas a legitimação institucional que instituem, por assim dizer, o campo. Nesta fase inaugural, após reconhecimento formal da disciplina, seguem-se outros esforços de definição identitária: delineamento de objetivos, definição de fronteiras com disciplinas afins, sistematização das necessidades e formas de treinamento que vão pontuar os primeiros anos de constituição formal do campo.

A tarefa de institucionalização foi consolidada pelos primeiros presidentes da Divisão 38: Joseph D. Matarazzo, Stephen Weiss e Neal Miller. A definição de psicologia da saúde elaborada por Matarazzo passou a ser amplamente aceita, sendo adotada, inclusive, pela Sociedade Europeia de Psicologia da Saúde criada em 1986. De acordo com este autor, a psicologia da saúde seria:

> O conjunto de contribuições científicas, educativas e profissionais que as diferentes disciplinas psicológicas fazem à promoção e manutenção da saúde, à prevenção e tratamento das enfermidades, à identificação dos correlatos etiológicos da saúde, da enfermidade e das disfunções a elas relacionadas, à melhoria do sistema sanitário e à formação de uma política sanitária (MATARAZZO, 1980).

Muito embora aceita internacionalmente, a perspectiva mais interdisciplinar apregoada pela definição de Matarazzo não foi a única a circular, o que sugere a presença de uma luta concorrencial no campo que então se institucionalizava. Não temos informações mais precisas, mas tudo indica que pelo menos uma outra versão competia pela hegemonia. Intitulada medicina comportamental, esta segunda versão parece ter sido apregoada por Stephen Weiss, segundo presidente da Divisão 38, e certamente alinhava-se mais com a perspectiva behaviorista, sendo assim definida:

> Campo interdisciplinar que se ocupa do desenvolvimento e integração do conhecimento científico e das técnicas procedentes tanto do âmbito comportamental como do biomédico, relacionadas com a saúde, a enfermidade e com a aplicação desse conhecimento e dessas técnicas à prevenção, diagnóstico, tratamento e reabilitação (SCHWARTZ & WEISS, 1978).

Assim, muito embora a visão mais social de Matarazzo tenha prevalecido, a institucionalização do campo traz em seu bojo a instabilidade própria a todos os campos científicos – definidos por Bourdieu como campos de forças e lutas concorrenciais entre a ortodoxia e a heterodoxia, entre o instituído e o novo. Traz, no caso da psicologia da saúde, a contraposição sempre presente entre as perspectivas mais sociais e mais biologicistas. Esta é uma dentre as várias contradições que estaremos apontando no decorrer desta conferência.

Escrevendo quase dez anos após a criação da divisão na APA, Shelley Taylor prepara uma agenda de ações a serem desenvolvidas pela disciplina, considerada já em pleno amadurecimento. Tal agenda orientava-se para a pesquisa, assim como para as questões profissionais, com ênfase nas possibilidades de marketing profissional: a necessidade de demonstrar a efetividade da intervenção psicológica; a contribuição possível no que diz respeito à diminuição dos custos com tratamento e, até mesmo, onde e o que publicar para atingir, diferencialmente, as esferas médica e psicológica. É interessante apontar para o fato de que, concomitante à criação da divisão no âmbito da poderosa APA, foi criada também a revista *Health Psychology*, sendo que a ela sucederam-se outras tantas revistas especializadas na área.

Emerge desta agenda uma segunda contraposição importante para a compreensão da forma atual que o campo da psicologia da saúde vem assumindo: a cisão entre a psicologia aplicada à saúde – um campo de práticas; e a pesquisa psicológica sobre saúde/doença – um campo marcadamente teórico-metodológico.

O *segundo esforço historiográfico* foi escolhido por nos permitir situar a evolução do campo para além das fronteiras norte-americanas. Trata-se de revisão sobre o estado atual da psicologia da saúde na Espanha e na América Latina, feita por Ramon Bayés, da Universidade Autônoma de Barcelona, e Barbara Marín, da Universidade da Califórnia, para apresentação no Congresso Ibero-americano de 1992.

Também esta revisão toma como marco inicial da constituição do campo a criação da Divisão 38 da Associação Americana de Psicologia, muito embora seja feita a sugestão que o termo "psicologia da saúde" tenha sido empregado, pela primeira vez, ao ser criado o novo currículo de psicologia da Universidade da Califórnia, em São Francisco, em 1974. Mais uma vez, o que está em pauta é a institucionalização do campo e o consenso quanto à nomeação do mesmo, pois é óbvio que vários psicólogos já vinham pensando as questões relativas à saúde e ao adoecimento, tecendo explicações e intervindo efetivamente junto a pacientes hospitalizados ou pessoas acometidas com doenças variadas. Por exemplo, em 1972 eu já estava desenvolvendo um projeto de pós-graduação sobre o uso dos serviços de saúde por primigestas (SPINK, 1982) e a revisão bibliográfica efetuada revelava considerável literatura sobre o tema, incluindo aí o trabalho de Maria Tereza Maldonado.

Considerando o escopo da revisão e a atuação de Barbara Marín junto à Sociedade Interamericana de Psicologia, sendo ela a atual presidente desta associação, ênfase foi dada, nessa revisão, ao papel da Sociedade Interamericana na formação de redes de psicólogos que atuavam na área da saúde no âmbito da América Latina. Informa-nos ela que em 1983, durante o XIX Congresso da SIP, realizado em Quito, Equador, foi criado um grupo de trabalho em psicologia da saúde e medicina conductual, sendo interessante o fato de que o nome do grupo acoplava as duas vertentes principais da psicologia da saúde. P. Perisse representava o Brasil neste grupo.

Dez anos depois, o boletim da Sociedade – o *Interamerican Psychologist* – publicado em dezembro de 1994 trazia uma resenha das atividades em psicologia da saúde levadas a cabo nos diferentes países da América Latina. E, em dezembro de 1994, sob os auspícios da Sociedade Interamericana de Psicologia, do Grupo Nacional de Psicologia, da Sociedade Cubana de Psicologia da Saúde, do Ministério de Saúde Pública de Cuba, da Organização Mundial de Saúde e da Organização Panamericana de Saúde, foi organizado o Primeiro Simpósio Internacional de Psicologia da Saúde, em Havana, com a participação de quase 1000 psicólogos de 23 países das Américas e Europa.

Seguiram-se outros eventos realizados tanto no âmbito dos Congressos Interamericanos como em associações locais de psicologia da saúde. Foram feitas novas revisões de trabalhos na área; surgiram novas revistas, embora muitas de escopo limitado. Enfim, há indicações plenas de que o campo se fortaleceu em diversos países latino-americanos neste período.

Finalmente, *a terceira historiografia* a que tivemos acesso trata especificamente da psicologia hospitalar e, mais precisamente, da experiência do Hospital das Clínicas da Faculdade de Medicina da Universidade de São Paulo. Trata-se, obviamente – como não poderia deixar de ser –, de artigo de autoria de Mathilde Neder, publicado no primeiro número da *Revista de Psicologia Hospitalar do HC* (NEDER, 1992). Muito embora o artigo faça menção aos pioneiros, como Aidyl Macedo de Queiroz e a própria Mathilde

Neder – que desde 1957 vinha atuando em reabilitação –, trata-se, a exemplo dos demais textos mencionados, de uma historiografia pautada pelos passos da institucionalização da psicologia no âmbito do Hospital das Clínicas. Conta-nos Mathilde Neder que vários institutos e divisões, começando pela Divisão de Reabilitação Profissional de Vergueiro, organizaram seus serviços de psicologia, que compreendiam tanto os psicólogos contratados como os aprimorandos que já vinham aí atuando.

Esses Serviços foram eventualmente reorganizados, passando a ser geridos pela Coordenadoria das Atividades dos Psicólogos do Hospital das Clínicas, criada em 1987, quando era superintendente do hospital o Dr. Vicente Amato Neto. Diga-se de passagem que conheço bem a história da progressiva organização dos serviços de psicologia do HC visto que eu assessorei a Comissão de Aprimoramento de Profissionais Não médicos que atuam na área da saúde, da Fundap, de 1983 a 1988. As demandas de reorientação e organização dos programas de aprimoramento emanadas dessa comissão muitas vezes ecoavam nas instituições que ofereciam aprimoramento, fazendo pressão para que houvesse uma maior organização interna dos serviços aí prestados por psicólogos.

Como não temos uma Associação Nacional de Psicologia com a força da APA – muito embora a Sociedade Brasileira de Psicologia, criada em 1991 a partir da experiência agregadora da Sociedade de Psicologia de Ribeirão Preto, possa vir a ter essa vocação – não temos uma divisão ou uma associação específica de psicologia da saúde. Temos vários fóruns de discussão e temos uma rica experiência, assim como uma produção considerável; mas, há caminhos a serem ainda trilhados se é que queremos seguir os passos da institucionalização do campo nos modelos acima citados.

É possível, porém, que os próprios avanços da área tenham solidificado diferenças, a tal ponto que a institucionalização do campo a partir da criação de divisões dentro de associações, de revistas especializadas e de revisões legitimadoras da produção, tenham se tornado impossíveis ou indesejáveis. Foge dos objetivos desta conferência discorrer sobre a natureza dos "campos científicos". Entretanto, é necessário pontuar mais uma vez que todo campo é o lugar e o espaço de jogo de uma luta concorrencial, e que o processo de institucionalização acima descrito decorre da existência de uma massa crítica, necessária tanto para pressionar a favor da legitimação institucional como para estabelecer os limites territoriais no cenário da luta concorrencial que se estabelece no campo da saúde como um todo.

As historiografias e biografias sugerem que a psicologia da saúde tem contornos claros e bem definidos, pelo menos quando vista a partir dos processos de institucionalização ocorridos em diversos países. Entretanto, a história nos sugere que os processos de institucionalização não decorrem necessariamente do consenso teórico e metodológico que dá ao campo harmonia e homogeneidade. Não são necessariamente os pressupostos teóricos que levam à conformação do campo. Muitas vezes são as exigências da prática e os sistemas de defesa de prerrogativas de práticas – questões que no Brasil são da alçada dos conselhos regionais e federal mais do que das associações científicas – que definem um campo de saber (ou talvez, de saber-fazer). É a partir desta consideração que passaremos a argumentar a favor da segunda proposição delineada no início desta conferência: que a psicologia da saúde, do ponto de vista do desenvolvimento teórico, é um pântano onde há mais areia movediça do que terra firme.

Em busca da delimitação teórica

David Marks, diretor do Centro de Pesquisa em Saúde da Universidade de Middlesex, Londres, atual editor do *Journal of Health Psychology*, escreveu um artigo no número inaugural dessa revista contextualizando a psicologia da saúde. Neste artigo, publicado em 1996, faz a seguinte afirmação:

> A psicologia da saúde é surpreendente pela rapidez de seu crescimento. Nestes 25 anos fomos testemunhas de uma curva de crescimento dramática na medida em que o campo passava por sua infância e adentrava a adolescência. Milhares de psicólogos mundo afora estão pesquisando ou atuando neste campo novo e estimulante da psicologia aplicada. Novos livros de texto, revistas, cursos e organizações atestam para o progresso da psicologia da saúde. Tão frenético é o seu ritmo de crescimento que apenas raramente os psicólogos da saúde param para examinar criticamente o estatuto do campo, avaliar sua qualidade e revisar seu impacto no bem-estar da população.

A finalidade deste artigo é fazer uma crítica construtiva ao estatuto teórico e prático da psicologia da saúde em seu estágio atual de desenvolvimento. Meu objetivo é situar a psicologia da saúde no contexto sociopolítico e argumentar a favor de uma abordagem interdisciplinar (MARKS, 1996).

O argumento do autor neste artigo é construído a partir da análise de sete pontos: 1) a natureza derivativa de suas teorias; 2) a predominância do enfoque clínico; 3) o viés individualista; 4) a desvinculação das políticas sociais; 5) a falta de desenvolvimento de medidas adequadas; 6) o fracasso em lidar com as desigualdades; 7) a falta de treinamento apropriado para os psicólogos da saúde.

Os sete tópicos selecionados por David Marks serão aqui agrupados em três: 1) o viés individualista e consequente predominância do enfoque clínico; 2) a natureza derivativa de suas teorias e o fracasso no desenvolvimento de medidas apropriadas; 3) a falta de atenção às questões sociais, seja no que tange à contribuição às políticas públicas ou à questão das desigualdades sociais. Todos os três, em seu conjunto, desembocam na questão final: o treinamento.

O viés individualista

David Marks afirma que "as teorias da psicologia da saúde são geralmente elaboradas de forma a prover relatos sobre os processos cognitivo, emocional e motivacional presentes no nível pessoal" (p. 12). Ou seja, relatos elaborados de forma a explicar comportamentos e experiências relacionadas com saúde ao nível do indivíduo. Esta escolha de escala é fruto de três confluências: a natureza das teorias psicológicas; a convivência com o modelo médico e a ideologia individualista que permeia a sociedade ocidental moderna.

Invertendo a ordem, começarei pontuando a influência da ideologia individualista e, lembrando, nesse sentido, das valiosas contribuições de Rob Farr (1998), psicólogo social inglês que foi professor visitante na PUC-SP em várias ocasiões e é autor de um livro sobre as raízes da psicologia social moderna. Farr pontua a diferença entre a psicologia europeia nos anos anteriores à grande guerra – desenvolvida em grande proximidade às demais ciências sociais – e a psicologia norte-americana (incluindo aí as várias vertentes que são importadas para a Europa no pós-guerra), que absorve em grande medida a ideologia individualista deste país.

Mas não é apenas pela influência norte-americana que a psicologia incorpora o individualismo. Poderíamos até afirmar, com o apoio de autores variados, entre eles Nicolas Rose e Luís Cláudio Figueiredo, que o individualismo, como orientação decorrente do liberalismo e do iluminismo, é a condição *sine qua non* do delineamento de um campo de saber psicológico. Condição para o surgimento, o que não implica que não haveria possibilidade de superação, é claro!

Se o viés individualista perpassa toda a psicologia, perpassando até mesmo várias vertentes da psicologia social – a disciplina mais fronteiriça com as demais ciências sociais –, como não haveria de influenciar a psicologia da saúde que se consolidava nos anos 1970 e 1980! As principais teorias da psicologia da saúde são uma mistura de teorias da psicologia social e cognitiva desenvolvidas no período de 1950 a 1980. Ou, como veremos a seguir, são derivativas da psicologia clínica, também ela, até muito recentemente, de cunho eminentemente individualista.

Soma-se a esses aspectos o contexto de atuação: as instituições de saúde, onde impera o modelo médico pautado pela perspectiva biomédica, também ela de cunho individualista. As vozes dissonantes – a Epidemiologia, que trabalha no nível do fenômeno coletivo, e a medicina social, mais sensível aos fatores socioeconômicos e estruturais – pouco influenciaram o *mainstream* da psicologia da saúde emergente que respondia, sobretudo, às demandas da medicina clínica.

O enfoque clínico das várias tendências psicoterapêuticas adequava-se sobremaneira ao *modus operandi* das agendas médicas de instituições de saúde, mesmo quando estas trabalhavam no nível primário da assistência. Foi justamente a inserção do psicólogo neste nível de atenção, sobretudo a partir dos anos 80, que possibilitou uma aproximação, no caso do Brasil, com as vertentes sociais da medicina: a medicina social, a medicina coletiva e a epidemiologia social. Vale notar que o perfil do psicólogo que se inseria nos níveis primários de atenção à saúde era (ou veio a ser) bastante distinto daquele que se inseria nos atendimentos de nível secundário e terciário. O primeiro buscava subsídios na psicologia social; já o segundo buscava arrimo na psicologia clínica.

Tais diferenças pontuam uma cisão entre as vertentes mais sociais e mais individuais da psicologia da saúde já anteriormente mencionada. É óbvio que não podemos naturalizar esta cisão e nem torná-la paradigmática, visto que é possível desenvolver uma visão mais social em todas as áreas de atuação, como vêm fazendo Jurandir Freire Costa e colegas, na reflexão sobre a psicanálise a partir do atendimento em instituições de saúde.

É óbvio, também, que a própria prática, quando reflexiva, gera mudanças nos modos de agir e pensar frente à doença. Mudanças que se refletem no surpreendente consenso sobre a necessidade de contextualização entre os 23 psicólogos entrevistados para a pesquisa realizada sob os auspícios do Conselho Federal de Psicologia sobre as práticas emergentes em psicologia clínica, um dos tópicos do livro: *Psicólogo brasileiro – Práticas emergentes e desafios para a formação*, publicado em 1994. Afirmam os autores do capítulo:

> O ato clínico tem que ser contextualizado. Esta é uma opinião comum nas entrevistas. Não há mais lugar para as atuações profissionais que desconsiderem o contexto onde se insere a clientela. Assim, a aprendizagem da prática clínica precisa ser efetivada junto aos diferentes contextos nos quais vem sendo exercida (LO BIANCO et al., 1994: 54).

Entretanto, contexto é uma noção polissêmica e passível de ser interpretada de formas variadas, podendo ser tomado como "situação social imediata" (as práticas hospitalares, a natureza do trabalho em equipe, a família do paciente) ou no sentido mais genérico de "determinantes culturais e econômicos do adoecimento".

A análise feita pelos pesquisadores do Conselho Federal de Psicologia, a partir das entrevistas com os 23 psicólogos, sugere que contexto está sendo interpretado na vertente situacional, pelo menos no que diz respeito à psicologia hospitalar:

> [...] as entrevistas apontam alguns movimentos importantes de psicólogos que atuam neste nível de atendimento terciário. Mais

do que zelar pelos aspectos emocionais dos pacientes internados – todos submetidos a situações de *stress* tão fortes que podem ser determinantes críticos do seu quadro – observa-se que o psicólogo tem assumido um papel mais amplo, atuando em vários planos da organização hospitalar, não se limitando a lidar com o cliente isoladamente (LO BIANCO et al., 1994: 34).

Já a análise feita por Marks, embora acate os avanços no que se refere à sensibilidade ao contexto imediato, deplora a não inclusão dos determinantes mais estruturais na explicação psicológica. Isto nos remete ao segundo tópico: a natureza derivativa das teorias que apoiam a psicologia da saúde e o fracasso em desenvolver medidas apropriadas.

Sobre teorias e medidas

Partindo da observação que as teorias que informam ou apoiam a reflexão e a prática na psicologia da saúde estão desvinculadas das questões contextuais mais amplas em que são vivenciadas a problemática da saúde e do adoecimento, David Marks faz suas as palavras de um outro autor, Neisse. Dizia este, nos idos de 1976:

> Carecendo de validade ecológica, indiferente à cultura, e até mesmo desprezando os principais aspectos da percepção e da memória tais como ocorrem na vida cotidiana, tal psicologia pode vir a tornar-se um campo especializado estreito e pouco interessante (apud MARKS, 1996: 8).

De modo a superar a pobreza teórica, Marks propõe um enfoque interdisciplinar, respeitando o fato da saúde ser fenômeno multivariável e, portanto, impossível de ser apreendido a partir de um único enfoque disciplinar. Para ilustrar a necessidade de tal enfoque utiliza o seguinte diagrama para discutir os diferentes níveis que precisam ser abordados para dar conta do processo saúde/doença.

Figura 1 – Determinantes da saúde (Adaptado de Marks)

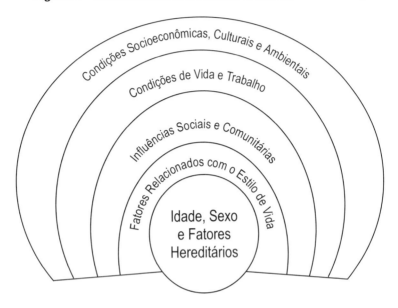

A proposta, obviamente, é de desenvolvimento de um enquadre geral para pensar a saúde/doença em seus vários componentes, muito embora as teorias específicas a cada nível do problema ficarão necessariamente a cargo de disciplinas específicas. Mas, embora acatando a especificidade disciplinar, tanto Marks como outros autores críticos da forma em que a disciplina vem sendo desenvolvida, como Spicer e Chamberlain (1996), insistem na necessidade de desenvolver ainda mais a sensibilidade para o social.

Spicer e Chamberlain, falando a partir de outro contexto cultural – a Nova Zelândia –, discutem duas possíveis formas de superar o individualismo teórico: a estratégia transcendente e a integrativa.

A *estratégia transcendente* busca ampliar a explicação psicologizante a partir da inclusão de constructos de ordens superiores. É o caso das análises que buscam entender os efeitos de gênero e de outros atributos sociodemográficos nas práticas de saúde; da análise dos discursos sobre saúde e doença na perspectiva da retórica política e ideológica, ou ainda das análises que abordam as relações entre indivíduos e contextos sociais buscando os processos de negociação de regras de ação.

A adoção desta estratégia é compatível com a progressiva contextualização da reflexão e ação psicológica, seja no sentido de contexto situacional-local, ou de fatores macroestruturais, a que nos referíamos acima. Trata-se da ampliação do enquadre pela inclusão de dimensões dos diferentes níveis de análise a que se referia Marks no diagrama já apresentado. Nessa perspectiva, o termo *social* é usado no mais das vezes para fazer referência a fatores externos ao indivíduo que atuam na determinação das formas de significação e de enfrentamento.

Já a *estratégia integrativa* – que pode ser vista como complementar ou independente em relação à estratégia transcendente – implica reconstruir tipos familiares de constructos psicológicos dando-lhes uma forma mais social. O social, nesta acepção, é ressignificado para além da dicotomia indivíduo-sociedade (ou interno-externo). Ou seja, a própria noção de indivíduo passa a ser socializada, sendo este visto como um "ser da interação".

O processo de reconstrução – ou de ressocialização – de conceitos parece estar relacionado sobretudo às novas estratégias teóricas e metodológicas filiadas às correntes construcionistas que buscam desconstruir a dicotomia entre estados individuais e comportamentos, passando a entender todas as manifestações das subjetividades como práticas sociais. Os esforços que vêm sendo feitos pelos integrantes do Núcleo de Psicologia Social e Saúde da PUC-SP, por mim coordenado, também caminham nessa direção, buscando entender o sentido dos eventos relacionados com saúde e doença a partir da análise das práticas discursivas; práticas estas essencialmente entendidas como manifestações da *sociabilidade.*

Chamo a atenção para o uso do termo *sociabilidade*, ao invés da noção mais familiar de subjetividade, porque considero que, na versão forte do conceito "social", estamos sempre imersos num processo de interanimação dialógica. No desenvolvimento do referencial teórico que vem sendo denominado, pelos integrantes do Núcleo de Estudos e Pesquisas que coordeno na PUC-SP, de Práticas Discursivas e Produção de Sentido, temos buscado apoio na obra de Bakhtin para a compreensão das práticas discursivas como processos essencialmente dialógicos. Bakhtin é um intelectual russo, falecido em 1975, que vem sendo progressivamente reconhecido por sua contribuição à Filosofia da Linguagem e à Crítica Literária.

Para Bakhtin, os enunciados – os elementos básicos das práticas discursivas – têm sempre um autor e um receptor. Todo enunciado é expresso a partir de um ponto de vista: uma posição de sujeito, seu horizonte conceitual, suas intenções, sua visão de mundo. Este ponto de vista constitui a "voz" do sujeito. Mas, e é isto que eu queria sublinhar, essa voz não existe isoladamente, pois o sentido só emerge quando duas ou mais vozes estão em contato: quando a voz do ouvinte responde à voz de um locutor. Ou seja, a compreensão consiste sempre no confronto de uma ou mais vozes, mesmo que estas sejam (como diz WERTSCH, 1993: 52) "a voz de um outro indefinido e não concretizado". É isso que chamamos de interanimação dialógica.

A sensibilidade para com as diferenças sociais, culturais e contextuais e a integração desta sensibilidade às explicações psicológicas vão ser refletidas na escolha dos instrumentos de pesquisa, visando a crítica ao uso de instrumentos pretensamente universais. Contamos com numerosas críticas metodológicas voltadas tanto à questão da neutralidade do pesquisador quanto à natureza dos instrumentos de medida que dispomos. Não cabe aqui repeti-los. Basta apontar que os instrumentos por nós utilizados são também eles construções humanas que têm suas histórias e seus contextos tal como qualquer outra prática social.

Não se trata, assim, de fazer opções teóricas e metodológicas favorecedoras de um dos polos da dicotomia instituída entre técnicas qualitativas e quantitativas. Trata-se de compreendê-las como opções de criação de versões sobre o mundo a partir de posicionamentos frente às formas de categorizar os eventos do mundo.

Infelizmente isto implica abandonar toda esperança de receituários fáceis e, consequentemente, aumenta nossa responsabilidade de buscar subsídios para a reflexão epistemológica de modo a poder arguir a favor de certos procedimentos de pesquisa e entender melhor as questões relacionadas ao rigor possível de nossas condutas e resultados de pesquisa. Implica, também, entender a pesquisa como prática social e, desta forma, re-pensar as questões éticas para além dos preceitos dos códigos profissionais.

Como ressocializar a psicologia da saúde

A linha-mestra da argumentação aqui desenvolvida já aponta para formas de ressocialização a nível teórico e metodológico.

Marks, entretanto, havia incluído dois aspectos em sua lista de sete pontos que trazem à baila uma outra faceta da ressocialização da disciplina. Diagnosticando pela falta, ele aponta em seu artigo de 1996 o frequente descaso da psicologia da saúde para com as desigualdades sociais e o fracasso em influenciar as políticas sociais.

Mudando a perspectiva e falando a partir do que seria possível, creio que já aprendemos muito sobre as possibilidades de mudança social a partir das experiências em psicologia comunitária aqui no Brasil. São muitos os trabalhos já feitos e documentados sobre como fortalecer os indivíduos e as comunidades e como melhorar o acesso aos serviços de saúde. Entretanto, na cisão nada natural entre prática e ação voltada à explicação em psicologia da saúde, muitas das lições aprendidas em outros domínios da psicologia, como a psicologia política e comunitária, não estão sendo incorporadas. Ou, quando incorporadas, criam nova cisão: entre psicólogos da saúde que atuam na atenção primária (incluindo aí os trabalhos de saúde comunitária) e os que trabalham no nível terciário: os psicólogos hospitalares.

Penso que seria triste se as fendas que ora separam o que poderia ser denominado de psicologia social da saúde e psicologia clínica da saúde fossem aprofundadas a ponto de criarem-se duas disciplinas e dois campos autônomos. Penso, entretanto, que podemos construir pontes e até já temos exemplos de pontes, inovativas e enriquecedoras. Falo isto a partir da minha própria experiência em formação de mestres e doutores muitos dos quais vêm da prática em hospitais e vêm em busca justamente de pistas para a ressocialização da prática. Isto nos leva, assim, ao último ponto levantado por David Marks: o treinamento.

As especificidades do treinamento

A maturidade do campo da psicologia da saúde no Brasil fica evidenciada muito mais na arena do treinamento do que na da institucionalização. Como apontamos anteriormente, carecemos de processos de institucionalização de âmbito nacional: de divisões em sociedades nacionalmente relevantes que poderiam traçar normas e diretrizes; de revistas de ampla circulação com corpo de pareceristas representativos a nível nacional; de redes de informação. Mas, temos fóruns de discussão diversos, como o Encontro

Nacional de Psicólogos da Área Hospitalar, que já está em sua sétima realização e, sobretudo, temos multiplicado os cursos de especialização e de aprimoramento – as pós-graduações *lato sensu* – havendo um esforço, pelo menos nas instituições com as quais tenho maior proximidade, de revisão curricular da graduação de modo a incluir a formação para ao trabalho em saúde através de núcleos de pesquisa e estágios em instituições de saúde.

O passo seguinte, nesse processo de amadurecimento, seria o de sistematizar estas múltiplas experiências: cadastrar cursos, criar mecanismos de intercâmbio, analisar a variedade em busca de dimensões comuns que poderiam ter uma função agregadora, sem cercear a diferença. Creio que estou argumentando a favor de uma presença mais forte da contextualização sócio-histórica das questões da saúde, mesmo quando a opção for para a prática embasada em teorias de cunho mais individual. Creio, também, que estou argumentando a favor das ações integradas, intra e interdisciplinares, pois, se o processo saúde/doença é multifacetado, dificilmente as ações individuais darão conta dessa complexidade.

PARTE II

OS PSICÓLOGOS NA SAÚDE

Reflexões sobre os contextos
da prática profissional

Os textos desta segunda parte buscam refletir sobre a atuação dos psicólogos *na* área da saúde. Retomamos, para isso, algumas das considerações sobre o que seria a psicologia *da* saúde, mas, agora, centradas mais especificamente na prática profissional. Os cinco capítulos que integram a segunda parte do livro se organizam em dois eixos complementares. O primeiro concerne à regulamentação do exercício profissional da psicologia em sua relação com o movimento mais global de regulação profissional no Brasil – tema do primeiro capítulo desta série que fornece as coordenadas para pensar os demais. O segundo eixo engloba quatro capítulos que problematizam aspectos diversos da prática profissional em diferentes arenas da atenção à saúde.

O capítulo intitulado Regulamentação das profissões da saúde fornece as bases históricas para entender a problemática atual da regulamentação e fiscalização do exercício profissional de psicólogos. Tem como preocupação central o exame das condições e mecanismos por meio dos quais o Estado chama a si a tarefa de organizar e controlar o exercício profissional na área da saúde. E tem, como preocupação complementar, a análise de algumas das consequências da divisão técnica assim estabelecida para a luta por espaços de atuação profissional.

É importante notar que o conjunto das constituições promulgadas no Brasil republicano reitera o ideal da liberdade para o exercício de qualquer profissão, ficando esta liberdade cerceada, após a Constituição de 1934, pela necessidade de observância das condições de capacitação técnica para o exercício profissional específico. Consequentemente, a capacitação servirá de parâmetro para o exercício legal de uma dada profissão.

A regulamentação profissional marca, portanto, o avanço e maturidade de diferentes campos de atuação profissional. Indica, de um lado, o reconhecimento em termos legais da "utilidade" de uma determinada prática profissional para a sociedade, assim como serve de indicador da divisão técnica nos setores de serviços e produção. Mas, de outro lado, indica o grau de estruturação de um determinado grupo profissional, capaz de se mobilizar em defesa de seus interesses corporativos.

A regulamentação tem como contrapartida a fiscalização do exercício profissional, competência do Ministério do Trabalho posteriormente delegada aos conselhos profissionais. Ainda na perspectiva da "utilidade pública" de cada profissão, convém apontar que o primeiro conselho a ser instituído, no que concerne às profissões da saúde, foi o de medicina (1945). O Conselho Federal de Psicologia foi instituído em 1971 (tendo sido a profissão regulamentada em 1962).

A fiscalização visa impedir que pessoas não habilitadas exerçam a profissão; ou seja, institui a observância das condições de capacitação técnica como aspecto fundamental do exercício profissional, mediante registro nos conselhos. Entretanto, a fiscalização implica também funções disciplinadoras voltadas à observância das normas éticas elaboradas pelos conselhos para orientar as relações entre profissionais e clientes.

Sendo estruturas corporativas, os vários conselhos profissionais da área da saúde respondem à divisão técnica do trabalho em dois sentidos complementares. Primeiramente, no que diz respeito às relações entre profissões; em segundo lugar, no plano interno a cada profissão, disciplinando a crescente complexidade decorrente tanto dos avanços do conhecimento como de novas formas de inserção profissional.

No que concerne à *relação entre profissões*, instaura-se inevitavelmente uma luta concorrencial por espaços de atuação que é objeto de uma constante vigília por parte dos conselhos, sobretudo no que diz respeito a projetos de lei em tramitação no Congresso que, legislando para uma profissão, possam afetar outras. No campo da saúde, tendo em vista a posição hegemônica que a medicina ocupa no setor, essa vigilância tem, como ponto nodal, as questões relacionadas com a prática médica.

Na época em que foi elaborado este texto, publicado originalmente em 1985, o exemplo mais contundente da tendência de a medicina regular as atividades da saúde era o Projeto de Lei n. 2726, de 1980, de autoria do Deputado Salvador Julianelli. Esse projeto, vigorosamente rejeitado pelas demais profissões, visava a regulamentação das ocupações e atividades exercidas no setor saúde, subordinando, efetivamente, os demais profissionais ao médico. Hoje, outro projeto de lei ameaça a autonomia profissional no setor da saúde: trata-se do Projeto de Lei n. 25, de 2002, de autoria do Senador Geraldo Althoff, que define as atividades de diagnóstico, prevenção da saúde e indicação terapêutica como ato médico e, consequentemente, como procedimento específico do exercício da profissão de médico. Obviamente o projeto tem gerado polêmica, pois, como no caso do projeto de Lei do Deputado Julianelli, fere a autonomia de outras categorias profissionais que atuam na saúde.

Quanto ao *plano interno*, há um movimento recente no Conselho Federal de Psicologia de disciplinarização das áreas de atuação profissional, que foi consolidado pela aprovação da Resolução CFP n. 014/00, publicada no DOU em 22/12/2000. Esta resolução institui o título profissional de *especialista em psicologia* e dispõe sobre normas e procedimentos para seu registro. Foram regulamentadas, nessa ocasião, nove especialidades, sendo duas delas específicas à atuação na área da saúde: a especialidade em psicologia clínica e em psicologia hospitalar[1].

As orientações disponibilizadas no *site* do Conselho Federal[2] ressaltam que as especialidades regulamentadas naquela ocasião "são profissionais, isto é, são especialidades no campo do exercício profissional dos psicólogos", declarando que futuramente outras especialidades podem vir a ser regulamentadas.

Vale, como registro, acrescentar que, de acordo com essas orientações, o psicólogo especialista em psicologia clínica atua em diferentes contextos da área da saúde por meio de intervenções que visam reduzir o sofrimento das pessoas (podendo ocorrer em nível individual, grupal, social ou institucional); no diagnóstico e prognóstico em situações de crise; em atendimentos terapêuticos com equipes profissionais. Atua em contextos hospitalares, em unidades básicas de saúde e em ambulatórios. Participa de instituições de saúde mental, atende a gestantes, atua na prevenção, orientação e tratamento de questões relacionadas a fases de desenvolvimento; participa de programas de atenção primária e acompanha programas de pesquisa, treinamento e desenvolvimento de políticas de saúde mental. Faz muito do que vínhamos defendendo como função da psicologia social da saúde, mas privilegiando, no caso, o enfoque clínico.

Já o psicólogo especialista em psicologia hospitalar atua em instituições de saúde de nível secundário e terciário da atenção à

---

1. As demais são: psicologia escolar/educacional; organizacional e do trabalho; de trânsito; jurídica; do esporte; psicopedagogia e psicomotricidade.

2. www.pol.org.br (consulta feita em 07/01/2003).

saúde, tendo como principal tarefa "a avaliação e acompanhamento de intercorrências psíquicas dos pacientes que estão ou serão submetidos a procedimentos médicos, visando basicamente à promoção e/ou recuperação da saúde física e mental". Promove ainda intervenções voltadas à relação médico-paciente, paciente-família e do paciente em relação à doença e aos processos de internação. Faz isso por meio de uma diversidade de modalidades de intervenção: atendimento terapêutico, grupos psicoterapêuticos; grupos de psicoprofilaxia; pronto atendimento, interconsultas, avaliação diagnóstica e psicodiagnóstico.

Fica assim a inconfortável pergunta: e a psicologia social, onde se enquadra?[3] São justamente os quatro capítulos que formam o segundo eixo da reflexão sobre a prática da psicologia na saúde que permitem entender as especificidades da teorização da psicologia social da saúde e suas implicações para a práxis. Abordam, em seu conjunto, aspectos variados da prática psicológica em contextos diversos: comunidades, saúde mental, instituições hospitalares. Trazem como contribuição a problematização dos modelos de atuação, a sobredeterminação da perspectiva individual e a necessidade de compreensão do contexto de ação.

Assim, o capítulo intitulado O trabalho do psicólogo na comunidade – A identidade profissional na berlinda, busca entender os dilemas identitários de psicólogos que se aventuram no trabalho comunitário em duas óticas complementares: a dos próprios psicólogos e a da população. Na ótica dos psicólogos, discorre sobre os modelos de prática disponíveis e as contradições decorrentes de sua aplicação descolada dos contextos de atuação. Com base em pesquisas realizadas a esse respeito, apresenta quatro protótipos de formas de atuação: o de ativista político, que acaba abandonando os modelos tradicionais de atuação da psicologia; o de expert interdisciplinar, que assume mais especificamente a identidade de cientista social; a de psicólogo clínico e a de psicoterapeuta (ou, quiçá, psicanalista).

Cada um desses modelos tem méritos e problemas, especialmente se impostos a contextos pouco adaptados a essa prática. O

---

3. Uma das modalidades de atuação de psicólogos sociais, a saúde do trabalhador, é competência do especialista em psicologia organizacional e do trabalho. Outras modalidades serão possivelmente arroladas na rubrica *psicologia comunitária* (ou política), especialidade ainda em discussão.

problema se complica quando se consideram também as concepções sobre o fazer psicológico da população usuária de serviços psicológicos. Esse é um aspecto fundamental tendo em vista que os limites da atuação dependem não apenas dos modelos de prática adotados, mas das demandas e expectativas da população.

O capítulo seguinte – A formação do psicólogo para atuação em instituições de saúde – procura situar a complexidade do trabalho em instituições e a consequente necessidade de sofisticação da análise da dinâmica institucional e do referencial teórico utilizado para este fim. No que diz respeito ao contexto, tomando a análise institucional como pano de fundo, o trabalho em instituições requer atenção a duas ordens de fenômenos. No plano macro, atenção à organização social mais ampla que define a qual instituição de saúde cabe cada parcela da população; entender, enfim, que problemática social transforma o usuário em cliente de uma instituição específica. Trata-se, assim, de entender a instituição em que se está atuando em sua função de aparelho ideológico. Já no plano mais imediato, trata-se de entender a instituição em seus aspectos organizativos.

Quanto ao referencial teórico, o texto argumenta que a prática em instituições requer o reconhecimento, pelo menos tácito, de que as teorias que orientam nossas ações cotidianas são constituídas na interface dos determinantes culturais de nossa sociedade e das elaborações individuais desse acervo cultural. Trata-se de acatar que nossa individualidade é essencialmente construída *em sociedade* e que essa construção é necessariamente multiforme. É o reconhecimento dessa realidade multiforme que permite trabalhar a questão da alteridade, aspecto essencial da atuação em contextos complexos e multifacetados.

O capítulo seguinte, intitulado A construção social do paciente internado – Uma análise psicossocial, avança na reflexão sobre o trabalho em instituições apontando para a complexidade que emerge da triangulação entre a instituição hospitalar, as expectativas sociais relacionadas a essa instituição e as necessidades individuais dos pacientes.

A instituição hospitalar tem que ser entendida não apenas em sua forma organizativa atual, mas também à luz dos desenvolvimentos históricos que a transformaram no local apropriado para tratamento. Essa trajetória histórica formata e é formatada pelas expectativas e demandas da sociedade em diferentes momentos históricos. Essas demandas, mais recentemente, pautam-se pela dialética da inclusão e exclusão: a exclusão de certas patologias (como lepra e loucura), que foram em certos momentos banidas do convívio social; e a inclusão gerada, de um lado, pelos avanços tecnológicos que levam a um maior número de intervenções, e de outro, pelo esforço progressivo de humanização dos hospitais que serve de contraponto à progressiva tecnificação do atendimento.

É nesse meio de campo, entre características da instituição hospitalar moderna e demandas sociais, que a dinâmica específica do paciente tem que ser situada. Trazido para um contexto interativo, também esse paciente oscila entre a necessidade de ser tratado como doente fragilizado pela doença e a resistência à despersonalização decorrente do próprio processo de internação em uma instituição quase-total.

O último capítulo desta segunda parte – intitulado O psicólogo e a saúde mental – Ressignificando a prática – aborda outra dimensão do problema da prática psicológica em contextos de atenção à saúde: as raízes individualizadoras da disciplina e a consequente dificuldade de adoção de uma perspectiva teórica mais social. Para esta discussão, o texto retoma os primórdios da prática da moderna psicologia que se esboça no final do século XIX.

A emergência da psicologia, analisada sob a ótica de autores foucaultianos, como Nikolas Rose, é tomada como contribuição importante para as estratégias de governamentalidade no capitalismo industrial, sobretudo por tornar a subjetividade objeto de administração racional. Essa análise busca mais especificamente argumentar que muito do que tomamos por processos psicológicos universais são culturalmente determinados e socialmente construídos, incluindo-se aí a noção de individualidade tão cara às teorias psicológicas.

Tendo essa análise como pano de fundo, o texto passa a refletir sobre a inserção da psicologia nos serviços de saúde, propondo que essa inserção tem por base três transformações no cenário da saúde ocorridas entre os anos 1970 e 1990: a primeira remete ao processo paulatino de ressignificação da causalidade na explicação da doença, que passa a ser vista como fenômeno transdisciplinar; a segunda refere-se à ênfase nos cuidados primários à saúde, sobretudo após a Conferência de Alma Ata, realizada em 1978 na

Rússia; e a terceira tem como foco a estruturação dos movimentos sociais de reintegração dos diferentes, começando pela luta antimanicomial, que leva à progressiva desinstitucionalização desta e de outras populações de excluídos por agravos à saúde.

Essas transformações abriram novos caminhos para os profissionais não médicos que atuam na saúde, mas nos forçam a repensar os eixos foucaultianos de semelhança/diferença e igualdade/alteridade. Seja pela inserção nos diferentes níveis de atendimento ou pelo contato com a pobreza e desvalia social (e não mais apenas psicológica), o contato com a diferença e alteridade propicia a ressignificação dos saberes e fazeres de cunho psicológico, como apontado nos trabalhos de Jurandir Freire Costa (por exemplo, COSTA, 1989).

São estas provocações que possibilitam a integração dos dois eixos que organizam o capítulo. De um lado, a demanda e necessidade percebida (pelo menos pelos Conselhos) de disciplinar a diversidade da prática psicológica, com o risco de sacrificar, nesse processo, o lugar possível da psicologia social da saúde. De outro, a necessidade de reflexão crítica sobre os fazeres psicológicos decorrentes da observação e pesquisa sobre a prática profissional em diferentes contextos de atuação; reflexão esta que é necessariamente transdisciplinar e se apoia muitas vezes em teorias sociológicas ou psicossociais.

5. REGULAMENTAÇÃO DAS PROFISSÕES DA SAÚDE
O espaço de cada um*

Este artigo comenta aspectos relativos à legislação que regulamenta as chamadas profissões de saúde. Originalmente, este trabalho constituía etapa de uma investigação realizada no Centro de Estudos e Coordenação de Bolsas e Estágios da Fundap sobre 14 profissões da área da saúde: biologia, biomedicina, enfermagem, farmácia, fisioterapia, fonoaudiologia, medicina, nutrição, odontologia, psicologia, química, serviço social, terapia ocupacional e veterinária. A pesquisa, publicada em forma de relatório preliminar, visava caracterizar essas profissões e subsidiar a elaboração de diretrizes para o Programa de Bolsas da Fundap. A regulamentação do exercício profissional foi um dos aspectos abordados no estudo.

O presente artigo, um aprofundamento da análise então realizada, tomou como ponto de partida a necessidade de uma melhor compreensão dos diferentes aspectos implícitos na regulamentação profissional.

Três indagações orientaram o trabalho: em primeiro lugar, quais as condições que levaram o Estado a chamar a si a organização e fiscalização das profissões, e através de quais mecanismos é feito o controle.

Em segundo lugar, qual a inter-relação entre os diferentes aspectos da regulamentação do exercício profissional: o reconhecimento da profissão através de enquadramento sindical; a fiscalização de seu exercício; a definição dos conteúdos para a formação

---

* Originalmente publicado em *Cadernos Fundap*, 5 (10), 1985, p. 24-43.

profissional; a divisão técnica na área da saúde; e a consequente luta por espaço de atuação.

Em terceiro lugar, qual a inserção dessas categorias na sociedade como um todo e, em específico, quais as tendências atuais quanto à organização das profissões da área da saúde.

Embora nossa análise privilegie os mecanismos legais de definição e controle do exercício profissional, é importante considerar, de início, os fatores históricos e as condições estruturais que condicionaram a evolução das profissões entre nós.

Em primeiro lugar, "a formação social brasileira não conheceu, significativamente, antes e durante o processo capitalista de desenvolvimento industrial, o fenômeno de formação corporativa de comunidades de ofício, à semelhança do que ocorreu em muitos países europeus" (DURAND, 1975). Aqui a ausência do modo feudal de produção, acompanhada de um mercado até poucas décadas atrás muito restritamente diferenciado, favoreceu a emergência de uma estrutura ocupacional "aberta" (no sentido de inexistência de barreiras jurídicas).

Soma-se a isso o fato de que no Brasil, como em muitas sociedades capitalistas periféricas, foram introduzidas inúmeras profissões oriundas de outros países e, portanto, não configuradas a partir da realidade interna do país. Como apontou Assis (1972), certas profissões foram criadas e regulamentadas antes que sua necessidade fosse sentida pelo meio social, ou antes que houvessem condições generalizadas para seu exercício no mercado de trabalho. Assim, enquanto a regulamentação tende, de maneira geral, a ser o produto final de um longo processo de formação, no Brasil, frequentemente, a legislação precedeu a constituição dos quadros profissionais. No dizer de Nogueira (1967) "a história de muitas profissões entre nós começa com a transplantação das respectivas escolas ou cursos cuja instalação é, a intervalo relativamente curto, seguida de respectiva regulamentação profissional".

Tais características estão, evidentemente, associadas ao processo de desenvolvimento do país. Não é possível, assim, pensar a estruturação nas diferentes categorias profissionais sem referência a sua inserção no mercado de trabalho.

Entre as transformações mais importantes, do ponto de vista das relações de trabalho, encontra-se a tendência crescente ao assalariamento do profissional liberal. Assim, enquanto em 1950 apenas 32,9% dos profissionais do estado de São Paulo trabalhavam como assalariados, em 1973 essa parcela é de 69,9% (PRANDI, 1982).

Essas alterações nas relações de trabalho são concomitantes a outras transformações, duas das quais especialmente relevantes para nossa análise. Em primeiro lugar, é preciso considerar as novas condições técnicas de trabalho, em específico a importação de tecnologia – caracterizada como transferência de processos técnicos. Prescindindo de mão de obra altamente qualificada, essas novas circunstâncias transformam o profissional de nível superior em mero aplicador de tecnologia, contribuindo assim para minar a capacidade individual e independente de atuação profissional.

Em segundo lugar, ocorreram transformações no Ensino Superior em resposta às condições existentes no seio da produção que, em última análise, retiram da universidade as demandas de produção do conhecimento a nível nacional. A universidade, passando a depender da importação de conhecimentos, passa a funcionar como mera instituição de repasse. Ao analisar a questão da universidade sob a ótica das novas condições técnicas de trabalho, há que se considerar duas questões centrais: o número de trabalhadores – o exército de reserva – no mercado e a baixa qualidade exigida desses profissionais. Como assinala Prandi, ambos aspectos "só podem ser explicados quando se tem em mente que o exército de reserva é um regulador do custo e da qualidade do exército na ativa, de sorte que pensar hoje a universidade fora da produção capitalista é o mesmo que pensar a ilha fora da água".

Para entender esses processos de transformação, é necessário analisar a maneira pela qual o profissional é incorporado ao mercado: que qualidade é exigida, que atividades realiza e quais as condições de trabalho que enfrenta. Do ponto de vista da saúde, as transformações nas relações de trabalho do médico, mapeadas por Donnangelo e Cohn (1983) ilustram amplamente o processo de "desprofissionalização" a que são submetidas as profissões de saúde no atual quadro de divisão técnica do trabalho.

Tais condições geram, por sua vez, um fortalecimento das reivindicações profissionais – mais especificamente reivindicações quanto a salário e condições de trabalho – através da renovação das lideranças nos sindicatos e associações profissionais, como será visto na parte final deste artigo.

Com este pano de fundo, podemos retornar à preocupação central desse trabalho: as condições e os mecanismos por meio dos quais o Estado chama a si a tarefa de organizar e controlar o exercício profissional na área da saúde.

Governo e exercício profissional: bases legais da intervenção

Para dimensionar o grau de centralidade da organização e fiscalização do exercício profissional na agenda do Estado, considerou-se o estabelecido nas diferentes constituições do país. Optou-se por uma abordagem histórica, de modo a evidenciar a ampliação progressiva da ação estatal na área de políticas sociais[1], entre as quais se encontra a legislação trabalhista.

O livre exercício de qualquer profissão faz parte dos direitos assegurados a todos os cidadãos em todas as constituições até hoje promulgadas no país. Há, entretanto, variações no que diz respeito aos parâmetros dessa "liberdade".

A primeira constituição republicana, promulgada em 1981, assegurava o "livre exercício de qualquer profissão moral, intelectual e industrial" (art. 72, § 24), sem impor quaisquer restrições. Os preceitos positivistas, influentes na estruturação da nova ordem político-social, fizeram-se presentes na doutrina da liberdade de trabalho. Essa orientação possibilitou que, no Rio Grande do Sul, por exemplo, se chegasse a permitir "o exercício de medicina a

---

1. Cabe destacar, como sugere Silva (1984: 4), o "papel das políticas sociais a cargo do governo, como 'colchão amortecedor' dos conflitos sociais derivados das condições de vida a que se encontram submetidas as classes subalternas ao longo do desenvolvimento histórico de nossa sociedade". Entretanto, como aponta o mesmo autor, "é preciso considerar que esse movimento (de resposta do Estado aos conflitos sociais) deve ser visto e analisado não só como resultado das ações dos segmentos dominantes de nossa sociedade e de suas relações com o aparelho estatal. A existência e ampliação dos programas e políticas de corte social a cargo do aparelho estatal representam, em simultâneo, o sucesso dos esforços e da luta dos segmentos dominados". Ou seja, representam simultaneamente "a estruturação de mecanismos mais complexos de dominação política e social, e forma de introdução, no seio dos próprios aparelhos de Estado, de questões socialmente relevantes aos setores subalternos, representando, nesse último caso, conquistas importantes de novos patamares de participação política e social das classes dominadas".

quem não fosse médico, e o da advocacia a quem não fosse bacharel de Direito – tudo por amor ao princípio da liberdade da profissão!" (JACQUES, 1977).

Tal situação foi corrigida a partir da reforma de 1926, quando o texto constitucional passa a conferir ao Congresso competência para "legislar sobre o trabalho" (art. 24, item 28). As inovações introduzidas a partir da Reforma de 1926, entretanto, visavam antes de mais nada ao fortalecimento do poder executivo e não davam conta da "questão social".

A Constituição de 1934, especialmente voltada à "questão social"[2], teve por paradigma a constituição de Weimar. Inovou, também, por introduzir nova técnica de estatuto regulamentar, de acordo com Jacques (1977), transformando-se de "larga síntese" ou "ossatura de ideias e princípios" em "estreita análise da estrutura governamental e dos direitos e garantias, ou em corpo vivo (ossatura ou esqueleto revestido de carne, nervo e sangue) de princípios e normas jurídicas".

A Constituição de 1934 assegurava o "livre exercício de qualquer profissão, observadas as condições de capacidade técnica e outras que a lei estabelecer, ditadas pelo interesse público" (art. 113, item 13). Dado que tanto a definição dessas "condições de capacidade" (art. 5º, n. 19, letra k) como a regulamentação do exercício de todas as profissões (art. 121, letra i) também passaram a ser competência da União, vemos emergir as bases jurídicas para o que Ruas (1976) denominou "hipertrofia das funções do Estado contemporâneo", no que diz respeito ao direito do trabalho e às exigências fixadas para o exercício das profissões.

A Carta de 1937, rompendo com a tradição democrática e instituindo uma "ditadura de direito", restringiu as conquistas políticas, mas manteve as conquistas econômico-sociais de 1934. No

---

2. Entendemos aqui "questão social" de acordo com o quadro conceitual desenvolvido por Braga (1981). Este autor emprega a noção de questão social para apreender fenômenos complexamente determinados, sendo que a "gênese e transformação desses fenômenos constituem manifestações concretas das formas através das quais se reproduzem as relações sociais de produção". Tais fenômenos "manifestam-se nas práticas políticas e ideológicas e tendem a se constituir em objeto de políticas do Estado". Como aponta Braga, "o desenvolvimento capitalista [...] constitui em questões sociais, entre outros, aqueles processos relacionados à formação e reprodução da força de trabalho para o Capital [...] num mesmo movimento, constitui o Estado no organismo por excelência a regular e responder a tais questões" (p. 41).

que se refere ao exercício profissional, reproduziu o princípio da liberdade de escolha profissional, "observadas as condições de capacidade e as restrições impostas pelo bem público, nos termos da Lei" (art. 122, item b).

A constituição de 1946 reiterou a liberdade de exercício profissional, "observadas as condições de capacidade que a lei estabelecer" (art. 141, item 14), sendo competência da União legislar sobre as "condições de capacidade para o exercício das profissões técnico-científicas e liberais" (art. 5º, n. XV, letra p). Além das condições de capacidade, o texto reza também que "a lei regulará o exercício das profissões liberais e a revalidação de diploma expedido por estabelecimento estrangeiro de ensino" (art. 161).

A Constituição de 1967 estruturou um Estado Federal orgânico, enfraquecendo o federalismo ortodoxo que havia influenciado as primeiras constituições republicanas. A reformulação da ordem econômico-social (Título III) caracterizou-se, de acordo com Jacques (1977), pela "perda de cunho político-demagógico" das constituições anteriores, assumindo feição marcadamente técnico-jurídica. Quanto ao exercício profissional, assegurou a liberdade de exercício de qualquer trabalho, ofício ou profissão, observadas as condições de capacidade que a lei estabelecer (art. 150, § 23). Não há referência à subordinação do exercício profissional ao "bem público", assim como à regulamentação das profissões, embora continue a ser competência da União legislar sobre as "condições de capacidade para o exercício das profissões liberais e técnico-científicas" (art. 8º, XVII, letra r).

A Emenda Constitucional de 1969, na verdade nova Constituição, tem como característica principal, de acordo com o autor citado, o fortalecimento do Executivo e do Judiciário e a moralização do Legislativo. Revigora a tendência desestatizante, já presente na Constituição de 1967, no que diz respeito à ordem político-social, enfatizando a liberdade de iniciativa, embora reproduza os direitos fundamentais do trabalhador prescritos no texto constitucional a partir dos anos 1930. No que se refere ao exercício profissional, manteve o disposto na Constituição anterior:

- Art. 153, § 25 – É livre o exercício de qualquer trabalho, ofício ou profissão, observadas as condições de capacidade que a lei estabelecer.

- Art. 8º, XVI, letra r – Compete à União legislar sobre as condições de capacidade para o exercício das profissões liberais e técnico-científicas.

Dado o disposto no texto constitucional a partir da Constituição de 1934, há duas vias para a análise da regulamentação do exercício profissional. Teríamos, em primeiro lugar, a legislação trabalhista e os parâmetros aí definidos para o reconhecimento de uma determinada profissão como categoria diferenciada. Privilegiando o enfoque trabalhista, caberia uma análise do processo de reconhecimento das atividades privativas de uma determinada categoria e os mecanismos para a fiscalização do exercício profissional, de modo a excluir da prática os que não estivessem legalmente habilitados para tal.

Considerando que compete à União legislar também sobre as condições de capacidade para o exercício profissional, teríamos, como segunda via, a legislação sobre formação profissional, dado que, como apontou Ruas (1976), a definição das condições de capacidade implica necessariamente a especificação de parâmetros para a formação.

Assim, uma análise mais aprofundada da regulamentação do exercício profissional teria que considerar também a análise da adequação da formação específica, dos pontos de vista qualitativo (conteúdo) e quantitativo (número de profissionais no mercado de trabalho). Tal análise, entretanto, escapa aos objetivos específicos deste artigo.

Regulamentação do exercício profissional: características gerais

É possível identificar certos elementos comuns no processo que leva à estruturação das diferentes categorias profissionais, embora a ordem de ocorrências não seja necessariamente a mesma para todas as profissões emergentes. Entre esses passos, Goode (1969) inclui: a criação de cursos de nível universitário, a criação de associações profissionais em nível nacional, capazes de mobilizar a categoria; a capacidade de exercer pressão política para obtenção de legislação específica; a aprovação de um código de ética; e o monopólio de uma técnica, que possa ser considerada como sendo necessária para a comunidade.

A regulamentação profissional é, em última análise, o reconhecimento, em termos legais, da "utilidade" de uma determinada prática profissional para a sociedade. Essa utilidade se reporta ao estágio de desenvolvimento político-econômico, aos valores culturais preponderantes ou, ainda, a aspectos mais universais, como é o caso das profissões ligadas à sobrevivência do homem.

Assim, a necessidade de legislar e disciplinar uma atividade profissional está relacionada não apenas às características intrínsecas de uma determinada prática, como também às circunstâncias específicas nas quais ela se define: o grau de organização corporativa, condicionando a capacidade de exercer pressão política; as características da divisão técnica do trabalho; e o grau em que o Estado chama a si a responsabilidade de regular o processo de trabalho.

Dados extraídos de estudo de Assis (1972) ilustram algumas dimensões do processo legal de expansão e diversificação profissional no Brasil. Em primeiro lugar, cabe observar os principais períodos da atividade legislativa: considerando o total de regulamentações, verifica-se que elas ocorrem de maneira mais intensa nos períodos de 1930 a 1939 e de 1960 a 1968. O primeiro corresponde ao período em que o Estado se constituiu em organismo apropriado a responder e regular as "questões sociais"; o segundo, provavelmente relacionado às características do processo de desenvolvimento econômico e da divisão técnica do trabalho.

Considerando essa classificação que agrupa as atividades de cada categoria em três setores – primário, secundário e terciário, neste destacando as profissões especificamente ligadas aos serviços de saúde –, observa-se uma maior atividade legislativa no setor saúde, sendo significativo o número de especializações surgidas a partir dos anos 1930. Tal observação se aplica, também, às profissões de nível médio, onde há uma diferenciação maior em comparação com os demais grupos de atividades.

A urgência da regulamentação e o consequente volume de legislação na área da saúde estão, em parte, relacionados à percepção da necessidade de fiscalizar a atividade profissional, tendo em vista seu papel na sobrevivência e bem-estar da população. Entretanto, certos aspectos dessa atividade legislativa, entre eles o desdobramento em especialidades, só podem ser compreendidos tendo em vista as características da força de trabalho em saúde.

Considerando apenas os dados sobre regulamentação das 14 profissões de saúde focalizadas nesta pesquisa, conforme dados em anexo, observamos, antes de mais nada, que a atividade legislativa, no que diz respeito ao exercício profissional, não é estanque. Cumprindo a dupla função de fiscalizar o exercício profissional e de garantir o monopólio de certas práticas e técnicas, a atividade legislativa está intimamente relacionada às condições existentes no seio da produção e, como tal, deve adaptar-se às mudanças aí ocorridas, por exemplo, em decorrência da divisão técnica do trabalho no setor saúde.

Tal como ocorre no contexto mais amplo da evolução e diversificação das profissões como um todo, observa-se atividade legislativa mais intensa em determinados períodos: na década dos 30, no governo de Juscelino Kubitschek e após 1968, período em que se verifica grande expansão de cursos de nível superior. No primeiro período, o objeto da atividade legislativa são as profissões tradicionais da saúde: Medicina, Enfermagem, Odontologia, Farmácia e Medicina Veterinária. No segundo período, após Getúlio e até o fim do Governo Juscelino, algumas dessas profissões tradicionais – Medicina, Enfermagem e Farmácia – recebem nova legislação, o mesmo acontecendo com a Química; nesse mesmo período é regulamentada, também, a profissão de assistente social. No terceiro período, de 1968 até 1984, coincidindo com a criação de novos cursos e a expansão do ensino universitário, são regulamentadas novas especializações da área da saúde: Fisioterapia e Terapia Ocupacional, Fonoaudiologia, Biomedicina.

A "ordem" segundo a qual as 14 profissões consideradas obtiveram sua regulamentação reflete uma diversidade de fatores, entre eles o "poder" relativo de uma determinada categoria – operacionalizado ou em função do número de seus membros e estágio de organização corporativa ou do controle exercido sobre as atividades de "cura"–; o estado de "confusão interna" da categoria, como no caso da Enfermagem, que incorpora também categorias auxiliares; ou ainda, dada a necessidade de definir as fronteiras de atuação profissional, como é o caso do desdobramento em novas áreas de especialização.

Considerações a respeito da ordem e presteza da obtenção, pelas diferentes categorias de legislação específica, devem contemplar também o prazo decorrido entre a lei e a sua regulamentação por decreto. Há, por vezes, um intervalo apreciável entre a aprovação da lei e sua regulamentação por decreto: no caso de Farmácia e Química, por exemplo, esse intervalo é de mais de 20 anos.

Dado que o decreto tem por função explicitar as situações previstas de maneira mais abstrata na lei, é possível que aquele se torne necessário apenas à medida que surjam dúvidas ou disputas a respeito de situações não explicitamente previstas em lei. Em defesa dessa hipótese, citamos o caso da Biologia e da Biomedicina, regulamentadas conjuntamente através da Lei n. 6.684 de 1979, após consideráveis disputas entre si e com os farmacêuticos bioquímicos. A legislação, entretanto, não solucionou o conflito subjacente e, após quatro anos de luta, foram aprovados decretos regulamentando separadamente as profissões de biólogo e biomédico (Decretos n. 88.439 e 88.438, de 1983).

Afirmamos repetidamente que a regulamentação profissional está associada tanto à percepção da necessidade de fiscalizar o exercício profissional, para controle e proteção da comunidade, quanto à necessidade de garantir uma fatia do mercado de trabalho, pela definição de atribuições privativas e pelo monopólio de certas técnicas e de sua aplicação.

Na fiscalização do exercício profissional está embutida a noção de "proteção ao consumidor" (WHITE, 1979). Com esse argumento, as entidades profissionais organizam-se para obter sua regulamentação e aprovam-se leis normatizando o exercício de uma determinada profissão. Esse é, de maneira geral, o discurso preponderante do legislador, que se incorpora aos objetivos dos órgãos fiscalizadores, os conselhos, cuja função explícita é disciplinar e fiscalizar o exercício da profissão e zelar pela observância dos princípios da ética profissional.

Entretanto, vista sob a ótica do corporativismo, a regulamentação profissional visa, no dizer de Nogueira (1967), "assegurar a exclusividade ou o monopólio do exercício profissional de pessoas com determinados requisitos de formação, presumivelmente comprovados pela posse de diploma ou certificados específicos, com a consequente exclusão de curiosos, autodidatas, diletantes e aventureiros". Aparece, assim, um aspecto contrastante, denominado por White (1979) de "proteção ao produtor do serviço". Desta perspectiva, a regulamentação do exercício profissional é mais adequadamente caracterizada como uma arena de conflitos na qual várias categorias defendem seus interesses específicos. Essas duas perspectivas serão elaboradas a seguir.

Fiscalização do exercício profissional: uma proteção ao consumidor?

O controle da "qualidade" dos serviços prestados – objeto intrínseco da fiscalização do exercício profissional – implica dois elementos: o controle indireto, através da normatização do conteúdo da formação profissional, e o controle direto, através de mecanismos de registro e fiscalização da prática profissional.

Esses dois aspectos reguladores da prática profissional são competências de órgãos distintos. Formação é competência do Ministério da Educação, sendo que a posse de diploma é condição suficiente para obtenção de registro. A regulamentação, inclusive a definição das atribuições privativas de categoria, é competência do Ministério do Trabalho.

A existência de registro para o exercício profissional decorre de legislação do Estado Novo. Em 1930 foi criado o Ministério da Educação e da Saúde; em 1932 foi aprovado o Decreto n. 20.931, regulando a fiscalização do "exercício da medicina, da odontologia, da veterinária e das profissões de farmacêutico, parteira e enfermeira no Brasil". Esse Decreto tornava obrigatório o registro do diploma de médico e demais profissionais no Departamento Nacional de Saúde Pública e na repartição sanitária estadual competente. Especificava, ainda, as condições para o exercício da medicina – inclusive o funcionamento de estabelecimentos médicos – da odontologia, medicina veterinária e da profissão de parteira.

A exigência de registro vigorou até a aprovação do Decreto Lei n. 150, de 1967, que dispensou de registro os diplomas de profissões relacionadas com a medicina, farmácia, odontologia e veterinária, desde que os respectivos conselhos profissionais viessem a ser legalmente criados, regularmente instalados e funcionassem normalmente, reconhecidos por ato do Ministério da Saúde.

Assim, a responsabilidade pela fiscalização do exercício profissional passou ao Ministério do Trabalho, mediada pelos conselhos profissionais. Tomando como referência o estudo comparativo de Roemer (1968) sobre as "licenças" para prática profissional na área da saúde em oito países – Estados Unidos, Reino Unido, França, Alemanha, Japão, Polônia e Colômbia –, percebe-se que o Brasil parece constituir exceção, uma vez que nesses países as entidades reguladoras estão sempre, direta ou indiretamente, ligadas ao Ministério da Saúde.

Atualmente cabe aos conselhos – autarquias dotadas de personalidade jurídica de direito público, vinculadas ao Ministério do Trabalho – a tarefa de disciplinar e fiscalizar o exercício da profissão e zelar pelas observâncias dos princípios da ética profissional.

O conselho federal mais antigo é o de Medicina, criado em 1945, e o mais recente é o de Fonoaudiologia, criado em 1981. Até a década de 50 haviam sido criados apenas dois conselhos: medicina e química. Outros quatro foram criados na década de 60 – farmácia, serviço social, odontologia e medicina veterinária. Metade das profissões aqui estudadas tiveram seus conselhos criados na década de 70: psicologia, enfermagem, fisioterapia, terapia ocupacional, nutrição, biologia e biomedicina, e um foi criado mais recentemente – fonoaudiologia, 1981.

Os conselhos só passam a funcionar efetivamente uma vez nomeada sua primeira diretoria. No caso dos conselhos federais, os membros da diretoria são escolhidos em assembleia presidida por um representante do Ministério do Trabalho e constituída por delegados dos sindicatos e associações de classe com existência legal no país. Os membros da primeira diretoria dos conselhos regionais são, em geral, nomeados pelo conselho federal.

O intervalo entre a aprovação da lei que cria os conselhos e a nomeação da sua primeira diretoria varia consideravelmente. No caso das profissões de saúde esse intervalo variou de zero a quatro anos.

A ordem de criação dos conselhos e o intervalo entre aprovação de lei e nomeação da primeira diretoria refletem, inevitavelmente, as relações de poder das profissões de saúde entre si e no contexto mais global do mercado de trabalho como um todo. Uma série de fatores – isolados e em interação – teriam que ser considerados no caso de uma análise mais aprofundada. É possível, por exemplo, que a ordem de criação dos conselhos e a nomeação de sua primeira diretoria sejam função do número de efetivos de cada categoria e, portanto, função de sua capacidade de exercer pressão política no sentido de regulamentar a profissão. Entretanto, paralelamente ao número de efetivos, teríamos que considerar também os fatores associados à percepção da necessidade de fiscalização do exercício profissional por parte das autoridades competentes. Entre esses fatores, destacaríamos:

• O impacto das atribuições de uma determinada categoria profissional para a coletividade, ou seja, sua relevância do ponto de vista da saúde – como no caso dos médicos, detentores do poder sobre a vida e a morte –, ou do ponto de vista do desenvolvimento industrial, como no caso dos químicos, cuja atuação na área de saúde é marginal, mas no contexto industrial é de grande importância. Em ambos os casos os respectivos conselhos estão entre os primeiros a serem criados e a nomeação de sua primeira diretoria ocorre no mesmo ano de aprovação da lei;

• A ausência ou a presença de mecanismos de controle alternativos, ou seja, a independência relativa do exercício profissional no contexto da saúde. Enquadra-se aqui a Enfermagem, cujo exercício é praticamente restrito às instituições de saúde e subordinado à autoridade médica. Assim, embora regulamentada em 1955, a criação dos respectivos conselhos dá-se apenas 18 anos depois;

• O grau de especificidade das atribuições de uma determinada categoria profissional. É o caso da biologia e biomedicina, objetos de recentes disputas sobre os respectivos campos de atuação e suas fronteiras com a farmácia bioquímica. Embora seus conselhos tenham sido criados em 1979, a nomeação das primeiras diretorias tem lugar apenas em 1983, após a aprovação de nova legislação esclarecendo as áreas de disputa, desmembrando efetivamente as duas categorias.

De maneira geral, enfatizam-se as funções fiscalizadoras e disciplinadoras dos conselhos, como afirma Jacques Durval, atual presidente do Conselho Regional de Odontologia no edital de seu Boletim Informativo de outubro de 1983:

Os Conselhos de Odontologia foram criados como órgão de defesa da classe; defesa contra os falsos dentistas, defesa contra aqueles que, desconhecendo a solidariedade que deve existir entre os profissionais de uma atividade relevante e nobre, se lançam à sôfrega disputa de clientela, através de concorrência desleal ou de métodos aviltantes; defesa da sociedade contra colegas despreparados, frutos de uma indiscriminada proliferação de faculdades, criadas, muitas vezes, para satisfazer vaidades ou ambições de lucro, antes de considerações sobre oportunidade, campo restrito de trabalho ou condições técnicas para ministrar uma boa formação [...]. Cremos que fiscalizar o exercício da profissão é nossa tarefa básica e para tanto o Serviço de Fiscalização deverá ser grandemente ampliado. Devemos zelar pela observância dos preceitos éticos, esclarecendo os cirurgiões-dentistas desde os bancos universitários, em uma ação preventiva. O aumento do número de processos éticos, se, por um lado, demonstra a eficiência da ação do CRO-SP, de outro nos constrange e inquieta. Vamos iniciar uma ação de esclarecimento, vamos convocar a classe para esse trabalho de conscientização. Vamos dar à censura pública o valor moral e educativo que ela representa. Com o apoio de todos (CONSELHO REGIONAL DE ODONTOLOGIA, 1983).

A fiscalização visa primeiramente impedir que pessoas não habilitadas exerçam irregularmente a profissão. O principal mecanismo utilizado é a obrigatoriedade de registro no conselho a cuja jurisdição o indivíduo fica sujeito e, consequentemente, a obrigatoriedade de obter carteira profissional e de pagamento de anuidades[3].

As funções disciplinadoras, por sua vez, visam essencialmente ao cumprimento das normas éticas definidas em código de ética elaborado e aprovado por cada conselho federal. Os conselhos regionais mantêm uma comissão de ética para assessorar a aplicação do código e zelar por sua observância, cabendo a cada profissional denunciar qualquer infração. Em alguns casos, além das determinações prescritas nos códigos de ética, e além da obrigato-

---

3. Existe também a obrigatoriedade de registro de firmas ou entidades voltadas ao exercício de determinada profissão, definida na legislação específica de cada profissão ou, na ausência desta, no texto da Lei n. 6.839, de 30/10/1980, que dispõe, em seu artigo primeiro: "o registro de empresas e a anotação dos profissionais legalmente habilitados, delas encarregados, serão obrigatórios nas entidades competentes para a fiscalização do exercício de diversas profissões, em razão da atividade básica ou em relação àquela pela qual prestam serviços a terceiros".

riedade de registro e de pagamento de anuidades, a legislação referente ao exercício profissional define certas infrações disciplinares. De maneira geral, essas infrações estão voltadas à manutenção das obrigações perante os conselhos e/ou adequação do relacionamento entre o profissional e seu cliente.

A ética profissional é, na verdade, um aspecto fundamental nas profissões onde o relacionamento com o cliente implica alto grau de "intimidade", como é o caso nas profissões da área de saúde. De acordo com Goode (1969), nas profissões onde predomina o relacionamento "intimista" com o cliente, observa-se uma série de padrões estruturais comuns entre eles: a maior vulnerabilidade do cliente e, consequentemente, a maior probabilidade de envolvimento emocional por parte deste; e um perigo maior de "exploração" por parte do profissional. Em função disto, essas profissões tendem a definir conjuntos de normas de comportamento que orientam a relação do profissional com o cliente.

O exercício profissional das profissões localizadas no extremo do *continuum* mais voltado ao atendimento de indivíduos depende frequentemente de informações e dados altamente pessoais. Em troca da liberdade de obter esses dados, tais profissões explicitam corporativamente a intenção de proteger o cliente de "exploração". Entre os mecanismos mais frequentes usados para isso incluem-se: a obrigatoriedade do segredo profissional, a criação de mecanismos de controle e a instituição de mecanismos para punição, que vão desde a advertência e censura até a cassação de direito ao exercício profissional.

A adesão às regras de comportamento ético só pode ser concretizada, evidentemente, à medida que houver um grau suficiente de coesão na profissão. A coesão, por sua vez, é gerada em parte pela percepção da necessidade de proteção mútua, pois, em relacionamentos profissionais caracterizados por alta emotividade, cliente e profissional são vulneráveis. Ante a falta de parâmetros claros para avaliação de desempenho profissional, uma das formas de proteção adotadas comumente nessas profissões é o julgamento pelos pares.

É oportuno lembrar aqui que qualquer código de ética pode ser visto tanto como um sistema de proteção para o cliente quanto como um conjunto de regras a serviço da profissão. Assim, por exemplo, são condenadas a competição e a exposição em público de incompetências por parte de colegas, várias formas de anúncio são proibidas e são introduzidos controles de preço para a prestação de serviço.

Os dados publicados no Boletim do Conselho Regional de Odontologia (Conselho Regional de Odontologia, 1983), sobre casos julgados pelo Tribunal de Ética no período de dezembro de 1982 a julho de 1983 ilustram essa dupla função dos códigos de ética: 72 dos 76 casos julgados se referiram a anúncios indevidos, e apenas três à prática profissional propriamente dita.

A característica normativa e controladora dos conselhos foi reforçada com a aprovação da Lei n. 6.994, de 26 de maio de 1982, que limitou a autonomia dos conselhos e cerceou o processo, então em andamento, de transformação dos conselhos em órgãos de representação das categorias. Essa lei, regulamentada pelo Decreto n. 88.147, de 8 de março de 1983, determinou que:

> a) o que os conselhos arrecadam só pode ser aplicado em atividades diretamente relacionadas à fiscalização, salvo com autorização expressa do Ministério do Trabalho;
>
> b) 70% do saldo disponível deve ser recolhido ao Ministério do Trabalho para ser utilizado em programas de formação profissional.

Vários conselhos regionais de profissões da área da saúde vinham, então, ampliando suas funções, incluindo em suas plataformas: a democratização – através da ampla participação de seus membros; a aproximação da entidade a questões de interesse da categoria; e o redirecionamento da atuação dos conselhos, de modo a torná-los entidades capazes de assegurar aos seus membros as soluções de problemas relacionados à prática profissional, em lugar da atuação puramente burocrática, repressiva e fiscalizadora. Essa nova postura pode ser ilustrada no pronunciamento de Gonçalves, atual presidente do Conselho Regional de Psicologia, em seu discurso de posse, publicado no jornal do CRP/06, de setembro/outubro de 1983:

> A nosso ver, uma gestão do CRP, muito mais do que um grupo de conselheiros representantes é um momento no trabalho conjunto,

é um espaço catalisador de experiências, de discussões, de decisões. É sempre um ponto de partida, inclusive para a reflexão, sempre retomada, sobre as características normativa, controladora, repressiva e imobilizadora que foi conferida legalmente aos conselhos e que foi reforçada recentemente pela Lei n. 6.994 que amplia seu atrelamento ao Ministério do Trabalho. Exatamente por isso, é fundamental ver o nosso CRP articulado em projeto libertador, de construção de uma postura ética e técnica que garanta a eficiência do serviço que a categoria presta à população e que esteja aliado ao desenvolvimento da consciência crítica profissional (CRP/06, 1983).

Ameaçados nesta abertura pela Lei n. 6.994, houve um movimento de aproximação entre os conselhos da área da saúde, que passaram a fazer reuniões conjuntas, visando a troca de informações sobre a administração dos conselhos especificamente ligados à saúde – enfermagem, farmácia, nutrição, medicina, odontologia, fisioterapia, terapia ocupacional e psicologia – e a discussão dos pontos comuns que existem entre as diversas categorias.

O processo de conscientização – iniciado nos anos 1970, em função, entre outras coisas, das transformações ocorridas nas relações de trabalho – estende-se também ao questionamento da estrutura legal dos conselhos, surgindo propostas variadas das quais a mais significativa é o projeto de Lei n. 1.217/83, de autoria do Deputado Manuel Ribeiro, da Comissão de Trabalho de Legislação Social da Câmara. Tal projeto, além de revogar a Lei n. 6.994, "altera o ordenamento jurídico das entidades, transformando-as de autarquias federais em instituições do tipo 'Ordem dos Advogados do Brasil', sem nenhuma vinculação ou subordinação do Ministério do Trabalho" (Conselho Federal de Psicologia, 1984).

Áreas de atuação das profissões de saúde: a regulamentação do exercício profissional como defesa do "produtor"

A regulamentação de uma determinada profissão pode também ser interpretada como a etapa final de um processo contínuo de especialização, decorrente da interação entre as relações de produção – e consequente transformação na divisão técnica do trabalho – e a evolução dos conhecimentos técnico-científicos.

Para cada uma das especialidades técnicas assim desenvolvidas se define o exercício privativo ou exclusivo de seus profissionais, determinando, frequentemente, o aparecimento de lutas para delimitar os campos de atuação. A gestão desses conflitos envolve uma diversidade de mecanismos, entre eles: a definição dos campos de atuação profissional e de formação específica, através de legislação; o esclarecimento das áreas de fronteira em disputa, através de pareceres de comissões jurídicas ministeriais; ou a definição de mecanismos de coordenação da atividade profissional, tais como a formação de equipes multiprofissionais de saúde.

As leis que regulamentam as profissões procuram separar em dispositivos diferentes as funções privativas de um profissional e as funções que constituem áreas comuns a várias profissões. Como aponta Mário Hato em relatório sobre a competência de farmacêuticos e biomédicos para o exercício da análise clínica laboratorial – projeto de Lei n. 6.717 de 1983 – "seria extremamente difícil – diríamos até mesmo impossível – isolar em compartimentos estanques as atribuições de cada um dos profissionais da complexa área de saúde, já que todas elas, num ou noutro passo, se tornam convergentes e fluem, a partir daí, para um mesmo delta de objetivos e prerrogativas comuns."

A confluência das atividades na área da saúde, o processo contínuo de especialização e a definição de novas áreas de atuação determinam, inevitavelmente, o aparecimento de fronteiras mal definidas entre os vários grupos de profissionais e, consequentemente, da luta pela hegemonia em um determinado campo de atuação.

Os conflitos quanto ao exercício de atividades afins são muitas vezes resolvidos através de entendimentos entre os conselhos federais interessados. Frequentemente, entretanto, esses conflitos são levados a instâncias superiores, em busca de soluções através de pareceres ou de legislação específica. Há inúmeros exemplos recentes de conflitos de fronteira na área da saúde:

1) A questão surgida entre psicólogos e médicos psiquiatras, referente ao emprego de técnicas psicoterápicas. Pa-

recer do Ministério da Previdência e Assistência Social n. 009/75, publicado no Diário Oficial da União em 11/09/1975.

2) A questão surgida entre os químicos, referente à obrigatoriedade do registro no Conselho Regional de Química. Parecer da Consultoria Jurídica do Ministério do Trabalho 253/77, a pedido do Conselho Federal de Engenharia, Arquitetura e Agronomia.

3) A questão surgida entre fisioterapeutas e médicos fisiatras, que resultou na Ação de Representação n. 1.056-2DF do supremo Tribunal Federal, sobre a constitucionalidade da lei que regulamentou as profissões de fisioterapeuta e terapeuta ocupacional. Memorial do STF; Ação de Representação n. 1.056, Brasília, 1981.

4) A questão surgida entre farmacêuticos-bioquímicos e biomédicos, sobre a competência destes para o exercício de análises clínicas laboratoriais. A questão, amplamente divulgada na imprensa, foi resolvida, pelo menos temporariamente, através de alterações na redação da Lei n. 6.686/79. Assim, apesar do reconhecimento de que as análises clínicas laboratoriais não constituem área privativa dos farmacêuticos, a nova lei dispõe que apenas os atuais portadores de diplomas, ou diplomados que ingressaram no curso até julho de 84, poderão realizar análises clínicas, uma vez feita a complementação curricular que for julgada adequada. Pareceres das Comissões de Educação e Cultura e de Saúde da Câmara dos Deputados, 1982. Lei n. 7.135, de 26/10/1983.

A Figura 1, derivada da análise das competências específicas de cada profissão, procura ilustrar algumas fronteiras que foram, ou poderão vir a ser, áreas de conflito.

Figura 1 – Áreas de fronteira nos campos de atuação das profissões de saúde

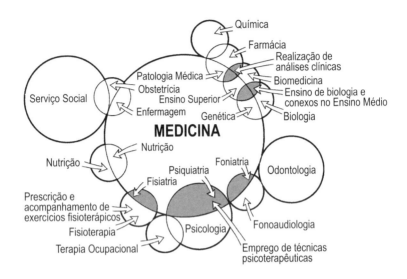

Observações:

1) O diâmetro dos círculos é proporcional aos efetivos da profissão em 1980 no estado de São Paulo, conforme os resultados do censo de mão de obra do IBGE.
2) A intersecção dos círculos indica áreas de atividade profissional em disputa real ou potencial; os sombreados apontam conflitos manifestos entre categorias.

A existência de áreas de fronteira nos campos de atuação das várias categorias levou ao desenvolvimento de uma nova função para os conselhos federais: a vigilância sobre os direitos profissionais adquiridos, através do acompanhamento de projetos em tramitação no Congresso Nacional.

Antonio Rodrigues Soares, ao elaborar a história do Congresso Federal de Psicologia até 1979, assim se refere a essa atividade:

> A vigilância constante sobre a integridade das leis que incorporam os dados substanciais da profissão postulava a participação e atenção da nossa autarquia enquanto se criasse e se debatesse no recinto do Poder Legislativo. Para lá foi designado um conselheiro federal para, em caráter permanente, servir de ponto de

contato, em cumprimento da letra g) do artigo 6º, Lei n. 5.7664[4]. Em casos específicos, qual o da abordagem de temas que, direta ou indiretamente, ferissem a Lei e direitos dos psicólogos, estariam, destarte, a atenção e a diligência do Conselho Federal voltadas para a defesa da integridade dos nossos diplomas (SOARES, 1979).

Assim, são publicados mensalmente no Boletim Informativo do Conselho Federal de Psicologia todos os projetos de lei, tramitando no Congresso, que envolvem os interesses da categoria.

Além dos conflitos decorrentes da definição das competências das diversas profissões, há também, um problema mais geral que afeta igualmente todas as áreas da saúde: a hegemonia do médico. Emprestando as palavras da Doutora Célia Lúcia Monteiro de Castro no parecer médico emitido por ocasião da ação de representação sobre a constitucionalidade da lei que regulamentou as profissões de fisioterapeuta e terapeuta ocupacional.

> As relações de poder do grupo hegemônico (no caso, o médico) se expressam [...] pela relutância em admitir o exercício independente de profissões emergentes [...] ou pelo estabelecimento de relações de subordinação médicos/outros profissionais. Em relação a este último aspecto, pode ser mencionada a situação das obstetrizes, existentes no país no século XIX como profissionais liberais autônomos (em uma época em que o médico não atendia a partos) e depois inseridas em uma especialidade de enfermagem, e, portanto, transformadas em auxiliadoras do médico; fenômeno semelhante ocorre quando, pelo aparecimento de outros grupos profissionais na área das ciências da saúde, são desenvolvidas novas especialidades em medicina como forma de manter a tutela médica sobre os demais grupos, mantida uma hierarquia de *status* e de prestígio, a que nem sempre corresponde uma nítida diferença salarial (CARVALHO, 1981).

Certos desenvolvimentos recentes na área da saúde poderiam ter contribuído para reverter essa situação. Assim como atestam os dados sobre a regulamentação das 14 profissões consideradas, as profissões de saúde, nos últimos 20 anos, aumentaram em número e complexidade. Uma das consequências desta expansão foi a definição, através da legislação, do exercício privativo ou exclu-

---

4. O artigo 6º da Lei n. 5.766 dispõe sobre as atribuições do Conselho Federal. A letra "g" dispõe que o Conselho deverá "servir de órgão consultivo em matéria de psicologia".

sivo de determinadas atividades anteriormente consideradas competência dos profissionais médicos.

Outro fator relevante foi a alteração ocorrida no próprio conceito de saúde, que passou a englobar não apenas os estados de morbidez e patologia como também o de bem-estar físico, psicológico e social do indivíduo. Ampliaram-se as possíveis áreas de atuação para as novas especializações.

Houve, por fim, uma universalização da ideia de que as várias áreas de atuação profissional são complementares, reconhecendo-se a necessidade de criar equipes multidisciplinares de saúde, integradas por médicos e outros especialistas, sem relações de subordinação destes àqueles.

Entretanto, poucas são as indicações de que tais fatores possam ter tido um impacto importante na tendência que se observa entre os profissionais médicos de determinar o espaço ocupacional e/ou coordenar as atividades dos outros profissionais da área da saúde. Expressão recente disto foi o projeto elaborado pela Associação Médica Brasileira e apresentado pelo Deputado Salvador Julianelli (Projeto de Lei n. 2.726 de 1980), visando à regulamentação das ocupações e atividades exercidas no setor de saúde e que, efetivamente, subordinava as várias profissões ao médico. Tal projeto, como seria de se esperar, foi unanimemente rejeitado pelas categorias profissionais envolvidas, não apenas por conferir uma excessiva centralização de poder nas mãos do médico, como também por pretender regulamentar profissões já regulamentadas.

A defesa dos interesses da classe: o movimento sindical e as profissões de saúde

Ao tratar o tema de regulamentação profissional, optamos por começar a análise pelos mecanismos de fiscalização do exercício profissional: o registro dos profissionais e a definição das condições para habilitação. A regulamentação profissional, entretanto, está intrinsecamente associada ao reconhecimento da profissão como categoria diferenciada, ou seja, está associada a seu enquadramento sindical.

Embora atualmente o enquadramento sindical seja considerado como o primeiro passo no processo de regulamentação profissional, os dois processos têm origens diversas. A regulamentação está historicamente associada à necessidade de fiscalizar o exercício profissional, enquanto o enquadramento sindical está vinculado à legislação trabalhista e à necessidade de organizar e controlar o movimento sindical.

Dado que esses dois aspectos da regulamentação estão hoje intrinsecamente associados, e dada também a aproximação observada entre conselhos e entidades de classe – em consequência das tendências à abertura e da redefinição das atribuições dos primeiros –, parece imprescindível, para a compreensão do cenário atual quanto à regulamentação do exercício profissional, fazer um apanhado geral sobre o movimento sindicalista das profissões de saúde.

A organização sindical brasileira, tendo por paradigma a organização sindical corporativa italiana, está fundamentada na *categoria,* traduzida pela identidade ou afinidade das funções exercidas no processo de produção econômica. Daí a necessidade do enquadramento sindical, "a classificação legal das atividades econômicas e das profissões, para que se possam executar os dispositivos da lei atinente à organização e funcionamento das entidades sindicais" (MARANHÃO, 1977).

O quadro de atividades que fixa o plano básico do enquadramento sindical é revisto a cada dois anos por proposta da Comissão de Enquadramento Sindical, ouvidas as entidades sindicais e associações profissionais, de modo a ajustá-lo às condições da estrutura econômica e profissional do país (Decreto n. 67.284 de 1970). Essa revisão bienal não impede, entretanto, que o Ministério do Trabalho, quando necessário, crie novas categorias profissionais e econômicas.

O atual quadro de atividades e profissões inclui oito Confederações Nacionais: Indústria, Comércio, Transportes Marítimos e Fluviais, Transportes Terrestres, Comunicações e Publicidade, Empresas de Crédito, Educação e Cultura e Profissões Liberais.

Atualmente, há 31 grupos na Confederação Nacional das Profissões Liberais, conjunto que abriga todas as profissões consideradas neste estudo, com exceção da Biologia, Biomedicina e Fonoaudiologia, ainda não enquadradas.

O enquadramento sindical é condição *sine qua non* para a formação de um sindicato, dado que este só poderá constituir-se para representar uma categoria que figure no quadro das atividades e profissões em vigor.

Enquanto os conselhos são fundamentalmente órgãos de fiscalização do exercício profissional, a defesa dos interesses é prerrogativa dos sindicatos. Segundo o artigo n. 513 da Consolidação das Leis do Trabalho, os sindicatos têm "a prerrogativa de representar perante as autoridades administrativas e jurídicas os interesses gerais da respectiva categoria ou os interesses individuais dos associados relativos à atividade ou profissão exercida".

Nem todas as categorias profissionais selecionadas para este estudo têm sindicatos. A Tabela 1 aponta para o fato óbvio de que as profissões hegemônicas, seja por seu papel na área da saúde – por exemplo a medicina e a odontologia –, seja por seu papel no setor industrial (por exemplo, a química e a farmácia), já há muito têm seus sindicatos. São as profissões "auxiliares" – no sentido da posição que ocupam na equipe de saúde, do ponto de vista quantitativo ou do grau de autonomia da atividade que exercem – que carecem de organização sindical.

Tabela 1 – Ordem de enquadramento sindical e sindicatos de profissionais da área da saúde

	Grupos	Sindicatos de profissionais que atuam na área da saúde
Medicina	2°	Sindicato dos Médicos de São Paulo (6)
Odontologia	3°	Sindicato dos Odontologistas de São Paulo
Veterinária	4°	Sindicato dos Médicos Veterinários do Estado de São Paulo
Farmácia	5°	Sindicato dos Farmacêuticos do Estado de São Paulo
Química	7°	Sindicato dos Químicos, Químicos Industriais e Agrícolas e Engenheiros Químicos no Estado de São Paulo
Parteiros	8°	Sindicato dos Parteiros do Estado de São Paulo
Serviço Social	16° (1)	
Enfermagem	21° (2)	

Nutrição	24° (3)	
Psicologia	25° (4)	Sindicato dos Psicólogos no Estado de São Paulo
Fisioterapia	27° (5)	Sindicato dos Fisioterapeutas e Terapeutas Ocupacionais, Auxiliares de Fisioterapia e Auxiliares de Terapia Ocupacional do Estado de São Paulo
Terapia Ocupacional	27°	
Biologia	–	
Biomedicina	–	
Fonoaudiologia	–	
Práticos de Farmácia		Sindicato dos Práticos de Farmácia e Empregados no Comércio de Drogas, Medicamentos e Produtos Farmacêuticos
Profissionais de Enfermagem*		Sindicato dos Profissionais de Enfermagem, Técnicos, Duchistas, Massagistas e Empregados em Hospitais e Casas de Saúde. (7)

Fontes: CAMPANHOLE et al. *1978.*
Ministério do Trabalho, Delegacia Regional do Trabalho no Estado de São Paulo, 1981, Manual de Endereços e Informações de Entidades Sindicais.

* Profissionais de Enfermagem, Técnicos, Duchistas, Massagistas e Empregados em Hospitais e Casas de Saúde.

(1) Portaria de 19/04/1949.

(2) Portaria 94 de 27/03/1962.

(3) Portaria 3.424 de 23/09/1968.

(4) Portaria 3.326 de 26/06/1969.

(5) Decreto-lei n. 938 de 13/10/1969.

(6) Há também sindicatos em Campinas, Santos e Taubaté.

(7) Há sindicatos em Campinas, Franca, Jaú, Ribeirão Preto, Rio Claro, Santos, São José dos Campos, São José do Rio Preto e São Paulo.

A inexistência de sindicato está relacionada, em grande parte, com a capacidade de organização e consciência de classe de uma determinada categoria. O primeiro passo para a constituição de um sindicato é a criação de uma associação profissional e seu reconhecimento pelo Ministério do Trabalho. A transformação dessa associação em sindicato é feita através da solicitação da Carta Sindical, processo para o qual há uma série de exigências, entre as quais um número mínimo de associados. Este é o principal obstáculo em que esbarram várias categorias aqui estudadas, como ilustra a luta dos assistentes sociais pela transformação de sua associação profissional em sindicato.

Desde sua criação em 1955, a Associação Profissional dos Assistentes Sociais de São Paulo – Apassp tem caráter pré-sindical. De acordo com matéria publicada em jornal do Conselho Regional de Assistentes Sociais (novembro/dezembro de 1982), a discussão dos aspectos políticos e legais referentes à questão do sindicalismo está presente nessa entidade desde 1970, tendo sido retomada com maior veemência a partir de sua reestruturação, em 1978. A grande dificuldade que a Apassp enfrenta, no entanto, é a exigência quanto ao número de associados, ou seja, um terço da categoria, de acordo com a legislação vigente. Em 1982, cerca de 13.200 assistentes sociais estavam inscritos no conselho regional, de modo que, tomando por base esse dado, a Apassp necessitaria de 4.500 associados, 2.500 a mais dos associados naquela data.

Para uma melhor compreensão do papel dos sindicatos das profissões liberais é necessário remeter a análise ao movimento sindicalista como um todo. Vários especialistas no assunto apontam para a existência de dois períodos na evolução do sindicalismo brasileiro.

O primeiro período, até os anos 30, era caracterizado por parca legislação federal e por grau relativamente alto de autonomia, inclusive para a atividade política. Os sindicatos eram, então, pessoa de direito privado e suas atividades não estavam sujeitas a qualquer controle estatal.

O segundo período tem início nos anos 1930, quando o Estado passou a atuar em relação aos sindicatos no sentido de integrá-los à administração, como órgãos de colaboração – uma concepção de sindicato estreitamente vinculada aos interesses do desenvolvimento econômico do país.

A legislação trabalhista – que permanece inalterada desde então – imprimiu aos sindicatos a ideologia de cooperação entre as classes para o desenvolvimento de um equilíbrio econômico, tendo em conta os interesses do Estado. Nessa medida, estruturou-se como negação do movimento sindical organizado para a produção da consciência proletária. Decorre daí uma redefinição no sentido de diminuir o papel político dos sindicatos, enfatizando ao máximo seu papel assistencial[5].

Entretanto, como aponta Maria Helena de Souza Martins (MARTINS, 1979), "não é o código do sindicato que permite maior ou menor variação na atuação dos dirigentes sindicais e sim a conjuntura política. Há um instrumento legal – a legislação sindical – que, em períodos de exceção política, é aplicado mais rigidamente do que em outras conjunturas". Assim, houve épocas – por exemplo no período de 1950/1964 – em que os sindicatos assumiram funções políticas paralelamente às funções administrativas e assistenciais a eles atribuídas pela legislação. Nesse papel político, os sindicatos contribuíram para a ampliação da legislação trabalhista, elaborando programas de reivindicação que beneficiavam os trabalhadores.

Os acontecimentos políticos do pós-64 recolocaram o sindicalismo em seus marcos legais estritos, diminuindo a atuação dos dirigentes e retomando a ideologia de cooperação entre as classes para o desenvolvimento da nação. A partir de 1964, a nova conjuntura exigiu dos sindicatos uma adequação à mentalidade legal-racional do governo, levando à incorporação da racionalidade e à acentuação das funções burocrático-administrativas.

O movimento sindical volta ao cenário político em 1978, quando teve início o processo de mobilização pela reposição salarial. Atualmente, além das reinvidicações por condições de trabalho, passou-se a lutar, também, pela alteração da legislação trabalhista: pelo efetivo direito de greve, pela plena autonomia dos sindicatos e pela extensão do direito à sindicalização a todos os trabalhadores.

O processo de mobilização das categorias profissionais que foram objeto de atenção deste estudo teve início em meados da década de 1970, quando em vários sindicatos e associações profissionais de nível superior formavam-se chapas de oposição às lide-

---

5. As raízes da política de proteção ao trabalhador, no Estado Moderno, são encontradas em Marx e em Leão XIII. Enquanto Marx baseava sua ação na luta de classes, luta que asseguraria o triunfo do proletariado sobre a burguesia, Leão XIII pregava a "harmonia entre as classes", noção elaborada em sua *Rerum Novarum* (1891), onde assentou as bases do direito positivo social cristão (JACQUES, 1977).

ranças instaladas durante os anos de repressão. O sindicato, até então um órgão estranho à ideologia liberal, passou a ser o instrumento legítimo de reivindicação, tendo em vista a nova inserção desses profissionais no mercado como assalariados. Como aponta Prandi (1982), "é especialmente através das oposições sindicais que o público tomará conhecimento dos problemas de saturação do mercado, da situação de emprego e subemprego que medra viçosamente em algumas categorias".

O Sindicato dos Médicos talvez seja o exemplo mais representativo desse processo de mobilização. A partir das informações obtidas em um estudo sobre o mercado de trabalho médico, realizado no início da década de 70 (DONNANGELO, 1975), podemos inferir um alto grau de desinteresse em relação ao sindicato na época. Assim, apenas 29,7% dos 905 médicos que compunham a amostra utilizada nesse estudo encontravam-se filiados ao sindicato. Em contraste, 79,8% estavam filiados à Associação Paulista de Medicina.

As razões apresentadas para a filiação ao sindicato, bastante diversificadas, indicavam não ser esse órgão considerado como a via adequada para a efetivação de interesses relativos ao mercado. Assim, apenas 32% dos médicos sindicalizados haviam dado como razão para filiação a "defesa dos interesses da classe"; 25,3% mencionaram "solidariedade profissional"; 13,8% não deram "nenhuma razão especial"; 10,1% deram como razão para filiação a "necessidade solucionar problemas individuais"; 7,4% mencionaram o "interesse em manter contatos sociais"; e 11,5% não deram resposta.

Segundo Donnangelo,

> De modo geral, foi possível identificar, através do conjunto de avaliações, além de um relativo desconhecimento das atividades do sindicato, um certo desinteresse por suas possibilidades de interferência no mercado e, mesmo no caso em que sua rejeição não ocorre, uma postura relativamente ambígua quanto ao grau de representatividade que se lhe poderia atribuir.

A partir de 1976, entretanto, observa-se maior mobilização e uma tomada de consciência mais efetiva diante dos problemas de trabalho, das condições de saúde da população e da política de saúde do governo. Articula-se nessa época a oposição às lideranças então instaladas no sindicato. A chapa de oposição, denominada Movimento Renovação, desempenhou papel importante na denúncia das condições de trabalho do médico, da estrutura de assistência médica e na conscientização da importância do sindicato como órgão de defesa dos interesses de classe.

Durante a campanha realizada por ocasião das eleições sindicais de 1977, o Movimento Renovação, corroborando os dados da pesquisa de Donnangelo, constatou alto grau de desinformação sobre assuntos ligados ao sindicato, assim como um descontentamento geral pela ausência de apoio em relação aos problemas trabalhistas enfrentados pelos profissionais, pela omissão da diretoria com relação às questões da área de saúde e pela ausência de comunicação regular entre o órgão e seus associados (*Saúde em Debate*, 1977). Dos 30 mil médicos então existentes no Estado, apenas seis mil estavam sindicalizados; destes, apenas 2.074 estavam em condições de votar.

A eleição de uma nova diretoria, constituída em sua maioria por médicos assalariados, mudou radicalmente a orientação do sindicato que passou a aglutinar os profissionais em torno de um projeto que envolvia a luta por melhores condições de trabalho e a conquista de um espaço político para o debate sobre questões de saúde.

Processo semelhante teve lugar em outros sindicatos de profissões ligadas à saúde. Observa-se atualmente, através da leitura das publicações desses órgãos, um movimento em duas direções contrastantes. De um lado, a luta pela conscientização sobre o papel do sindicato como órgão de defesa dos interesses da classe; de outro lado, o movimento inverso de inserção dessas categorias entre as classes trabalhadoras como um todo e a luta conjunta pela melhoria das condições de trabalho e modificação de legislação trabalhista.

Considerações finais

O presente estudo foi parte de um projeto mais amplo que visou caracterizar as principais profissões da área da saúde de modo a fornecer subsídios para a elaboração de diretrizes para o Programa de Bolsas de Aprimoramento para Profissionais de Nível Superior que Atuam na área da saúde. O objetivo específico do projeto era sistematizar os dados referentes à regulamentação do exercício profissional de 14 profissões mais representativas do setor saúde, de modo a caracterizar suas respectivas áreas de atuação e apontar possíveis arenas de conflito no que diz respeito ao exercício profissional.

Partindo da proposta de aprofundamento da análise dos dados sistematizados no projeto original, deparamo-nos com múltiplas vias de acesso, algumas das quais foram contempladas neste artigo.

Em primeiro lugar, a questão da centralização da organização das profissões pelo Estado – seja do ponto de vista da definição das condições de capacidade para o exercício profissional, ou da fiscalização do exercício profissional – sugeriu considerações sobre os mecanismos e processos através dos quais o Estado chamou a si essas atribuições.

Em segundo lugar, a análise das informações sobre os conselhos mostrou ser possível abordar sua atuação através de óticas diversas. Entendendo-se que a regulamentação serve ao objetivo de "proteção ao consumidor", analisou-se o papel dos conselhos como órgãos fiscalizadores e disciplinadores. Em contrapartida, enfocando a regulamentação como forma de proteção ao "produtor de serviços", a análise passou a ser centrada na defesa do mercado de trabalho.

Em terceiro lugar, levando em consideração a inserção atual dos órgãos de fiscalização do Ministério do Trabalho, e constatadas as tendências atuais quanto à ampliação das funções dos conselhos, considerou-se, também, a defesa dos interesses de classe no contexto mais amplo da legislação trabalhista, delineando algumas tendências atuais quanto ao movimento sindicalista entre as profissões de saúde.

Tendo em vista a diversidade de categorias profissionais que foram objeto de atenção deste estudo e a multiplicidade de perspectivas sob as quais a regulamentação do exercício profissional foi abordada, não foi possível fazer uma análise exaustiva. Mesmo assim, foram apontadas algumas tendências atuais quanto à estruturação das profissões que atuam na área da saúde, que poderão servir de base para futuras pesquisas.

Anexo 1 – Legislação sobre regulamentação do exercício profissional e criação dos conselhos das profissões da área da saúde

	Data	Ementa
Decreto n. 20.377	08/09/1931	Aprova a regulamentação do farmacêutico.
Decreto n. 20.862	28/12/1931	Regula o exercício da odontologia pelos dentistas práticos.
Decreto n. 20.877	30/12/1931	Regula o exercício da farmácia pelos práticos licenciados.
Decreto n. 20.931	11/01/1932	Regula e fiscaliza o exercício da medicina, da odontologia, da veterinária e das profissões de farmacêutico, parteira e enfermeira no Brasil.
Decreto n. 21.073	22/02/1932	Regula o exercício da odontologia.
Decreto n. 24.693	12/07/1934	Regula o exercício da química.
Decreto-lei n. 3.171	02/04/1941	Cria o Serviço Nacional de Fiscalização da Medicina e Farmácia.
Decreto-lei n. 7.718	09/07/1945	Dispõe sobre a formação do cirurgião-dentista e regulamenta a profissão.
Decreto-lei n. 7.955	13/09/1945	Cria os Conselhos Federal e Regionais de Medicina.
Decreto-lei n. 8.345	10/12/1945	Dispõe sobre a habilitação para exercer a profissão pelos práticos de farmácia.
Decreto-lei n. 8.611	09/01/1946	Dispõe sobre a situação profissional dos práticos de farmácia habilitados pelo Departamento de Saúde.
Decreto-lei n. 8.778	22/01/1946	Regula os exames de habilitação para os auxiliares de enfermagem.
Lei n. 775	06/08/1949	Dispõe sobre o ensino de enfermagem no país.
Decreto n. 27.426	14/11/1949	Aprova o regulamento básico para os cursos de enfermagem e auxiliar de enfermagem.

	Data	Ementa
Lei n. 1.314	15/01/1951	Regula o exercício profissional dos cirurgiões-dentistas.
Lei n. 1.889	13/06/1953	Dispõe sobre os objetivos do ensino de Serviço Social, sua estrutura e as prerrogativas dos portadores de diploma de assistentes sociais e agentes sociais.
Decreto n. 35.311	02/04/1954	Regulamenta a lei n. 1.889 que dispõe sobre a profissão de assistente social.
Lei n. 2.604	16/09/1955	Regula o exercício da enfermagem.
Lei n. 2.800	18/06/1956	Regulamenta o exercício profissional e cria os Conselhos Federal e Regionais de Química.
Lei n. 3.252	27/08/1957	Regula o exercício da profissão de assistente social.
Lei n. 3.268	30/09/1957	Dispõe sobre os Conselhos de Medicina.
Decreto n. 44.045	19/07/1958	Aprova o regulamento do Conselho Federal e dos Conselhos Regionais de Medicina.
Lei n. 3.640	10/10/1959	Revigora o Decreto-lei n. 8.778 de 1946 que dispõe sobre o exercício da enfermagem e lhe altera o alcance do artigo 1°.
Lei n. 3.820	11/11/1960	Cria os Conselhos Federal e Regionais de Farmácia.
Decreto n. 50.387	28/03/1961	Regula o exercício da enfermagem e suas funções auxiliares.
Lei n. 3.999	15/12/1961	Altera o salário mínimo dos cirurgiões-dentistas.
Decreto n. 994	15/05/1962	Regulamenta a Lei n. 3.252 que dispõe sobre a profissão de assistente social e cria os conselhos.

Lei n. 4.119	27/08/1962	Dispõe sobre os cursos de formação em psicologia e regulamenta a profissão.
Decreto n. 53.462	21/01/1964	Regulamenta a Lei n. 4.119 que dispõe sobre a profissão de psicólogo.
Lei n. 4.324	14/04/1964	Cria os Conselhos Federal e Regionais de Odontologia.
Lei n. 5.081	24/08/1966	Regula o exercício da odontologia.
Decreto-lei n. 150	09/02/1967	Dispensa de registro no Serviço Nacional de Fiscalização da Medicina e da Farmácia os diplomas expedidos por escolas ou faculdades de medicina e farmácia.
Lei n. 5.276	24/04/1967	Dispõe sobre a profissão de nutricionista.
Lei n. 5.517	23/10/1968	Dispõe sobre o exercício da profissão de médico veterinário e cria os Conselhos Federal e Regionais de Medicina Veterinária.
Lei n. 5.550	04/12/1968	Regulamenta a profissão de zootecnista.
Decreto n. 64.704	17/06/1969	Regulamenta a Lei n. 5.517 que dispõe sobre a profissão de médico veterinário e aprova o regulamento dos conselhos.
Decreto-lei n. 938	13/10/1969	Prevê sobre a profissão de fisioterapeuta e terapeuta ocupacional.
Decreto-lei n. 67.057	14/08/1970	Dispõe sobre a vinculação do Conselho Federal e Conselhos Regionais de Odontologia.
Decreto n. 67.284	28/09/1970	Aprova o regulamento da Comissão de Enquadramento Sindical.
Lei n. 5.766	20/12/1971	Cria os Conselhos Federal e Regionais de Psicologia.
Decreto n. 68.704	03/06/1971	Regulamenta a Lei n. 4.324 que criou os Conselhos de Odontologia.

	Data	Ementa
Lei n. 5.905	12/07/1973	Cria os Conselhos Federal e Regionais de Enfermagem.
Lei n. 6.316	17/12/1975	Cria os Conselhos Federal e Regionais de Fisioterapia e Terapia Ocupacional.
Decreto n. 79.137	18/01/1977	Inclui os conselhos na classificação de órgãos de deliberação coletiva.
Decreto n. 79.822	17/06/1977	Regulamenta a Lei n. 5.776 de 1971 que cria os Conselhos de Psicologia.
Lei n. 6.583	20/10/1978	Cria os Conselhos Federal e Regionais de Nutrição.
Lei n. 6.684	03/09/1979	Regula a profissão de biólogo e biomédico.
Decreto n. 84.444	30/01/1980	Regulamenta a Lei n. 6.583 de 1978 que cria os Conselhos de Nutrição.
Decreto n. 85.005	06/08/1980	Regulamenta a Lei n. 6.684 de 1979 que dispõe sobre a profissão de biólogo e biomédico.
Lei n. 6.839	30/10/1980	Dispõe sobre o registro de empresas.
Decreto n. 85.877	07/04/1981	Regulamenta a Lei n. 2.800 de 1956 que dispõe sobre a profissão de químico.
Decreto n. 85.878	04/04/1981	Regulamenta a Lei n. 3.820 de 1960 que dispõe sobre a profissão de farmacêutico.
Lei n. 6.965	09/12/1981	Regulamenta o exercício profissional e cria os Conselhos Federal e Regionais de Fonoaudiologia.
Decreto n. 87.218	31/05/1982	Regulamenta a Lei n. 6.965 de 1981 que dispõe sobre a profissão de fonoaudiólogo.
Lei n. 6.994	26/05/1982	Dispõe sobre a vinculação dos conselhos ao Ministério do Trabalho.
Lei n. 7.017	30/08/1982	Desmembra os Conselhos de Biologia e Biomedicina.

Decreto n. 88.147	08/03/1983	Regulamenta a Lei n. 6.994 de 1982 que dispõe sobre a vinculação dos conselhos ao Ministério do Trabalho.
Decreto n. 88.438	28/06/1983	Regulamenta a profissão de biólogo e cria os Conselhos Federal e Regional.
Decreto n. 88.439	28/06/1983	Regulamenta a profissão de biomédico e cria os Conselhos Federal e Regionais.
Lei n. 7.135	26/10/1983	Dispõe sobre o exercício da análise clínica laboratorial.

6. O TRABALHO DO PSICÓLOGO NA COMUNIDADE
A identidade socioprofissional na berlinda*

Os mais variados estudos sobre a estruturação do campo da psicologia como profissão, seja em nível regional ou nacional, apontam para a predominância da clínica como área de atuação e o consultório como local privilegiado para o seu exercício. De acordo com os dados da pesquisa realizada pelo Conselho Federal de Psicologia, 60,7% dos psicólogos têm pelo menos um emprego em clínica e 39,3% dos psicólogos têm na clínica sua única área de atuação (BASTOS, 1988). Análise complementar, focalizando o local de trabalho, revela ainda que 81,9% dos profissionais atuam prioritária ou secundariamente em clínicas e consultórios psicológicos, sendo que 37,2% ali mantêm sua atividade principal (SASS, 1989).

O binômio clínica/consultório particular como modelo hegemônico da atuação psicológica vem sendo objeto de reflexão e crítica por parte de certos segmentos da profissão. Reflexão esta que remete, de um lado, à questão da constituição da psicologia como campo de saber, onde a fluidez de suas fronteiras como ciência inserida no conjunto de disciplinas cujo objeto de estudo é o homem, contrasta com a tendência corporativista de sua prática, quando as fronteiras são fechadas na luta por seu espaço no mercado de trabalho. De outro lado, enfocando a psicologia como prática, a reflexão crítica leva ao questionamento de sua adequação à realidade brasileira, criticando-se, aqui, sua tendência elitista e a falta de comprometimento com a problemática das classes trabalhadoras.

As quase três décadas desde que a profissão foi regulamentada foram acompanhadas de um alargamento dos campos de

---

* Versão revista de texto apresentado no *I Encontro de Estudantes de Psicologia*, Univ. Brás Cubas, Mogi das Cruzes, ago./1989.

atuação do psicólogo, forjado pelo próprio crescimento do contingente de profissionais assim como pelo maior conhecimento de sua atividade e, consequentemente, pelo aumento da demanda por seus serviços.

Os fatores conjunturais (a maior aceitação da psicologia e o crescimento do número de profissionais), associada à postura crítica de certos segmentos da profissão, levaram à definição de novas áreas de atuação, buscando estender os serviços psicológicos às camadas mais pobres da população e, neste afã, ampliar o referencial teórico de modo a focalizar os problemas sociais mais amplos subjacentes à problemática individual. Nesse processo, muitos psicólogos deslocaram suas atividades dos consultórios particulares, inserindo-se diretamente na comunidade ou nas instituições voltadas ao atendimento das camadas mais desprivilegiadas da população. Os dados disponíveis indicam que são ainda incipientes estas atividades: apenas 26% dos psicólogos empregados trabalham em instituições públicas, 10% dos quais em postos de saúde e ambulatórios; e apenas 5% dos empregos tem a comunidade como objeto específico da prática profissional, porcentagem esta que decresce para 3% ao se considerar apenas o emprego principal. Dos que ingressam em trabalho comunitário, 53% abandonam a atividade devido às precárias condições de trabalho ou em busca de empregos melhor remunerados. Para os 38% que permanecem, a tendência é associar outras atividades ao trabalho comunitário – especialmente a clínica – relevando assim seu caráter de atividade complementar.

Esta inserção em instituições públicas ou na comunidade parece ser bastante problemática tanto no que se refere às dificuldades externas, relativas à falta de recursos, quanto à ausência de modelos de atuação, apontando aí para as carências de uma formação acadêmica mais voltada ao modelo clínico hegemônico.

É nesse sentido, de modelos de atuação, que este ensaio pretende contribuir. Ou seja, partindo da perspectiva das representações sociais, e enfocando a atividade profissional no contexto comunitário como uma atividade nova e, portanto, como um objeto não familiar – tanto na ótica do profissional quanto na ótica da população – procuraremos apontar para alguns aspectos que poderão colaborar na reflexão sobre o papel do psicólogo e aprofundar a discussão sobre a constituição da psicologia como campo de saber e como prática.

As representações sociais são formas de conhecimento prático constituídas na comunicação social – e, portanto, circunscritas
aos valores do grupo de pertença – que orientam a compreensão e
o domínio do mundo social e material e, dessa forma, orientam a
ação. Têm como principal função tornar familiar o que não é familiar (MOSCOVICI, 1988) pesando, na dinâmica de familiariza-
ção, dois processos complementares: a ancoragem e a objetivação. Na ancoragem, o novo é assimilado com base em modelos
preexistentes. Já a objetivação é uma operação formadora de imagens que estrutura o pensamento; é a transformação do abstrato
em algo quase concreto através da elaboração de um núcleo figurativo ao redor do qual se organiza a representação.

Pesquisas recentes realizadas a partir da perspectiva das representações sociais forneceram alguns dados relevantes para o aprofundamento da compreensão da constituição desse novo campo de
atuação. Tais pesquisas serão aqui abordadas em duas óticas complementares: a representação social dos psicólogos sobre suas
atividades e a representação social dos leigos sobre os psicólogos.

A ótica do psicólogo: a representação social dos
psicólogos sobre sua prática profissional

A dificuldade de busca de modelos alternativos para a prática
psicológica tem sido objeto de reflexão em inúmeras pesquisas
(entre elas, SILVA, 1988 e NEVES, 1989). A construção desses modelos está embasada na representação que o psicólogo tem de sua
atividade. Dois estudos recentes, um referente ao contexto italia-
no e o outro realizado em São Paulo, permitem compreender como
estas representações – elaboradas a partir de um grupo de referência comum, os psicólogos – estão estruturadas e que modelos de
atuação são daí decorrentes.

O primeiro estudo foi realizado por Palmonari (PALMONARI &
ZANI, 1989) e insere-se em uma pesquisa mais ampla sobre a estruturação do campo profissional da psicologia na Itália. A pesquisa aponta para a existência de quatro grupos distintos de psicólogos, grupos estes delineados em função de suas definições de
identidade socioprofissional. No primeiro grupo o psicólogo defi-
ne-se, essencialmente, como um *ativista político* cuja aliança é

com a população. Despreza, portanto, qualquer identificação com o papel técnico do psicólogo, considerado "perigoso" porque mistificador. No segundo grupo a psicologia é vista como uma *ciência social* cuja função é intervir na realidade social, tendo por base o referencial teórico da ciência, embora esta seja vista em uma perspectiva interdisciplinar. O terceiro grupo centra sua atividade nos *processos intraindividuais*, considerando impossível a atuação sobre a realidade social mais ampla. O psicólogo é identificado com o psicólogo clínico, possuidor de competências técnicas específicas que o distingue dos demais trabalhadores sociais. Finalmente, o quarto grupo também vê a psicologia como uma ciência do caso individual, mas adota uma perspectiva teórica única, a *psicanálise*. As condições ideais de trabalho, no caso, vêm da inserção como profissional liberal.

A pesquisa de Freitas (1986), realizada em São Paulo especificamente com psicólogos que atuavam na comunidade, identificou grupos muito semelhantes. O grupo de orientação social que, à maneira do ativista político de Palmonari, abre mão da especificidade do psicólogo passando a atuar diretamente na organização, mobilização e apoio às reivindicações da população; o grupo de orientação psicossocial que, sem abrir mão da atuação ao nível intraindividual, procura trabalhar em uma perspectiva que engloba a problemática socioeconômica da população, aproximando-se, portanto, do segundo grupo de Palmonari; e o grupo de orientação psicológica, centrado no atendimento individual e limitando-se, portanto, a transportar o modelo clínico para a população de baixa renda. Este terceiro grupo engloba, assim, o grupo clínico e psicanalítico de Palmonari.

Ao analisar o substrato das representações que sustentam os quatro modelos identificados, Palmonari desvela uma estrutura – um núcleo figurativo – que se organiza em torno de dois eixos: um referente ao objeto da atividade e o outro referente à identidade profissional e aos instrumentos de trabalho. Quanto ao objeto de trabalho, surge uma oposição entre a intervenção que privilegia o nível social e a que privilegia o nível individual. Uma estrutura binária que está presente, também, na composição dos grupos de Freitas. Quanto à identidade profissional, observou uma polarização entre a aptidão pessoal ou vocação – que não são frutos da formação acadêmica e sim do desenvolvimento pessoal –, e a competência técnica ou profissionalismo. Os dois eixos determinam quatro quadrantes onde, como pode ser visto na Figura 1, estão localizados os quatro grupos identificados na pesquisa.

Figura 1 – Representações sobre as atividades do psicólogo

Fonte: PALMONARI & ZANI, 1989: 306.

Tais formas de encarar a atividade do psicólogo não são obviamente construções aleatórias; elas estão embasadas em modelos socialmente definidos. É a ancoragem – o processo através do qual tornamos o desconhecido familiar – que permite compreender melhor a construção social destes modelos de atuação. Palmonari, ao analisar o processo de ancoragem das representações sobre a atividade do psicólogo enfoca três aspectos: a) a identificação de um protótipo de atividade social ao qual o trabalho de psicólogo pode ser comparado; b) a inserção desse protótipo no universo simbólico do grupo ao qual o sujeito pertence; c) a especificação das funções que a atividade preenche no quadro social de referência.

Quadro 1 – Fases do processo de ancoragem

	Grupo 1	Grupo 2	Grupo 3	Grupo 4
a) Identificação do protótipo	Ativista político	*Expert* interdisciplinar	Psicólogo clínico	Psicoterapeuta Psicanalista
b) Inserção do protótipo no universo simbólico compartilhado pelo grupo de pertença.	A psicologia é uma ciência, mas a ciência é uma ideologia: o uso da psicologia tem sempre um significado político.	A psicologia é uma ciência social: é necessário ter uma competência também em outras ciências sociais para poder analisar a realidade e modificá-la.	A psicologia é clínica e individual e deve se ocupar, através de suas técnicas específicas, dos problemas do indivíduo.	A verdadeira ciência do homem é a psicanálise: ela estabeleceu um método terapêutico próprio que é o único que é eficaz para se conhecer uma pessoa para aí intervir.
c) Identificação das funções que a atividade preenche no quadro social considerado.	Engajamento na luta política visando a mudança social.	Engajamento na compreensão e busca de solução para os problemas cruciais da vida social.	Ajuda técnica ao indivíduo com problemas.	Tirar o indivíduo de um estado de sofrimento.

Fonte: PALMONARI & ZANI, 1989: 307.

Como pode ser visto no Quadro 1, o protótipo, no primeiro grupo, é o ativista político; a ciência é aqui vista como ideologia, de modo que a psicologia-ciência, em sua aplicação prática, tem sempre um significado político. A atividade prioritária, consequentemente, é de engajamento na luta social, visando a mudança social.

Já no grupo dois, o protótipo é do *expert* interdisciplinar. A psicologia é uma ciência social, com caráter interdisciplinar, mas faz-se necessário o conhecimento técnico de modo a poder analisar e intervir nesta realidade. A atividade desenvolvida visa a compreensão e a definição de soluções (técnicas e/ou políticas) para os problemas sociais.

No grupo três, o protótipo é o psicólogo clínico ou o psicoterapeuta. A psicologia é essencialmente clínica e individual e deve ocupar-se com os problemas individuais, utilizando para isso técnicas psicológicas específicas: o psicodiagnóstico e a psicoterapia.

No grupo quatro, o protótipo é o psicanalista. Só a psicanálise estabelece uma técnica terapêutica eficaz para o conhecimento e para a intervenção. A atividade desenvolvida visa tirar o paciente de seu sofrimento.

Se as oportunidades de trabalho fossem irrestritas, a cada grupo corresponderia um local apropriado para o desenvolvimento de suas atividades: o grupo ativista, na comunidade; o psicossocial, na pesquisa social e, portanto, inserido em instituições de pesquisa e universidades; o grupo clínico, em consultórios e instituições de saúde mental; e o grupo psicanalista em consultórios particulares. O problema, como bem mostra a pesquisa de Freitas (1986), é que os quatro modelos – seja em função da operação de uma "consciência social" ou por causa das oportunidades restritas de trabalho – atuam inseridos diretamente na comunidade ou em instituições públicas. Nesse contexto, a adoção, ou não, de uma perspectiva social e a disposição, ou não, de buscar novas formas de atuação, definirão posturas diversas com sérias implicações para a identidade profissional destes psicólogos. A Figura 2 ilustra as possíveis posturas resultantes da interação entre o "como fazer" e "sobre o que atuar".

Figura 2 – Identidades socioprofissionais no trabalho em comunidade

Fonte: Adaptado de PALMONARI & ZANI, 1989.

Ao ser pensada no enquadre do trabalho comunitário, a postura referente a cada um desses quadrantes suscita suas próprias contradições. A postura um (identidade profissional "confusa") revela a contradição entre o discurso e a prática. Fala-se utilizando o jargão social, mas o trabalho em si é desenvolvido através das técnicas tradicionais de psicodiagnóstico/psicoterapia e é muitas vezes inadequado à realidade sociocultural da população alvo.

Na postura dois (identidade profissional "desprezada") não há especificidade no trabalho desenvolvido; o psicólogo desenvolve uma atividade que se confunde com a de outras categorias – o assistente social e o educador de saúde pública, por exemplo – ou com a de militantes de partidos políticos.

Na postura três (identidade profissional "reformulada") mantém-se a ótica intraindividual, mas procura-se desenvolver novas formas de atuação. A contradição surge em função da ótica reducionista que não consegue ver a problemática como campo socialmente estruturado.

Na postura quatro (identidade profissional "mantida") não há contradição em nível pessoal, mas é questionável a possibilidade de uma atuação neste nível, seja pelo substrato social da problemática individual, seja pela ausência da perspectiva psicologizante na população atendida, como veremos a seguir.

A ótica dos usuários: a representação social da população sobre a atividade dos psicólogos

Identificados os modelos de atuação e desvendado o núcleo figurativo das representações sociais a eles subjacentes, a reflexão sobre o papel do psicólogo na comunidade poderia ser remetida, então, à problemática da formação profissional, buscando subsídios para uma formação conscientizadora capaz de dar apoio às diferentes identidades socioprofissionais. Ou seja, procuraríamos soluções ao nível dos cursos de graduação e/ou cursos de especialização.

Os psicólogos, entretanto, não constroem sozinhos seus modelos de atuação. Os limites de sua atuação são também socialmente estruturados em função das representações que os leigos têm da psicologia. É comum, por exemplo, ouvir dos psicólogos que trabalham em ambulatórios de saúde mental ou em postos de saúde que seus respectivos diretores ou chefes de equipe esperam deles uma atuação compatível com a identidade socioprofissional tradicional: uma atuação em nível intraindividual e com o instrumental tradicional do psicodiagnóstico/psicoterapia. E, lado a lado com as expectativas geradas em função da veiculação deste modelo, é comum, ainda, o psicólogo ter de arcar com preconceitos e desconfiança face à atividade que desempenha.

O estudo de Leme e colaboradores (1989) sobre a representação social da psicologia e do psicólogo explora a metapercepção dos recém-ingressados nos cursos de psicologia sobre a visão que o público leigo tem a respeito dos psicólogos. Quase três quartos (73%) das respostas indicavam a percepção de uma valoração negativa da profissão por parte da população. Percepção esta decorrente da representação presumida a respeito da atividade desenvolvida pelos psicólogos: a desconfiança face ao *saber psicológico* (um saber menor, elitista, um charlatanismo mal disfarçado); a desconfiança face ao *fazer psicológico* (o temor da invasão da privacidade, o medo da loucura) e a desconfiança face à própria *figura do psicólogo* (um louco, um pirado).

Face ao desconhecimento do saber/fazer do psicólogo, alimentado até mesmo pela variedade de modelos de atuação apontada anteriormente, a representação dos leigos é frequentemente ancorada nas figuras mais conhecidas: o psiquiatra ou psicanalista de um lado, o padre ou conselheiro espiritual de outro.

Tal inespecificidade é agravada ao se pensar a população-alvo do trabalho comunitário, onde a própria cultura de classe se opõe à configuração do pensamento psicologizante. Essa inespecificidade do psicológico, como aponta Duarte (1988) em seu estudo sobre a vida nervosa das classes trabalhadoras urbanas, reduz o atendimento psicológico a uma mera "conversa" que – em oposição aos remédios do médico ou do psiquiatra – dificilmente é percebida como "trabalho". Assim, na ausência da representação sobre o atendimento psicológico como terapêutica centrada no discurso e nas emoções, "a ideia de conversa com hora marcada e num contexto ambulatorial parecia (para esta população) esdrúxula, pelo que raramente tinham continuidade os 'tratamentos' assim propostos".

Conclusão

São muitos e complexos, portanto, os elementos complicadores do trabalho comunitário: a representação que os psicólogos têm de seu trabalho; a representação que o público leigo tem da psicologia; a possibilidade do trabalho terapêutico de natureza intraindividual em culturas "holísticas", onde o *ethos* da individualidade – substrato necessário às teorias psicológicas – ainda não se instalou; e, quiçá, a própria possibilidade da construção de uma identidade socioprofissional única. Insistir, de um lado, em uma identidade única é cercear o crescimento, vestir a camisa de força do modelo hegemônico. Admitir, por outro lado, a existência de múltiplas identidades é aceitar a fragmentação e a possibilidade de implosão, e ser forçado a buscar um novo modelo de formação profissional. Modelo que, a partir de um núcleo comum, talvez histórico, encaminhe para especializações que respondam aos múltiplos modelos identificados nas representações que os psicólogos têm de sua atividade.

7. A FORMAÇÃO DO PSICÓLOGO PARA ATUAÇÃO EM INSTITUIÇÕES DE SAÚDE*

Discutir a formação necessária para a inserção institucional do psicólogo na área da saúde exige um momento anterior de reflexão sobre as especificidades desta prática. Reflexão esta que, necessariamente, deverá começar pelo estabelecimento de um vocabulário comum, desenvolvido a partir de uma definição mais rigorosa dos conceitos utilizados.

A primeira confusão a ser desfeita, neste sentido, é referente ao emprego do termo *instituição*. Termo este que é utilizado no nosso quotidiano profissional tanto para referirmo-nos aos sistemas de normas que estruturam um grupo social, regulam sua vida e seu funcionamento, quanto para indicar um estabelecimento, uma organização ou associação instituída para a promoção de um determinado objetivo. Ou seja, refere-se, simultaneamente, às normas que sobredeterminam as relações concretas em nível de um estabelecimento específico, digamos um hospital geral, e ao hospital propriamente dito, como organização e como localização material de práticas e relações sociais.

Vale aqui relembrar a clássica distinção feita por Lapassade (1977) entre grupos, organizações e instituições. Ao procurar entender e pensar a formação do psicólogo para a prática em instituições de saúde estamos, na verdade, buscando subsídios para sua inserção em uma organização. Entretanto, esta organização é sobredeterminada por normas mais gerais, que estão intimamente vinculadas às representações coletivas que, com o passar dos anos, atingem o estatuto de normas universais ou leis. A compreensão do processo de institucionalização destas normas, e, por-

---

* Publicado na integra nos anais da *XX Reunião Anual da Sociedade de Psicologia de Ribeirão Preto*, 23-27/10/1990.

tanto, a compreensão do pano de fundo que formata o cenário no qual se desenvolve nossa prática profissional, é obviamente um ingrediente importante para um desempenho profissional consciente e conscientizador.

É através do processo de institucionalização, como apontam Berger e Luckmann (1976), que determinadas trocas simbólicas, no processo de transmissão geracional, adquirem objetividade e a qualidade de fatos inegáveis, adquirindo a força de instituições sociais. E é como resultado da capacidade inerente a este processo de transmissão social, que as instituições adquirem força de lei através de processos paralelos de legitimação. A legitimação torna objetivamente acessível e, subjetivamente, plausível, a objetividade adquirida por tradição. E uma vez legitimada, inevitavelmente, surgem mecanismos para a manutenção da ordem estabelecida. Mecanismos voltados tanto para a internalização e justificação da instituição em pauta, como para a repressão de perspectivas diferentes que ameaçam o *status quo*. Entre estes mecanismos de repressão destacam-se a aniquilação e as terapêuticas.

A atuação do psicólogo como terapeuta é um dos mecanismos possíveis de manutenção da ordem institucional e, por isso mesmo, a compreensão dos processos de institucionalização é passo essencial na formação para a prática nas chamadas instituições de saúde. Compreensão necessária, mesmo quando o psicólogo visa apenas um trabalho voltado ao paciente, seja este um indivíduo ou um grupo.

Esta observação prende-se a um segundo nível de confusão sobre o que vem a ser um trabalho em instituições de saúde: confusão esta que se refere ao nível de atuação desejado e/ou possível. O psicólogo tem dois níveis de atuação possíveis: trabalhar com a instituição como totalidade ou trabalhar com o paciente que é cliente da instituição.

O trabalho com a instituição como totalidade visa a compreensão dos atores institucionais como constitutivos e constituídos pela trama de relações concretas que aí se estabelecem. Esta é a arena privilegiada da análise institucional que, a despeito da variedade de vertentes teóricas, tem como substrato uma perspectiva crítica de questionamento não só da eficácia da instituição, mas da própria ordem instituída. Vertente, portanto, que visa a mudança social mas que, infelizmente, é prerrogativa de poucos psicólogos. Ou seja, como prática profissional, é um instrumental possível para o pequeno número de psicólogos que atuam como consultores organizacionais, dado que dificilmente pode ser levado a cabo quando o psicólogo está imerso na trama de relações institucionais. Entretanto, como postura, como forma de manutenção de uma visão crítica, a análise institucional, em suas vertentes diversas, é uma forma de desvelamento dos determinantes de nossa prática e uma forma de ampliar nosso enfoque, incorporando na atuação profissional as relações vividas pelo conjunto dos atores institucionais.

A inserção mais comum, e portanto, o foco central da reflexão que se segue, é da prática profissional centrada no paciente/cliente da instituição em questão. Considerando, então, que a formação básica do psicólogo privilegia a atuação clínica, centrada no indivíduo e localizada no consultório, é comum a mera transferência do referencial teórico obtido na graduação, para o contexto institucional. E é neste processo de transferência acrítica que o psicólogo frequentemente serve de instrumento para a manutenção do *status quo*. E isto, no caso de ser efetivo em sua atuação, pois, muitas vezes, a mera transposição do referencial teórico para realidades sociais distintas simplesmente não surte qualquer efeito.

Desta forma, o que eu sustento, a partir de minha experiência em pesquisa e em orientação de pesquisas que versam direta ou indiretamente sobre a questão da prática psicológica em instituições, é que o trabalho em instituições requer uma expansão do referencial utilizado em dois sentidos distintos:

1) Uma expansão do referencial contextual, ou seja, a busca de dados que permitam melhor localizar o psicólogo e seu cliente na dinâmica social e/ou institucional.

2) Uma expansão do referencial teórico, no sentido de conseguir trabalhar com a alteridade, ou seja, com a perspectiva de um "outro" definido culturalmente como diferente do "eu".

O que está em pauta, no primeiro caso, é a compreensão das determinações sociais mais amplas que afetam a relação profissional do psicólogo com o seu cliente. Já no segundo caso, o que está em pauta é a aceitação de uma realidade multiforme, cuja definição, ou mesmo percepção, é fruto da pertença a uma sociedade determinada, e, dentro desta, de classes e segmentos sociais específicos.

Vejamos, então, em maior detalhe o que isto implica.

Considerando, em primeiro lugar, o *referencial contextual*, verifica-se que os dados de contexto nos remetem a duas ordens de fenômenos: a organização social mais ampla, incluindo aqui as especificidades de classe; e a realidade institucional propriamente dita.

Quanto à *organização social mais ampla*, sabemos que a saúde não é equitativamente distribuída entre as classes sociais. Tanto os indicadores sociais (a morbidade e mortalidade) quanto o acesso aos serviços (sabemos que há uma medicina de ricos e uma medicina de pobres) são diferencialmente distribuídos entre a população. Tentar, assim, entender o problema do cliente institucional sem entender a problemática social mais ampla que o transformou em cliente desta instituição específica seria certamente um disparate.

Esta foi a primeira grande angústia dos psicólogos que, por pressão do mercado de trabalho ou por convicção política, abandonaram a clínica particular e foram se inserir em instituições diversas. Na saúde, por exemplo, a primazia das carências sociais era de tal monta que inúmeros psicólogos abandonaram a perspectiva individual ou psicossocial e foram afogar suas mágoas numa perspectiva francamente sociológica. Uma experiência válida, sem dúvida alguma, e uma experiência que deixou patente a necessidade de referenciais interdisciplinares para a atuação em situações complexas. Mas uma experiência que, para muitos, foi também altamente frustrante, na medida em que viam sua especificidade como psicólogos desaparecer e sua identidade social ser estilhaçada. As inúmeras pesquisas e teses defendidas sobre a atuação do psicólogo na comunidade constituem provas contundentes deste dilema.

A essência do dilema, no caso, é "onde intervir", ou seja, qual a importância de um trabalho terapêutico quando os determinantes sociais do problema são tão hegemônicos e tão prementes. E, inevitavelmente, uma das consequências do enfrentamento deste dilema foi o abandono do trabalho clínico e a opção pelo trabalho mais político, de conscientização da população e de organização de movimentos populares de reivindicação de melhores condições de vida.

Filtrado, este primeiro momento de enfrentamento do social, pela experiência e pela maior abertura política, ficou – como herança negativa – a sensação de culpa pelo privilegiamento do individual sobre o social. Mas, como herança positiva, ficou a consciência de que este individual é moldado no social e que a compreensão desse social faz parte da compreensão mais global da dinâmica do cliente.

Mas, os dados de contexto remetem, também, à realidade da instituição onde estamos inseridos. Instituição esta que tem sua história e que é habitada por atores diversos, e é cenário, portanto, de complexas relações intra e intergrupo. Mais uma vez, ao dirigir nossa atenção à realidade institucional, emergem dois níveis de fenômenos com os quais teremos que lidar: de um lado, a instituição em sua função de aparelho ideológico; e de outro, a instituição como cultura organizacional.

Entender a instituição como aparelho ideológico remete à compreensão de sua constituição histórica. Tomemos, como exemplo, o hospital. O hospital não é apenas o lugar privilegiado de ações de cura na sociedade moderna. Ele se constitui como tal historicamente e é a perspectiva histórica que nos permite entender como os diversos atores aí se movimentam. O famoso cortejo do médico, seus alunos e pessoal de enfermagem, que até hoje caracteriza a ronda diária das enfermarias nos hospitais-escola, tem sua origem na Renascença (FOUCAULT, 1977; 1984). O hospital só pode, portanto, ser entendido a partir da compreensão das profundas mudanças sociais que levam o Estado moderno a se preocupar com a saúde da população e das mudanças ocorridas no saber médico que levam ao privilegiamento da perspectiva clínica e à eleição do hospital como cenário privilegiado para sua prática (LUZ, 1988). E, ao nos reportarmos à nossa realidade específica, aqui no Brasil, é preciso ir mais longe e entender a dinâmica político-social que gera a dicotomia hospital público/hospital privado e o sucateamento progressivo da rede pública (COHN et al., 1991).

Em contraste, entender a instituição como cultura nos leva a um nível mais micro de análise. Nos leva à busca dos rituais, dos mitos, das representações compartilhadas que sustentam a ação conjunta. Nos leva, portanto, à compreensão das semelhanças e diferenças no comportamento dos atores e, como tal, às hierarquias, chegando, portanto, à questão do poder – o grande motor das análises institucionais. Este tem sido um rico filão para os cientistas sociais preocupados com a questão institucional.

Essa é a vertente privilegiada na chamada análise institucional e um exemplo recente de reflexão nesta área é a dissertação de Rose Pompeu de Toledo, intitulada *A incorporação do social na relação terapeuta-cliente em uma instituição pública de saúde*. Nesta pesquisa, a autora procurava entender o trabalho possível do psicólogo em uma clínica escolar da Secretaria de Saúde do Município de São Paulo, a partir do confronto das expectativas das instituições envolvidas: a escola, a clínica e a família. Estudo este que constitui, sem sombra de dúvida, um avanço face à herança negativa de culpa associada à perspectiva individual, pois, sem abrir mão da especificidade do trabalho clínico, a autora procura entender suas determinações múltiplas a partir do trabalho com algumas das fontes institucionais destas determinações – no caso as famílias e a escola – e a interação destas com a clínica.

Entretanto, na defesa, os membros da banca apontaram reiteradamente para a persistência de certos viéses da perspectiva *psi*, indicativos da ausência de um trabalho de desconstrução da realidade, no sentido dado ao termo por Derrida, ou de desterritorialização, na ótica de Deleuze e Guatari. Isto nos leva a questionar a possibilidade de a psicologia incorporar, em sua prática institucional, a questão da *alteridade*; nos leva, portanto, à questão da expansão do referencial teórico.

Passando ao *referencial teórico* chegamos, na verdade, ao cerne do nosso argumento. Ao sair da relação protegida, forjada na clínica particular – onde as normas são definidas pelo psicólogo (o local de atendimento, a forma de trabalho e a própria definição de real) – e enfrentar a rede complexa de normas institucionais, o que passa a estar na berlinda é o próprio processo de construção da realidade. Como psicólogos sociais sabemos muito bem que as teorias que nos orientam na vida cotidiana são constituídas na interface dos determinantes culturais de nossa sociedade (as informações privilegiadas, as crenças, as ideologias) e das elaborações individuais desse acervo cultural. Ou seja, a matéria-prima da nossa individualidade é, essencialmente, social. Esse acervo cultural traz no seu bojo alguns elementos universais, mas têm, também, especificidades próprias a cada segmento da sociedade – frutos do processo de socialização pelo qual cada um de nós passamos. É o reconhecimento desta realidade multiforme que nos permite trabalhar a questão da *alteridade*.

E o psicólogo inserido em uma instituição defronta-se, de imediato, com a alteridade, seja no que diz respeito ao seu trabalho com o cliente – especialmente quando este vem de classes mais desprivilegiadas – seja no seu trabalho junto aos demais profissionais de saúde.

Muito já se falou sobre o trabalho *psi* com pacientes de classes populares. Há, por exemplo, uma pesquisa muito bonita sobre a questão do nervoso nas classes trabalhadoras urbanas, realizada por um antropólogo carioca, Luiz Fernando Duarte (1988). Este estudo revela um universo centrado numa perspectiva holística de sociedade, que se contrapõe e dificulta a compreensão da perspectiva individual própria à psicologia. Esta é uma vertente rica e, ultimamente, tem surgido uma diversidade de trabalhos sobre as representações sociais de diferentes aspectos do processo saúde/doença que têm por mérito apontar para esta multiplicidade de recortes possíveis da realidade, e que podem vir a enriquecer o trabalho do psicólogo na instituição.

Menos pesquisada, embora frequentemente discutida, é a alteridade face aos demais profissionais. Por exemplo, na saúde, nos anos 1980, enfatizou-se a necessidade de trabalho em equipes multidisciplinares, mas, ao passar do discurso para a prática, emergiram inúmeras barreiras, dificultando a consecução deste objetivo. O bode expiatório, no caso, passou a ser o médico, e as análises realizadas versavam frequentemente sobre o fantasma do poder médico, suas determinações históricas e os mecanismos de manutenção do poder no cenário atual.

Essas análises, embora ricas para a compreensão da dinâmica da medicina corporativa, acabaram por criar um *nós-e-eles* que imobilizava o "nós" na falta de poder. Ao contrário, a perspectiva aqui proposta de, por meio das representações, acessar a alteridade, parece ser capaz de restituir o movimento e caminhar para uma perspectiva de trabalho conjunto baseado, não mais na semelhança e, sim, na incorporação da polimorfia e da contradição.

A análise baseada na alteridade evidencia, em última instância, o recorte diverso e até mesmo incompatível, que psicólogos e médicos fazem da realidade. Os casos ilustrativos são inúmeros e já fazem parte do anedotário do psicólogo. O que está em pauta nos frequentes desencontros e incompatibilidades entre esses dois profissionais são visões de mundo contrastantes; visões essas consubstanciadas em códigos de ética cuja essência é incompatível. Para o psicólogo, assim, prevalece uma ética baseada no respeito à individualidade, até mesmo quando este requisito possa dar margem a atos prejudiciais à pessoa do paciente: por exemplo, quando se pensa o direito de tirar a própria vida. Já para o médico, a norma é ditada de fora: o que está em pauta são valores sociais (e não valores individuais), como o respeito à vida – mesmo quando o viver é intolerável, como no filme *De quem é esta vida afinal*. O que é privilegiado é um bem-estar teórico, ditado por parâmetros externos, ou um bem-estar possível, ditado pelos avanços da medicina. Essas normas, em ambos os casos, são internalizadas no decorrer da formação profissional e, de maneira geral, atuam como forças implícitas. Mas para que a convivência com a alteridade seja possível, o que é implícito tem que passar a ser explícito. A convivência com a alteridade no contexto institucional, portanto, seja ela referente ao paciente ou ao trabalho conjunto com os demais profissionais, é um contínuo jogo de desconstrução e reconstrução de representações.

Em resumo, ao se afastar da situação paradigmática delineada nos nossos cursos de graduação, de prática psicológica como profissional liberal centrada em consultório e privilegiando a esfera individual, se faz necessário expandir o referencial teórico da graduação de forma a compreender tanto o contexto – seja este a realidade social mais ampla, ou a realidade institucional – quanto a polimorfia das representações constituídas na e constituintes dessa realidade institucional. A tarefa não é fácil e, a meu ver, dificilmente poderia ser levada a cabo no contexto de um curso de graduação. Mas a necessidade de expansão do referencial e os caminhos possíveis para isto devem e podem ser apontados. Ao nível da graduação, portanto, o que parece possível é um curso optativo, voltado às necessidades de psicólogos que pretendem trabalhar em contextos institucionais. Curso este cujo objetivo seria apontar para os campos onde esta expansão se faz necessária (o processo de institucionalização, a compreensão da instituição como história e como cultura, as políticas sociais que sobredeterminam a prestação de serviços, os determinantes sociais da saúde/doença, a polimorfia das representações sociais, entre outros), apontar para as fontes bibliográficas e desenhar o cenário das organizações envolvidas. Ou seja, dar o "mapa da mina". O trabalho em si, de leitura e de busca de compreensão deste cenário complexo, só pode ser um empreendimento individual, lento e cumulativo. Processo este que pode ser apoiado através da participação em cursos de especialização externos, realizados paralelamente ou após a graduação.

Onde impera a polimorfia não pode haver regras gerais; basta a compreensão da complexidade e da diversidade e alguns subsídios para que essa busca possa ser concretizada.

8. A CONSTRUÇÃO SOCIAL DO PACIENTE INTERNADO
Uma análise psicossocial*

O objetivo deste ensaio é discutir as determinações mais amplas do atendimento que é prestado na instituição hospitalar. Abordaremos, portanto, a triangulação entre a instituição hospitalar, as expectativas que nela são depositadas pela sociedade e as necessidades dos pacientes/usuários. Triangulação esta que faz com que uma determinada instituição hospitalar emerja como uma "totalidade *sui generis*".

É óbvio, portanto, que estamos rejeitando, em princípio, a ótica que postula que a organização hospitalar emerge apenas das questões técnicas, historicamente determinadas, relativas à terapêutica médica. É óbvio, também, que estamos propondo uma visão sistêmica que exige uma ampliação do conceito de "social" de modo a incluir não apenas a cultura interna da organização hospitalar, mas também a interface entre esta organização e a sociedade como um todo. Assim, em um primeiro momento da análise, o triângulo: instituição/ paciente/ sistema social será decomposto em seus elementos constitutivos.

Examinemos, em primeiro lugar, a *instituição hospitalar*. Historicamente, dois momentos distintos contribuem para que o hospital se torne o *locus* privilegiado da doença. Em um primeiro movimento, o hospital, como nos conta Foucault (1984) em *O nascimento dos hospitais*, torna-se o epicentro da medicina científica. A partir do século XVII, a medicina, centrada no duplo eixo da anatomia e patologia, transforma o hospital no laboratório ideal para o estudo da doença. Um laboratório deveras insalubre e, portanto, destino apenas dos destituídos ou dos moribundos. Mas um laboratório que, em um segundo momento, se transformará não

---

* Publicado originalmente na *Revista de Psicologia Hospitalar*, 2(2), 1992, p. 4-8.

mais no *lugar possível* de estudo da doença, mas no *local apropriado* para seu tratamento. Esse segundo movimento se define pelo controle da insalubridade, fruto de campanhas travadas por personagens pitorescos da história da medicina como Semmelweiss – por suas observações contundentes sobre as causas da febre puerperal – e Lister, pela introdução de princípios básicos de assepsia, ambos em meados do século XIX.

Constituído, assim, como epicentro do espaço destinado à doença, a posição do hospital em nossa sociedade se consolidará a partir de então reforçada pela crescente sofisticação da tecnologia exigida pelas modernas terapêuticas. Um movimento em curva ascendente checado apenas pela equação custo/benefício com que se deparam as autoridades da saúde. Relação esta que, como veremos mais tarde, acaba, em certos casos, levando a rever o papel possível do hospital e devolvendo à comunidade o cuidado de certos tipos de pacientes.

Com esta chamada à comunidade passaremos ao segundo componente do nosso triângulo original; pois, embora a localização do hospital continue central no espaço ocupado pela doença em nossa sociedade, as características destas instituições respondem, também, às *demandas e expectativas da sociedade* como uma totalidade.

A dinâmica da inclusão/exclusão de uma diversidade de corpos doentes é o exemplo mais claro desta imbricação entre sociedade e instituição hospitalar. Basta pensar na lepra, nos hospitais de febre, na doença mental ou, mais modernamente, na Aids. Na perspectiva do estigma, aquilo que é ameaçador, seja pelo potencial de contágio ou simplesmente por contestar uma ordem estabelecida, tende a ser excluído do convívio social. A forma mais evidente dessa dinâmica é a exclusão física: os leprosários distantes, os hospitais psiquiátricos isolados fisicamente pela localização geográfica ou arquitetonicamente pelos altos muros e grades.

Mas, num movimento oposto, à exclusão se contrapõe a inclusão. Assim, a lenta humanização do tratamento aos doentes mentais abre a porta dos asilos e reintegra o louco ao convívio da comunidade. Ou, no caso de hospitais gerais, procura-se um maior contato entre o paciente e seus familiares. Por exemplo, a criança internada é pensada, hoje, também no que diz respeito às suas necessidades psicológicas, atenuando-se os efeitos da internação pela presença física da mãe ou, pelo menos, através de apoio psicológico. Diga-se de passagem que a maior abertura às interconsultas, às terapias breves e mesmo às perspectivas psicossomáticas é um indicador seguro desta imbricação entre as duas instâncias – hospital e sociedade – complementarmente acatadores ou excludentes da doença e de seus portadores.

Ainda na perspectiva da sociedade como monitora da medicina hospitalar possível, lembramos que as culturas locais são, também elas, poderosos determinantes do lugar mais ou menos central dos hospitais no espaço da doença. Por exemplo, a nuclearização da família deixa desabrigados os idosos, aumentando a demanda por serviços de geriatria. Aliena, também, a vivência da morte, entregando-a à competência da instituição hospitalar. Poucos de nós sabemos, hoje em dia, como proceder diante da morte: tamponar, preparar nossos mortos, reverenciá-los em velórios realizados na intimidade do domicílio passaram a ser tarefas pouco familiares e até mesmo ameaçadoras. Tão mais fácil deixá-los morrer no hospital, com todos os serviços complementares à mão...

Mas não só a morte... também o nascimento passou a ser um evento institucional. Pesquisando a experiência de gravidez e parto nos tempos de pós-graduação, acompanhamos com avidez o debate que se travava entre as autoridades médicas inglesas sobre o local correto de nascer. O estudo clássico de Butler e Bonham, publicado em 1963, havia apontado sérias deficiências na detecção de casos para encaminhamento para parto hospitalar. Desta forma, o objetivo de realização de 70% de partos hospitalares especificado no relatório Cranbrook de 1959 foi aumentado para 100% no relatório Peel de 1970. Entretanto, muitos estudiosos da área discordaram desta diretriz apontando que o parto hospitalar não era a única forma de diminuir os índices de mortalidade perinatal e advogando alternativas como a melhoria dos serviços de pré-natal ou mesmo, a exemplo do que ocorria na Holanda, a adoção de medidas que tornassem o parto domiciliar mais seguro. Em se tratando da Inglaterra, o debate que se travou até a aprovação de novas diretrizes desqualificando o parto domiciliar foi público. Participaram médicos com visões variadas assim como o público em geral, sendo esses debates amplamente divulgados em rádio, TV e jornais. Entretanto, apesar do debate acirrado, foi aprovado em 1980 o relatório Short, reiterando a diretriz de 100% de partos hospitalares (SPINK, 1982). Qualquer psicólogo social decodificaria estas falas apontando para a falta de argumentos científicos e, paralelamente, para a força do discurso social. Mas, desta forma, naquela época, naquele local, definiu-se parto como um risco em potencial e, portanto, uma competência da instituição hospitalar.

Mas, como apontamos anteriormente, nesta imbricação entre sociedade e instituição hospitalar – esta se outorgando direitos sobre a vida e a morte; aquela imputando responsabilidades sobre a vida e a morte – acaba pesando também uma economia de saúde pautada pelo equacionamento de custos e benefícios. Quando a pressão no caldeirão da economia interna da saúde se torna intensa demais, verifica-se a tendência a transferir certos tipos de atendimentos de volta à comunidade.

Tivemos a oportunidade de estudar esta transferência em áreas distintas na Inglaterra. Por exemplo, na questão do atendimento aos portadores de deficiência mental. Houve um primeiro momento de exclusão, com a criação de instituições especiais ou anexos em hospitais gerais para acomodar crianças portadoras de deficiência mental severa. Mas, já nos anos 1970 essa tendência inverteu-se, sendo estes indivíduos devolvidos à comunidade, seja em um esquema de lares abrigados ou através de apoio à família. Algo semelhante aconteceu no campo da doença mental com um progressivo desmantelamento dos grandes hospitais psiquiátricos sob a força conjunta de contestações sociais ao autoritarismo centralizador do Estado e de correntes mais humanistas na psiquiatria.

Nesta dinâmica de exclusão/inclusão, pesa também a perspectiva do paciente. Assim, ainda com referência à tendência "desospitalizadora" na psiquiatria, em uma pesquisa longitudinal realizada por Elizabeth Bott de forma a acompanhar o processo de abertura no tratamento aos doentes mentais, observou-se que muitos pacientes resistiam a sair do hospital. Procurando entender as estratégias utilizadas pelos pacientes para alcançar este objetivo, Bott (1990) concluiu que os pacientes que queriam ficar no hospital sabiam comportar-se de forma a demonstrar que estavam doentes, enquanto que os que queriam sair sabiam como comportar-se de forma a aparentar estarem menos doentes.

Esta observação nos leva ao terceiro termo da triangulação proposta: o *paciente*. É o paciente que, nesse cenário, aparenta ter menos poder, embora todo o complexo movimento descrito até agora o tem como ator principal. Afinal, é em função de suas necessidades, reais ou a ele imputadas, que se desenrola a complexa trama de ações e significados do qual participam sociedade e instituição hospitalar.

Mas, de certo modo, ele é ator ausente; um personagem central que raramente tem o direito de se manifestar. Afinal, sua internação decorre de um ato de renúncia; por exemplo, quando ele, ou sua família, assinam o termo de compromisso dando ao médico, à equipe ou à instituição hospitalar autoridade sobre seu corpo.

Muitos autores escreveram de forma contundente sobre a despersonalização resultante da entrada em uma instituição total, seja ela manicômio, prisão ou convento, como no título da obra de Goffman (1974). A perda de identidade é inevitável quando somos despojados de nossos símbolos de individualidade: nossa roupa, nosso *make-up* e tendo até nosso nome substituído por um número de quarto, de leito ou pelo cognome da doença que nos internou: sabem, "o rim do leito 4".

Esse processo de perda de identidade, segundo Kristina Orfali (1990), resulta da dissociação entre o doente e sua doença no momento da internação hospitalar. Na verdade, é a doença que é internada, pois, tendo como pedras angulares a anatomia e a patologia, a medicina moderna centrou seu olhar na doença – e não na saúde; no órgão doente – e não no indivíduo doente. Olhar que se distancia ainda mais face às modernas tecnologias de radiografia e ultrassonografia.

Centrada na doença, a medicina moderna – e especialmente a medicina hospitalar que tem por objeto o caso agudo e a emergência – deixa em segundo plano as noções de desconforto, dor, sofrimento psíquico. Ou seja, tudo aquilo que integra à experiência que o doente tem de sua doença. Assim, não é à toa que o paciente constrói sua experiência hospitalar como uma "ruptura biográfica".

Mas nem só nesse plano mais subjetivo é construída a experiência hospitalar do paciente. Orfali (1990) propõe, corretamente, que essa experiência implica uma construção em três planos. Em um primeiro plano, temos a relação do paciente com a sua doença. Neste plano ele quer mesmo é ser tratado como doente; como ser frágil e inseguro diante da experiência da dor; diante da insegurança e da morte. No estado extremo desse plano, na situação de emergência, ser tratado como doente é literalmente ser ajudado a sobreviver. É, portanto, uma demanda médica por excelência.

Mas, passada a urgência, emerge o segundo plano da experiência hospitalar: a relação do paciente com o sistema de cura. Nesse nível, o paciente quer ser tratado como pessoa e a estratégia utilizada para isto é relacional. De um lado há uma maior demanda de informação: os porquês do tratamento. De outro, há uma demanda de reconhecimento de sua integridade como pessoa. Aqui se localizam os subterfúgios da influência pessoal, a luta pela reconquista da identidade ameaçada.

Há, ainda, segundo Orfali, um terceiro nível de construção dessa experiência permeando a redefinição da identidade cindida. É o nível da relação com a organização hospitalar, ou mesmo com o sistema de saúde. Neste nível, o paciente quer ser tratado como cliente – se cliente ele for. Ou respeitado como usuário, isto se sua autonomia já não tiver sido minada pela *via crucis* das filas e dos maus-tratos destinados aos usuários de nossos serviços públicos.

Mas não sejamos *naïves*. A perda de poder implícita nessa dissociação entre o doente e a sua doença é relativa, pois a dor, o sofrimento, a fragilização pela doença tem também seus reflexos na organização do trabalho na instituição hospitalar.

Elliot Jacques, em artigo publicado em 1955, aplicou a noção psicanalítica de defesa contra a ansiedade à organização do trabalho, e Izabel Menzies, em pesquisa publicada em 1970, utilizou esta perspectiva na análise de uma instituição hospitalar. Convocada por um grande hospital de ensino de Londres para ajudá-los a entender a rotatividade de enfermeiras estudantes, Menzies procurou analisar os aspectos ansiogênicos imbricados na tarefa de cuidar de doentes internados e os mecanismos coletivos de defesa desenvolvidos para a defesa contra a ansiedade.

Partindo da observação de que a situação de trabalho na enfermagem suscita sentimentos muito fortes e contraditórios – tais como piedade, compaixão, amor; culpa e ansiedade; ódio e ressentimento em relação aos pacientes que fazem emergir tais sentimentos e até mesmo inveja dos cuidados oferecidos ao paciente –, Menzies procurou entender as defesas que são rotineiramente erigidas para que as enfermeiras possam dar conta da tarefa que lhes é delegada e assim fugir da ansiedade, culpa, dúvida e incerteza. Para os objetivos deste artigo, vale destacar algumas destas defesas:

1) Fragmentação do relacionamento enfermeira/paciente de tal modo que cada enfermeira executa tarefas – desempenhadas para muitos pacientes – evitando assumir o cuidado por um único paciente e ter que entrar em contato com sua subjetividade;

2) Despersonalização, categorização e negação da importância do indivíduo a partir da ética de que um paciente é igual a qualquer outro. Técnica de defesa que também pode ser lida ao reverso, pois se aplica à própria enfermeira: também ela deve ser intercambiável escondendo sua individualidade através de uniforme e comportamentos rotinizados;

3) Distanciamento e negação de sentimentos ou, em outras palavras, adesão a uma ordem moral local onde o imperativo é "aguentar firme";

4) Ritualização das tarefas rotineiras, bloqueando qualquer espaço para a tomada de decisão;

5) Redução do peso da responsabilidade através da adoção de um sistema de verificações e contraverificações e de uma rígida hierarquia de autoridade.

Tais defesas são funcionais na medida em que elas evitam a experiência de ansiedade e efetivamente poupam o indivíduo de ter que se confrontar com ela. Mas, em contrapartida, a introjeção forçada da ansiedade acaba por confundir a ansiedade realista que deriva de perigos reais com a ansiedade patológica. Inibe, também, a capacidade para o desenvolvimento pleno da habilidade de lidar efetivamente com a realidade; inibe, ainda segundo Menzies, o desenvolvimento da autocompreensão e do autoconhecimento e com isto uma certa parcela de desempenho realista.

Evidentemente, quando a discrepância entre o sistema de defesa coletivo e individual é muito grande, o desencantamento do indivíduo face à instituição torna-se inevitável. O grande número de dissertações e teses que vêm sendo produzidas nas Escolas de Enfermagem do país atesta para o questionamento que vem fervilhando pelo menos entre o pessoal de enfermagem. Teses como a de Takahashi, defendida na USP em 1991, evidenciam a necessidade de reconhecer a existência das emoções no desempenho da profissão e exploram formas menos defensivas de lidar com a expressão destas emoções. Também outras categorias se percebem vítimas e não apenas cúmplices deste sistema. Por exemplo, o estudo desenvolvido por Avelino Rodrigues (1998) procura entender o *stress* implícito no trabalho do médico e suas implicações para a prática.

Tais estudos vêm à luz do dia porque a própria instituição hospitalar, organizada como um sistema de defesas contra a ansiedade, encontra-se em crise. Crise esta gerada de certo modo pelas dificuldades econômicas enfrentadas pela saúde. Mas geradas também pelo confronto de ideologias diversas provenientes da coexistência de velhos e novos paradigmas, como a visão organicista biologizante e as perspectivas holísticas, integradoras dos aspectos bio-psico-sociais.

Mas as crises, apesar das conotações negativas do termo, podem e devem gerar mudanças. Nesse novo cenário, as construções e significados imputados à doença e à internação por parte de cada um dos integrantes do triângulo (instituição/sistema social/paciente) terão que ser consideradas: ou seja, as expectativas geradas a partir da ordem social vigente, a vivência dos profissionais da saúde e a experiência dos pacientes. A tarefa é monumental e como tal exige a complexificação do posicionamento dos atores neste cenário. A hegemonia médica terá que ceder lugar à postura interdisciplinar. Outros profissionais terão que ser chamados, não apenas para auxiliar no apoio direto ao paciente, ou mesmo aos profissionais da saúde, mas também para auxiliar na leitura desse cenário complexo.

Nesse novo cenário, é o paciente internado – e não a sua doença – que deveria ser o elemento central do complexo sistema de atendimento que emerge e que, em virtude dessa complexidade, exige monitoração ao nível interdisciplinar. A cura médica, o cuidado com os aspectos psicológicos do adoecer e da doença, a dinâmica interna da organização de trabalho e a inserção do hospital no contexto sociocultural mais amplo, formam um sistema que, para seu funcionamento, requer a contribuição direta ou indireta de médicos, enfermeiros, profissionais da saúde de áreas complementares, administradores, economistas e cientistas sociais diversos. Como psicóloga social minha tarefa é contribuir indiretamente para esta reflexão, apontando que a prática possível na área da saúde é fruto das construções sociais sobre a doença que circulam em uma determinada época e contexto e da consequente inserção do portador da doença em nossa sociedade.

9. O PSICÓLOGO E A SAÚDE MENTAL
Ressignificando a prática*

Foi com considerável estranheza que recebi o convite de José Roberto Tozoni para participar do Ciclo de Debates sobre a atuação do psicólogo que trabalha na área de saúde mental. Estranheza que logo deu impulso à curiosidade e serviu de trampolim para uma reflexão sobre certos aspectos da prática psicológica que não haviam ainda recebido a devida atenção de minha parte.

Estranheza, ainda, que se justifica em especial por duas características da minha atuação como psicóloga. A primeira destas é ser professora e pesquisadora. Ou seja, não ter experiência em clínica ou em psicodiagnóstico. Como isso é fato público e notório, só posso deduzir que o convite feito por Tozoni foi um convite para que eu discutisse a prática do psicólogo a partir da perspectiva que me é familiar: do ensino de pós-graduação e da pesquisa em saúde. A partir, portanto, do império das perguntas inconvenientes: por quê? o quê? para quem? como?

No caso específico desta palestra, a pergunta inconveniente é sem dúvida "por que saúde mental?" Pois a segunda característica da minha prática, como pesquisadora das construções sociais sobre o processo saúde/doença, tem sido questionar a propriedade da dicotomização entre o físico e o mental que pontua a expressão "saúde mental". Ao me debruçar, como pesquisadora ou na qualidade de orientadora de pesquisas de alunos, sobre uma diversidade de categorias médicas – loucura, lepra, hipertensão arterial essencial –, busco a especificidade das representações que as definem como problemas sociais que, no plano individual, são potencialmente geradores de sofrimento psíquico. Parece-me, portanto, que é essa característica de sofrimento psíquico real ou

---

* Texto apresentado no Simpósio *O psicólogo atuando na rede de saúde mental.* Ciclo de debates – A atuação do psicólogo na rede de atenção em saúde mental, C.R.P. – 6ª região, SP, 04/06/1993.

potencial, comum a todos os problemas de saúde, que define o campo de reflexão e de atuação da psicologia. É nessa perspectiva de continuidade do processo saúde/doença que posso discutir, aqui, a atuação do psicólogo no campo da saúde.

Em resumo, será parte do argumento que vou desenvolver nesta apresentação que a desconstrução da dicotomia saúde física/saúde mental e dos pressupostos que a embasam, e a adoção da categoria "sofrimento psíquico" como categoria norteadora da prática, é condição *sine qua non* para o enfrentamento dos paradoxos decorrentes da construção histórica da prática psicológica como resposta às necessidades de disciplinarização da sociedade.

Partindo destas colocações iniciais que situam o meu ponto de vista, vou me debruçar sobre a tarefa específica que me foi demandada: historiar a entrada do psicólogo no campo da saúde. Procurarei fazê-lo a partir de duas óticas complementares. Num primeiro momento situarei as raízes da prática psicológica que se esboça a partir do final do século XIX; e, num segundo momento, abordarei a situação específica da inserção do psicólogo no campo da saúde no Brasil. Procurarei, a partir deste esboço histórico, apontar alguns dos problemas emergentes, as soluções que se delineiam e a necessidade de ressignificação dos pressupostos que embasam estas práticas.

A emergência da psicologia enquanto técnica de disciplinarização

De modo a situar a especificidade das práticas psicológicas emergentes no final do século passado vou tomar como eixo norteador o papel da psicologia no processo de constituição das modernas subjetividades. Processo este que, segundo Foucault, está imbricado com o que ele denomina de "gestão das individualidades"; ou seja, com o modo de controle das pessoas através da definição e da regulação de suas individualidades (SEIGEL, 1990).

Em texto recente, Nikolas Rose (1992), autor inglês que estuda a história da psicologia e da psiquiatria, nos delicia com a reconstrução do papel da psicologia neste processo de individualização. Seguindo a tese foucaultiana, Rose argumenta que durante muito tempo a individualidade permaneceu abaixo do limiar da descrição. Foram os métodos disciplinares, produtos das necessidades de gestão decorrentes da evolução do capitalismo industrial no final do século XIX e começo do XX, que forneceram as técnicas que permitiram a descrição e subsequente controle destas individualidades.

Dito de outra forma, o capitalismo avançado, organizado a partir de instituições setoriais – a fábrica, a escola, a prisão, etc. –, impõe a necessidade de administrar um crescente número de áreas da vida humana, inclusive, ou até especialmente, o aparelho psicofísico dos seres humanos. A gestão das massas setorialmente distribuídas exigiu a criação de uma diversidade de novos instrumentos.

Exigiu, antes de mais nada, a criação de uma linguagem que possibilitasse pensar sobre e falar de um setor específico. Vale lembrar que, em termos construtivistas, a linguagem é o instrumento primordial de criação da realidade, e as ciências *psi* – a psicologia, a psiquiatria e a psicanálise –, de acordo com Rose, trouxeram duas contribuições linguísticas notáveis. Citando o autor (1992: 121),

> Estas ciências, de um lado, proveram o mecanismo para a tradução da subjetividade humana em termos das novas linguagens de gestão de escolas, prisões, fábricas, mercados de trabalho e economia. De outro lado, elas constituíram o território da subjetividade ele mesmo como objeto de uma administração racional, de tal forma que se tornou possível conceber os objetivos desejáveis – a autoridade, tranquilidade, sanidade, virtude, eficiência – como sendo passíveis de serem conseguidos através da gestão sistemática da subjetividade.

Não basta, entretanto, ser capaz de pensar ou falar sobre estes domínios. É preciso, também, poder explicitar suas condições de funcionamento em um determinado momento; poder, em suma, levantar dados e informações que permitam fazer diagnósticos. Isso implica poder evidenciar as diferenças, ou seja, poder individualizar.

Vale, aqui, fazer uma pequena digressão apontando que a subjetividade que emerge dos estudos foucaultianos é produto da intersecção de dois eixos de possibilidades: a igualdade/diferença e a identidade/alteridade. Seigel (1990), refletindo sobre esta intersecção, faz a seguinte observação:

Enquanto os *selves* são seres separados mas compostos de elementos compartilhados com outras formas de existência, a pessoa pode ser vista como composta e heterogênea; ela contém a diferença em si mesmo. Mas se o *self* é concebido em termos de pura identidade, derivando sua substância de elementos que pertencem somente a ele, então sua mesmice empurrará toda diferença para fora. As histórias de Foucault recontam todas elas a emergência de uma autoidentidade constituída pela colocação de alguns conteúdos definidos como "outro" contra o *self* e localizando-os fora do *self*. Nesta troca, uma ponte anterior de semelhança entre o *self* e as coisas que lhes são exteriores é rompida, deixando apenas a diferença como o princípio das relações entre o *self* e o outro (p. 277).

Voltando à psicologia, sua configuração enquanto ciência da individualização decorre do uso de técnicas rotineiras que respondiam às necessidades de registro e à sua organização posterior como técnicas de inscrição das diferenças. Técnicas estas que, num primeiro momento, tomam como dado a *superfície do corpo* onde a diferença, a patologia e o desvio se inscrevem e se tornam visíveis. Daí o sucesso primeiramente da "fisiognomia" e mais tarde da frenologia. Mas essas técnicas se mostraram eventualmente ineficazes, seja na tarefa de individualização de grandes grupos ou no estudo de indivíduos que não portam as marcas da patologia. Fica claro, então, que os *atributos da alma* que são responsáveis pelo sucesso ou insucesso de sujeitos institucionais não estão necessariamente inscritos na superfície do corpo.

É aqui que emerge uma das principais contribuições da psicologia ao projeto de individualização: o teste psicológico. Os testes, nas mais diversas formas de psicodiagnóstico, no dizer de Rose, são práticas de produção da diferença ordenada, especialmente quando aliados à normatização estatística. Eles efetivamente transformam a subjetividade humana em objeto passível de estudo científico.

Entretanto, as técnicas de individualização não são autoeficientes. Elas, por sí só, não governam nem disciplinam. É preciso, ainda, para que se efetue o processo de disciplinarização, que estas técnicas sejam traduzidas em ação. No caso da psicologia, esta ação se traduz tanto como assessoria sobre a forma de organizar os indivíduos, como em intervenção direta para minimizar os problemas humanos ou para maximizar a eficiência, a felicidade, o lucro, a tranquilidade, a segregação, a virtude, o bem-estar.

Ao enfatizar o papel da psicologia no processo de individualização não tenho por objetivo o mero exercício da acusação de corroboração ou de instrumentalização do controle e da dominação dos indivíduos pela sociedade. O meu objetivo foi pontuar o paradoxo inerente ao processo de subjetivação que efetivamente funda a psicologia como disciplina do individual, pois a subjetivação é tanto a busca da verdade individual quanto a internalização de uma forma de poder. Assim, para Foucault a subjetivação tem dois sentidos: ser sujeito de alguém e estar atado à sua própria identidade pela consciência ou autoconhecimento. Isto fica evidente nas diversas obras de Foucault que enfocam a constituição dos sujeitos modernos. Segundo Seigel (1990: 292) em cada uma destas obras

> uma forma de ser que continha em si a diferença e que encontrava sua relação com o mundo externo através do princípio da semelhança fora substituída por outra forma que revertia esses sinais, constituindo-se através da autoidentificação e da purificação da alteridade, e encontrando sua relação com o que estava fora apenas em termos da diferença. Foi esta tentativa de atingir a independência subjetiva que acabou sujeitando quem a experienciava à dominação pelos poderes que eles haviam internalizado em nome da liberação individual.

O que quero pontuar nesta breve descrição das determinações que tornaram possível a psicologia moderna e, neste movimento, a configuraram como técnica de individualização, é que, ao reificarmos essa história, acabamos "tomando gato por lebre". Ou seja, acabamos tomando como universal aquilo que é cultural e historicamente determinado. Esse é um aspecto que, ao sair do encastelamento da clínica privada – um mundo de iguais – e enfrentar a alteridade (já aí pensando na realidade brasileira) emerge para alguns como uma barreira intransponível e, para outros, como um desafio.

O psicólogo na saúde no Brasil: uma história em dois momentos

Passando a refletir mais especificamente sobre o caso brasileiro, penso na inserção dos psicólogos nos serviços de saúde no Brasil em geral, e mais especificamente em São Paulo, como uma história com dois movimentos. Em um primeiro momento, a prática psicológica hegemônica é a clínica, desenvolvida preferencialmente em consultórios particulares. Estamos no mundo dos iguais onde não é preciso enfrentar os paradoxos de uma subjetividade que é concomitantemente libertadora e aprisionadora. Vivemos a farsa do projeto liberador porque compartilhamos de um mesmo universo simbólico. O mundo "lá fora", como na citação anterior, é o mundo da diferença onde poucos de nós nos aventurávamos, embora, curiosamente, quem lá se aventurava parecia sair fortalecido, liberando seu potencial criativo.

Mas esse mundo, do ponto de vista dos serviços de saúde, é um mundo de pioneiros. Temos muitos deles registrados em nossa história: Mathilde Neder, que desde 1954 se embrenhou pelos corredores do Hospital das Clínicas da Faculdade de Medicina de São Paulo (NEDER, 1992), tendo sido uma das forças propulsoras da psicologia hospitalar; Maria Tereza Maldonado, que desde a década de 1970 luta para criar espaços interdisciplinares na obstetrícia; Nise da Silveira e sua contribuição aos espaços terapêuticos na doença mental; ou ainda Alberto Abib Andery que leva a psicologia à comunidade, imprimindo uma marca indelével no ensino da psicologia na PUC-SP.

Estes são alguns dos muitos que se aventuraram no mundo dos diferentes, buscando novos caminhos para a atuação psicológica. Mas são exceções, pois o *pull* conservador do ensino na graduação era grande, neste primeiro momento, não só pela tão falada hegemonia da clínica no modelo liberal, como também pelo "terrorismo" mais sutil que era exercido sobre as "mocinhas da psicologia" quando o encontro com o mundo real das instituições de saúde se tornava inevitável.

Espero sinceramente que as coisas tenham mudado desde os idos dos anos 1960, quando cursei psicologia. Mas, naquela época, lembro bem deste terrorismo sutil que marcava o mundo institucional como coisa de homens e o consultório ou a escola como coisa de mulher. Lembro, por exemplo, dos estágios no Hospital Psiquiátrico de Vila Mariana, quando uma pobre interna era escolhida para ser objeto de estudo e inquirida da forma mais vil; ou quando nos era mostrada a sessão coletiva de eletrochoque. Ora, a conclusão óbvia era que o trabalho em instituições psiquiátricas era inviável. Recordo, também, as visitas às enfermarias do Hospital das Clínicas, complementação indispensável das aulas de Fisiologia, quando nos era dada a oportunidade de ver o inusitado. Lembro particularmente do caso de um hermafrodita onde o objeto de estudo, um pobre menino assustado, jamais chegava a ser sujeito da atividade que se desenrolava a seu redor. Que espaço tinha o psicólogo nesse mundo?

Desde então, muitos fatores levaram a uma reversão neste cenário, inaugurando o segundo momento. No campo da saúde, a meu ver, três importantes transformações ocorreram entre os anos 70 e 90, que levaram à possibilidade de inclusão do psicólogo nas ações de saúde. Antes de mais nada, houve uma *ressignificação da causalidade na explicação da doença*, passando esta a ser vista como um processo e, especialmente, como um fenômeno complexo e transdisciplinar que precisa ser abordado de forma integradora englobando as dimensões bio-psico-social. A nova linguagem recortou novos ângulos de intervenção abrindo espaço para a explicação e ação de cunho psicológico. Como acontece com toda mudança de paradigma, as novas concepções penetraram vagarosa, mas inevitavelmente, e o espaço conquistado pelos pioneiros do primeiro momento alargou-se paulatinamente, por exemplo, nos hospitais.

Mas não só no nível terciário. Desde a Conferência Internacional sobre Cuidados Primários de Saúde realizada em 1978 em Alma-Ata, na então União Soviética, os chamados *cuidados primários de saúde* passam a ser enfatizados e a colocação desses cuidados ao alcance de toda a população – a chamada universalização do atendimento – passa a ser privilegiada. O documento essencial desta conferência, a Declaração de Alma-Ata, define as atividades primárias que devem compor o conceito de cuidados primários incluindo aí a educação sanitária, a assistência nutricional, o saneamento básico, a assistência materno-infantil, o planejamento familiar, as imunizações e a assistência curativa para os problemas mais comuns. A ênfase na promoção da saúde e prevenção da doença abre, portanto, uma nova dimensão: a da determinação social da doença. O social se faz presente não apenas na explicação do processo saúde/doença, como também em nível do comportamento, trazendo para a discussão a reflexão sobre a cultura de classe. O atendimento em nível primário, dependendo da aderência ao serviço e/ou ao tratamento, traz à baila a questão das representações diferenciadas sobre o que é saúde ou doença, sobre como tratar os problemas emergentes e sobre os papéis desempenhados por diferentes profissionais.

Ainda na perspectiva dos serviços, vemos a configuração de uma diversidade de movimentos para a *reintegração social dos diferentes*; movimento que se inicia, no Brasil, com o fechamento dos leprosários, dos sanatórios e culmina no presente com a luta antimanicomial. A somatória dos dois movimentos, de privilegiamento das ações básicas de saúde e da crítica à psiquiatria hospitalocêntrica, teve importantes consequências para a área de saúde mental, levando à reestruturação dos serviços de modo a incorporar as diretrizes de hierarquização. Reestruturação esta que demanda a incorporação efetiva do psicólogo nos serviços a partir das diretrizes oficializadas na conceituação das equipes multiprofissionais em saúde mental formulada em documento da Coordenadoria de Saúde Mental da Secretaria de Estado da Saúde de São Paulo em 1983.

Essas determinações mais gerais, derivadas das forças propulsoras do campo da saúde, têm sua contrapartida nas transformações que se efetuam no ensino, e especialmente no ensino universitário. Uma das consequências destas transformações é a expansão dos cursos de psicologia gerando um aumento substantivo no número de formandos, inflacionando o mercado de trabalho e levando à busca de novas formas de inserção profissional. Talvez não se trate ainda da derrocada do ideal da clínica particular; mas é um movimento que força o enfrentamento do mundo "lá fora" e que leva frequentemente, embora nem sempre, a uma real abertura à diferença que impulsiona a busca de novas formas de prestação de serviço.

Mas não é apenas a questão da relação entre tratamento e as formas de inserção do psicólogo que está em pauta. É sobretudo a reinserção, no debate, dos eixos foucaultianos de semelhança/diferença e de identidade/alteridade. A abertura à alteridade implica rever os pressupostos da prática. Implica a retomada da discussão do papel da psicologia no processo de individualização, aspecto central para a configuração das subjetividades modernas. Para concluir, portanto, gostaria de pontuar dois aspectos que, a meu ver, vêm servindo como ponta de lança no movimento que leva do "dentro"– da prática ensimesmada onde tão frequentemente o psicólogo acaba terapeutizando outro psicólogo – para o "fora" e para a reflexão inovadora que dá novas configurações à prática. Esses dois aspectos são: a inserção em diferentes níveis de atendimento e o atendimento prestado às camadas populares.

Prevenção e cura: a natureza do sofrimento psíquico

A hierarquização do atendimento e a integração profissional preconizadas como diretrizes básicas do atendimento à saúde a partir das Ações Integradas de Saúde trazem para a psicologia um grave problema. É observação corrente, como aponta Rosalina Carvalho da Silva em sua discussão sobre a formação em psicologia no livro *Psicologia e saúde* (1992), a frequente desadaptação da prática psicológica nos níveis de atendimento que requerem ações que fogem ao modelo psicoterapêutico tradicional. Diz a autora que

> por identificar a prática psicoterapêutica como sinônimo de atuação clínica é que o modelo único de atuação tem sido mantido e imposto aos diferentes níveis de atenção em saúde, sejam eles primários, secundários ou terciários. Isto é, independentemente dos tipos de serviços e de suas necessidades, a psicologia tem em geral tentado exercer um único modo de atuar através dos atendimentos psicoterápicos de seguimento contínuo e/ou prolongado. Esse modelo, em geral privilegiado na formação profissional da área clínica, pode sem dúvida estar bem adaptado ao exercício em clínicas autônomas ou mesmo nas instituições públicas de caráter ambulatorial. Porém, será inadequado e até mesmo poderá tomar o lugar de outros níveis de atuações clínicas que se mostrem necessários em hospitais, centros de saúde, etc. (p. 31).

É óbvio que esta situação reflete as características da formação recebida na graduação onde à hegemonia do modelo psicoterapêutico soma-se a falta de experiência prévia na área da saúde e a falta de clareza a respeito da natureza da tarefa a ser desenvolvida. A fala de uma psicóloga sobre sua entrada numa Unidade Básica de Saúde, embora derivada de uma pesquisa realizada em 1985 (SPINK, 1985), reflete bem esse despreparo. Dizia nossa entrevistada: "nos primeiros dias foi horrível, porque ninguém sabia o que eu vinha fazer aqui e eu também não estava sabendo bem o que eu tava fazendo aqui. Porque prática de faculdade, né, você atende o pacientizinho lá, tem acompanhamento e tal. Mesmo em consultório. Não tem nada a ver [...]. Pensei 'Ai meu Deus, o que eu vou fazer aqui'?"

A modificação dessa concepção restrita de atuação clínica exige que se faça uma reflexão sobre o significado das ações de caráter promocional ou preventivista. Isto porque, tradicionalmente, o cliente da psicologia busca o atendimento porque reconhece um estado de coisas – o sofrimento psíquico – e tem uma representação clara dos caminhos terapêuticos ou, então, chega por ter sido encaminhado por alguém que reconhece este estado. Mas, antes de reconhecer este quadro é minimamente inusitado ir buscar um atendimento psicológico. Prevenir o sofrimento através da oferta de atendimento ou promover o bem-estar psíquico implica, evidentemente, capacidade de antecipar. Isto nos leva a trilhar os pantanosos caminhos dos indicadores de risco. Ou seja, alguém define que algo é psicologicamente arriscado, *a priori*.

Fugindo dos indicadores de risco e dos perigos de normatização ou de moralização a eles associados, apoio-me no conhecimento sobre a atuação de psicólogos em hospitais vários para propor que o trabalho preventivo exige sobretudo o desvendamento dos significados pessoais que a experiência da doença, em qualquer nível, tem para um indivíduo. O hospital fornece um cenário bastante propício para esta reflexão porque é eticamente necessário não transformar um paciente incauto em sujeito de psicoterapia. A terapia breve, neste contexto, permite ressituar o trabalho do psicólogo no nível da experiência imediata, possibilitando desvelar significados e auxiliar no processo de ressignificação da experiência de adoecer.

Os caminhos da escuta psicológica nesse contexto, como demonstra a dissertação de Marília Muylaert, defendida na PUC-SP em 1992, têm se mostrado ricos para inventar novas formas de atuação que focalizam a situação de modo global e sirvam como catalisadores para a aproximação dos diferentes atores aí envolvidos. Ou seja, permitindo trabalhar não apenas a experiência individual do paciente, mas também o sistema, incluindo aí os demais atores deste cenário: médicos, paramédicos e pessoal de apoio logístico.

O universal face ao relativismo cultural: o encontro dos diferentes

Passando então ao segundo aspecto, embrenhar-se no mundo dos diferentes significa deparar-se com códigos diversos. Mas a observação nos mostra que, frequentemente, estes códigos são decifrados a partir de uma concepção universalista de aparelho psíquico com a conseqüente aplicação, também universal, de modelos terapêuticos. Mas muito já avançamos nesta esfera. Depois de um período inicial de justificativa da inadaptação do modelo pela inadequação da clientela, surgiu, a partir de meados dos anos 1980, uma série de trabalhos desmistificando esta explicação, destacando-se entre eles as obras de Benilton Bezerra e Jurandir Freire Costa.

Costa (1989), em particular, partindo de sua experiência em atendimento ambulatorial, dedica um livro à exploração da adequação da psicanálise a diferentes contextos culturais. Para este autor, "a subjetividade que muitos terapeutas têm em mente está longe de representar a totalidade dos indivíduos brasileiros. A representação da subjetividade que prevalece nas teorias psicológico-psiquiátricas espelham uma realidade sócio-historicamente datada e culturalmente circunscrita" (p. 27). Costa, com sua especial erudição, procura conciliar a variabilidade das circunstâncias culturais com a universalidade das categorias psicanalíticas. Mas, mais importante do ponto de vista desta palestra, propõe e justifica a propriedade da terapia de grupo para a clientela das camadas populares.

Concluindo, então, procurei dar dois exemplos de técnicas adaptadas à situação. Mas, mais do que a técnica, o que ambas ilustram admiravelmente é a historicidade essencial de nossos conceitos e pressupostos e a necessidade de permanente vigilância para que não transformemos os sujeitos de nossas ações e reflexões em objetos. Parafraseando Costa "é preciso que saibamos contornar os vícios do universalismo devolvendo a palavra, na prática psicoterápica, a quem de direito: o cliente" (p. 39).

PARTE III

SOBRE PRÁTICAS QUE LEGITIMAM SENTIDOS

A presença da história
no tempo curto da interação entre
usuários e profissionais da saúde

A terceira parte desta coletânea focaliza o contexto de produção de sentidos sobre os fenômenos da saúde e doença na intersecção entre o tempo longo da história e o tempo vivido das interações entre usuários e profissionais da saúde. Os textos que integram esta parte do livro são ilustrativos da adoção de uma temporalidade que veio a se tornar central na trajetória que levou à elaboração da abordagem teórica e metodológica de trabalho com práticas discursivas e produção de sentidos (SPINK, 1999).

Vivemos num mundo social que tem uma história. As linguagens sociais e as vozes que nos servem de referência foram histórica e culturalmente constituídas. Trabalhar com produção de sentido implica retomar essa linha da história de modo a entender a construção social dos repertórios linguísticos – os termos, conceitos e lugares comuns – que utilizamos no *métier* cotidiano de dar sentido ao mundo.

Buscando entender a natureza desses repertórios, adotamos uma perspectiva temporal que possibilita entender a complexidade da tarefa com que nos defrontamos quando procuramos compreender a comunicação concebida como diálogo entre uma multiplicidade de "vozes"[1]. Desde 1993[2] venho trabalhando com três "tempos": o *tempo histórico* que marca os conteúdos do imaginário social; o *tempo vivido* das linguagens sociais aprendidas pelos processos de socialização e o *tempo do aqui e agora,* marcado pelas práticas discursivas.

Tal divisão tripartite possibilitou abordar o paradoxo de enunciados que são concomitantemente estruturas-estruturadas (que possibilitam abordar as permanências que sustentam o compartilhamento de sentidos) e repertórios polissêmicos (que sustentam a singularidade dos processos de produção de sentido). Exigiu, em contrapartida, a adoção de uma perspectiva francamente transdisciplinar, fazendo interlocução com a história das mentalidades, a sociologia e a psicologia social.

---

1. Segundo Bakhtin (1994) nossos discursos são produzidos por uma voz – *the speaking personality.* Como tal, um enunciado é sempre falado ou escrito a partir de um ponto de vista. Mas esse ponto de vista é simultaneamente resultado da criatividade do ato singular (do estilo individual) e do tipo de enunciado a que pertence.

2. SPINK, 1993a. Cf. tb.SPINK & MEDRADO, 1999.

Chamei de *tempo longo* o domínio da construção social dos conteúdos culturais que formam o imaginário cultural de uma dada época. Deparamo-nos aí com as fronteiras da História das Mentalidades (BRAUDEL, 1989) que focaliza os processos de formação e de continuadas ressignificações de conceitos, e nos dão acesso aos múltiplos significados que foram historicamente depositados nos repertórios linguísticos que usamos hoje para dar sentido ao mundo. É nesse tempo que podemos nos familiarizar com os repertórios moldados pelas contingências sociais de diferentes épocas, constituindo as vozes que povoam hoje nossos enunciados.

Chamei de *tempo vivido* a formatação específica desses conteúdos históricos a partir dos processos de socialização. Entramos aqui no território que Pierre Bourdieu (1994) denomina de *habitus*: as disposições adquiridas a partir da pertença a determinados grupos sociais; a aprendizagem, no tempo de vida de cada um de nós, das inúmeras linguagens sociais próprias aos segmentos de classe, aos grupos profissionais, às faixas etárias a que pertencemos. É nessa temporalidade que se situam as vozes que povoam e animam nossas práticas discursivas.

Finalmente, chamei de *tempo curto* o foco na dialogia dos processos cotidianos de produção de sentidos. Nessa temporalidade estão concomitantemente em pauta a possibilidade da compreensão da comunicação e a construção discursiva de nossos *selves*. Esse é o momento concreto da vida social vista como atividade de caráter interativo, em que as possibilidades de combinação das vozes ativadas pela memória social de tempo longo ou tempo vivido se fazem presentes. Sendo as combinações múltiplas, deparamo-nos nesta escala de tempo com a polissemia.

Em suma, focalizando o momento da interação, encontraremos polissemia e contradição. Deparamo-nos com a natureza situada dos sentidos e com a processualidade do uso dos repertórios linguísticos de que dispomos. Deixamos emergir a possibilidade de construção de inúmeras versões do *self*. À medida que nos distanciamos teórica e empiricamente do tempo curto, adentramos pelo campo das abstrações: as tipificações de papel; as regras de discurso; as linguagens sociais.

É essa perspectiva temporal que embasa os quatro textos que integram esta parte do livro. Os textos se agrupam em dois conjuntos: o primeiro, voltado ao tempo longo da medicina, busca na história as condições de possibilidade das práticas médicas contemporâneas e suas implicações para as relações entre profissionais e pacientes; o segundo conjunto, trabalhado na intersecção do tempo vivido e tempo do aqui e agora, focaliza as especificidades das relações de complementaridade e resistência.

O primeiro conjunto engloba dois capítulos. O primeiro, Origens históricas da obstetrícia moderna, tem por objetivo entender a passagem do controle do parto das parteiras mulheres para os médicos obstetras. Para consecução deste objetivo, traça alguns marcos na evolução da medicina em duas perspectivas complementares: a da medicina social e suas aplicações como estratégias de governamentalidade, e a da medicina científica formatada nos cursos universitários e legitimada por mecanismos de fiscalização profissional. Essa evolução possibilita entender a progressiva desqualificação das mulheres do exercício oficial da cura e a legitimação dos homens da medicina no manejo do parto. Busca, mais especificamente, pontuar a contraposição de duas visões de mundo distintas no manejo do parto: uma mais associada à sensibilidade feminina, menos invasiva e mais inclusiva dos múltiplos aspectos que circundam a experiência de parto; a outra, tendendo à crescente tecnificação do parto, mais intervencionista e mais identificada com a visão de mundo masculina.

O segundo capítulo desse conjunto, intitulado A medicina e o poder de legitimação das construções sociais de igualdade e diferença – Uma reflexão sobre cidadania e gênero, aborda algumas das determinações históricas que sustentam a moderna construção social de diferença entre os sexos e que justificou, por muito tempo, a exclusão das mulheres da esfera pública e dos direitos de cidadania plena.

Busca a consecução deste objetivo focalizando o poder das teorias médicas de legitimação das diferenças baseadas em sexo em dois períodos históricos distintos. Primeiro, na Renascença, com a passagem do modelo do sexo único de tradição galênica para o modelo de dois sexos incomensuráveis. Segundo, com a medicina ovariana do final do século XIX que se constituiu como importante fundamento da construção moderna da mulher como um ser frágil.

O segundo conjunto, que também integra dois capítulos, tem por foco as relações entre profissionais da saúde e os usuários de serviços de saúde. Embora centrado no tempo curto da interação, trabalha mais precisamente na intersecção entre tempo vivido e esse tempo curto.

Fugindo da perspectiva interacionista dominante nos estudos sobre a relação médico-paciente, o capítulo intitulado A relação médico-paciente como ordem negociada examina a dinâmica que aí se estabelece a partir das posições objetivas que os diversos atores ocupam no campo de práticas da saúde. Portanto, toma como ponto de partida as relações de força que aí se estabelecem.

Propondo que a relação entre médicos e pacientes emerge como parte de uma complexa relação de concorrência entre sistemas de pensamento conflituosos, explora a diversidade de posições possíveis tanto na ótica dos médicos como dos pacientes. Na ótica dos médicos, utiliza a luta concorrencial entre médicos regulares e médicos alternativos nos Estados Unidos do final do século XIX como ilustração da luta pelo monopólio do exercício legítimo da medicina. Na ótica dos pacientes, apoia-se em estudos da antropologia brasileira para ilustrar a diversidade de sistemas explicativos da saúde e doença e as consequências dessa polissemia na busca de serviços de saúde e na adesão ao tratamento.

Tendo em vista a diversidade de modos de explicação e de sistemas alternativos de cura, propõe-se que a relação que se estabelece entre médicos (ou curandeiros) e seus pacientes (ou clientes) é mais bem compreendida quando vista como um processo continuado de negociação: ou seja, como uma "ordem negociada" – termo cunhado por Anselm Strauss (1963) em seu estudo clássico sobre o hospital psiquiátrico.

Finalmente, o capítulo intitulado Os sentidos de ser voluntário – Uma reflexão sobre a complexidade dos ensaios terapêuticos na perspectiva da psicologia social, examina três conjuntos de dimensões que se fazem presentes nos ensaios clínicos de novos medicamentos e que servem de contexto para entender os sentidos possíveis de "ser voluntário" nesses ensaios. A primeira dimensão concerne aos macrofatores, com destaque dado à lógica de mercado que embasa as decisões de pesquisa na indústria farmacêutica; o *ethos* de pesquisa na área biomédica e a centralidade da mídia no estabelecimento de diálogo entre os diversos atores sociais envolvidos nesses ensaios.

A segunda dimensão aborda a interlocução, central ao processo de teste de medicamentos, que se estabelece entre a indústria farmacêutica e as entidades da sociedade civil – tanto as que regulam a pesquisa na área biomédica como as que advogam pelos direitos de voluntários e pacientes. Já a terceira dimensão, mais voltada ao tempo curto do cotidiano da pesquisa, triangula os pesquisadores, os clínicos responsáveis pela conduta terapêutica e os voluntários. Muito embora o foco da psicologia social seja justamente esse cotidiano dos ensaios clínicos, incluindo aí a relação entre pesquisadores e voluntários, a sensibilidade às dimensões contextuais – os fatores do nível macro e os atores intermediários – constitui apoio imprescindível para a compreensão das práticas aí delineadas.

10. AS ORIGENS HISTÓRICAS DA OBSTETRÍCIA MODERNA*

O nascimento de uma criança é essencialmente um ato cultural: um processo fisiológico inserido num contexto de crenças e costumes. Há, portanto, variações consideráveis na formatação dos diferentes aspectos do processo reprodutivo, como mostram os estudos antropológicos sobre reprodução. Mead e Newton (1967), referindo-se às diferenças culturais nos padrões de comportamento perinatal em uma diversidade de formações culturais, abarcando desde sociedades tribais às práticas modernas adotadas nos Estados Unidos, concluíram que:

> As crenças sobre o comportamento na gravidez, parto e puerpério parecem ser características de todas as culturas. Padrões culturais regulam aspectos centrais como a nutrição na gravidez, o tipo de ajuda prestada à gestante desde a concepção até o desmame, e o espaçamento de filhos. A cultura influi também nas sequências menores de comportamento que poderão ter importantes consequências para a saúde, tal como os métodos de cortar o cordão umbilical ou a ingestão de certas drogas durante a gravidez. A existência de padrões culturais pode também ser verificada nas atitudes e nos modos de pensar sobre todos os aspectos de gestação e parto. Por exemplo, se o parto é rotineiramente acelerado ou se tendem a prevalecer métodos *laisser-faire* dependerá, em parte, das crenças culturalmente determinadas dos atendentes (p. 147).

Apesar da diversidade de padrões de comportamento reprodutivo nas diferentes sociedades, o parto raramente ocorre de maneira isolada. A mulher em trabalho de parto normalmente tem um ou mais acompanhantes que são frequentemente do sexo femini-

---

* Cap. 1 da Tese de doutorado: *Experiences of First Pregnancy and use of Antenatal Services in São Paulo, Brazil*. Department of Social Psychology, The London School of Economics and Political Science, Universidade de Londres, 1982.

no. Isto se aplica aos relatos de partos nas civilizações antigas, nas sociedades tribais e nas sociedades ocidentais pré-industriais. Os pesquisadores da história da reprodução tendem a concordar que, tradicionalmente, o parto, a contracepção e o aborto têm sido um "assunto de mulher". Entretanto, esta tendência a considerar a administração do comportamento reprodutivo como parte do papel feminino em diferentes momentos históricos e em grupos sociais diversificados é avaliada como sendo mais ou menos reacionária, dependendo da orientação masculina do pesquisador ou da pesquisadora. Duas citações ilustram esses valores contrastantes; a primeira deriva do trabalho de Oakley (1976) sobre as mudanças ocorridas nas práticas de parto; a segunda, do trabalho de Bonser (1963) sobre a história da medicina na Grã-Bretanha:

> Na maioria das culturas do mundo e através de quase toda a história, são as mulheres que controlaram suas próprias funções reprodutivas. Ou seja, a administração da reprodução tende a ter sido restrita às mulheres e considerada parte do papel feminino. O conhecimento sobre anatomia, fisiologia, farmacologia e técnicas de parto então existentes eram investidos nas mulheres como um grupo. Tal controle é normalmente informal, frequentemente invisível e encoberto. Opera por meio de um sistema de ajuda mútua cooperativa, e com um corpo de conhecimentos, práticas e crenças que é transmitido de uma geração de mulheres para outra (OAKLEY, 1976: 19).

> Há evidências abundantes nos textos de Hipócrates, Soranus e Celsus, diz Findley, de que os médicos da Antiguidade auxiliavam as parteiras em casos difíceis, particularmente quando uma cirurgia fazia-se necessária. Mas do século XIII até o XVI a obstetrícia era objeto de preocupação da parteira e não do médico. Diz-se que a razão para isto era basicamente a modéstia feminina e que apenas quando um grau suficientemente elevado de civilização é alcançado – como é o caso da Atenas Clássica, ou em certas épocas em Roma e ora ou outra nos tempos modernos – é que esta dificuldade tende a ser superada e justiça é feita às mulheres nesta área (BONSER, 1963: 264).

Ocasionalmente os homens são envolvidos no nascimento de uma criança, em seu papel de marido ou como "experts" que intervém em partos difíceis. Exemplos de intervenção por parte dos "experts" podem ser encontrados em várias sociedades – e não apenas nas que atingiam um grau elevado de civilização como sugere Bonser – tal como a intervenção do Xamã entre os índios Cunas do Panamá, que canta para ajudar a expulsão do feto (LEVY-STRAUSS apud CITIZEN, 1980). Mas, historicamente, o parto normal tende a ter sido campo de atuação das mulheres.

Nas sociedades ocidentais, o controle quase exclusivo das atividades de parteira pelas mulheres continuou até o fim do século XIX e o processo por meio do qual o controle da administração do parto foi transferido da parteira leiga aos médicos é central para a compreensão dos valores e atitudes que cercam as práticas obstétricas modernas. A primeira parte deste capítulo procurará, portanto, delinear os desenvolvimentos mais importantes da prática médica que influenciaram a evolução da obstetrícia moderna. A segunda parte focalizará mais especificamente o processo de legitimação dos homens no manejo do parto e a consequente transferência de seu controle da parteira para o obstetra. Na conclusão deste capítulo serão consideradas algumas implicações da passagem do controle das parteiras leigas para os obstetras.

A ascensão da medicina como profissão

Nas sociedades ocidentais, até o século XI, a cura pertencia basicamente à esfera de ação de leigos cujas práticas estavam fundamentadas em comportamentos ritualísticos e em um profundo conhecimento das propriedades curativas das plantas. Entre os curandeiros leigos havia uma predominância de mulheres (LEESON & GRAY, 1978: 20). Entre os séculos XI e XIII, como resultado dos contatos com a civilização árabe engendrado pelas cruzadas, houve, na Europa, um renascimento do interesse pela medicina clássica. A prática médica, embora ainda aberta a todos, se torna progressivamente condicionada à obtenção de licenças que só podiam ser obtidas por meio da educação universitária[1]. No século XIII o processo de profissionalização[2] avançou mais um passo com o desenvolvimento das corporações de cirurgiões-barbeiros e apotecários que começaram a excluir aqueles que não possuíam licenças para praticar. Este foi o primeiro estágio da desqualifica-

---

1. Que começam a ser estruturadas já no século XII (LE GOFF, 1988).

2. De acordo com Leeson e Gray (1978) a profissionalização é a "conversão de uma habilidade humana comum que qualquer pessoa com experiência pode desenvolver, em um ofício exclusivo a ser praticado apenas por um grupo restrito de iniciados" (p. 21).

ção das mulheres do exercício oficial da cura já que não tinham acesso fácil às universidades e às corporações e não podiam, consequentemente, obter estas licenças (EHRENREICH & ENGLISH, 1973a; OAKLEY, 1976).

Este primeiro estágio de profissionalização, entretanto, afetou apenas um pequeno segmento da sociedade: as classes abastadas urbanas. A maioria da população dependia das habilidades das curandeiras, predominantemente mulheres, cujas atividades contrastavam consideravelmente com as práticas dos médicos treinados na universidade. Estes recebiam uma educação clássica e, enquanto estudantes, raramente tinham a oportunidade de atenderem pacientes. Já as curandeiras tinham uma formação empírica baseada no acúmulo de conhecimentos obtidos por meio de ensaio e erro e transferidos por meio das redes informais. Os médicos trabalhavam dentro do sistema de crenças e valores da Igreja Católica enquanto que as curandeiras trabalhavam quase que em oposição à Igreja: elas usavam mágica e amuletos que, embora tendo o mesmo grau de eficiência que as preces, não estavam sob o controle da Igreja. Ademais, sua atitude em relação às questões reprodutivas era intervencionista, uma vez que ajudavam a obter abortos, davam conselhos sobre métodos anticoncepcionais e tinham meios de aliviar a dor no parto, estando, portanto, em oposição à postura da Igreja que pregava, na época, a aceitação passiva da doença como expiação dos pecados, e das dores do parto como expiação do pecado original (argumento que, segundo Harvey Williams, 1932, foi utilizado até o final do século XIX para justificar a oposição ao uso de éter no parto).

As caças às bruxas, ocorridas entre os séculos XIV e XVII, contribuíram para a erosão do papel do curandeiro e o aceleramento da legitimação do médico formado pela universidade. As teorias sobre essas caças às bruxas são numerosas e as análises retrospectivas – resenhadas, por exemplo, por Oakley (1976) – deixam muitas perguntas sem respostas. As caças às bruxas resultaram em um enorme número de mortes. De acordo com Ehrenreich e English (1973a), houve uma média estimada de seiscentas execuções por ano em algumas cidades alemãs. Na Grã-Bretanha, entre 1479 (ano da primeira execução) e 1735 (quando as leis foram repelidas), morreram cerca de trinta mil pessoas (LEESON & GREY, 1978). Cerca de 85% das pessoas executadas por bruxaria eram mulheres, muitas das quais curandeiras. Tudo leva a crer que as curandeiras, e entre elas as parteiras, foram alvos específicos de perseguição, como fica explícito na análise de textos sobre caças às bruxas tais como o *Malleus Malleficarium*.

É difícil aceitar a interpretação de que as caças às bruxas eram meramente casos de histeria coletiva; sua extensão e duração e o aparelho administrativo empenhado nessa atividade parecem estar mais de acordo com interpretações centradas na consolidação do poder da Igreja e do Estado e na repressão de revoltas camponesas. É interessante observar, por exemplo, seguindo Oakley, que a mulher-parteira-bruxa-curandeira desafiava as três hierarquias medievais: a soberania da Igreja em relação à laicidade; do homem sobre a mulher e do senhor feudal sobre o camponês (OAKLEY, 1976).

Sejam quais forem as causas, a perseguição às curandeiras contribuiu para a consolidação da profissão médica propiciando a associação resultante entre os médicos e a Igreja. Em primeiro lugar, a prática da medicina era sujeita a um controle estrito por parte da Igreja a ponto de os médicos treinados em universidades não poderem praticar sem antes chamar um padre para auxiliá-los e aconselhá-los, e nem tratar de pacientes que recusavam a confissão. Tomando a Grã-Bretanha como exemplo, tal conluio tornou-se mais explícito por ocasião da promulgação da lei da prática médica (*Medical Act*) de 1512 que colocou a fiscalização da competência médica como responsabilidade das autoridades eclesiásticas. Além do mais, durante as caças às bruxas, a Igreja legitimou explicitamente a profissão médica na medida em que investiu seus membros no papel de especialistas nos julgamentos de feitiçaria. Ou seja, nesta primeira etapa do desenvolvimento da medicina como profissão, dois pré-requisitos essenciais de profissionalização passaram a ser operantes: a exclusividade do corpo de saber (dada à exigência de treinamento universitário ou associação em corporações) e a legitimação desse controle pela elite.

Entretanto, não há qualquer indicação de que os médicos eram mais eficazes que os curandeiros leigos; é até provável que o reverso tenha sido verdadeiro. A medicina formal, tal como praticada na época, era teológica e não empírica: sua prática era quase que totalmente baseada na obra de Galeno. Os curandeiros leigos, em contraste, possuíam um vasto conhecimento de medicina herbanária e de terapêuticas tradicionais testadas ao longo dos anos por meio de ensaio e erro; sua superioridade terapêutica foi amplamente documentada na literatura medieval. É possível contrastar essas abordagens distintas por meio de exemplos derivados de um contexto mais moderno. É o caso dos Estados Unidos da América na década de 1830, quando os dois modelos, a "medicina heroica", empregada pelos médicos regulares (sangramento, uso de calomel e tônicos de arsênico), e os movimentos de saúde popular (a abordagem naturalista de THOMPSON & GRAHAM) competiam abertamente pelo monopólio da saúde (EHRENREICH & ENGLISH, 1979).

Retomando a narrativa histórica, houve, na verdade, um atraso surpreendente no desenvolvimento da prática médica; demora esta que não pode ser totalmente explicada pelo poder exercido pela Igreja sobre a prática médica, dado que, no final do século XVII, o poder da Igreja na Europa já havia diminuído consideravelmente. Nesse período houve avanços consideráveis nas áreas de patologia, anatomia e fisiologia, entre eles: a descrição do sistema sanguíneo por Harvey em 1628, a invenção do microscópio por Leeuwehoek em 1673; a descrição do sistema muscular por Cowper em 1694 e os estudos de Morgagni sobre a pneumonia, a meningite e outras doenças realizados em 1761. Entretanto, com exceção da descoberta da vacina contra o sarampo por Jenner (em 1798), poucas medidas profiláticas efetivas haviam sido desenvolvidas. Essa lenta assimilação das descobertas médicas durante o período anterior à Revolução Industrial contrastada com a súbita explosão de descobertas e desenvolvimento do saber médico a partir da segunda metade do século XIX pode melhor ser compreendida quando analisadas à luz das transformações sociais engendradas pelo capitalismo industrial (SINGER et al., 1978).

O processo de urbanização e proletarização que acompanhou a Revolução Industrial teve lugar em condições extremamente adversas do ponto de vista da saúde. A pobreza, a urbanização em larga escala na ausência de uma infraestrutura adequada de moradia e serviços sanitários, e as chocantes condições de trabalho nas fábricas e nas minas de carvão constituíam campo fértil para as epidemias que afetavam não apenas as classes operárias como também as classes mais abastadas. Além do mais, as condições insalubres enfraqueciam as classes trabalhadoras, afetando assim a produtividade, e constituíam bases potenciais de propagação para ideias revolucionárias que ameaçavam o *status quo* político.

Os problemas eram urgentes. A demanda de uma força de trabalho saudável capaz de alta produtividade; as altas taxas de mortalidade; a necessidade de controlar surtos endêmicos – tal como a epidemia de cólera na década de 1830 – e a necessidade de controlar a disseminação das doenças infecciosas que proliferaram com a urbanização em larga escala devem ter fornecido poderosas motivações para a pesquisa médica. E os resultados foram impressionantes: a descoberta da bacteriologia por Pasteur e Koch; o trabalho de Lister na área da assepsia e a descoberta do éter, por Simpson, como anestésico eficiente em cirurgia, para mencionar apenas algumas destas descobertas, abriram caminho para um novo estilo de prática médica.

Com essa nova medicina científica os médicos foram transformados em peritos em questões de saúde. Suas ações não eram mais questionadas, pois estavam embasadas em fatos científicos. A ciência, ou seja, os fatos derivados de pesquisa laboratorial, tornou-se o meio derradeiro para desacreditar perante o público as atividades dos curandeiros. Assim, enquanto os desenvolvimentos sociais do século XIII haviam sido instrumentais na legitimação dos homens-médicos, as realizações científicas do século XIX lhes deram credibilidade.

O impacto da medicina científica no cenário médico e seu papel na erradicação das atividades de leigas de cura da prática legalizada é, talvez, mais aparente nos Estados Unidos da América, onde, durante o século XIX, os movimentos de saúde popular desafiaram seriamente o monopólio na área da saúde. As lutas travadas entre médicos "regulares" e "irregulares" e a ascensão dos peritos na nova era da ciência foi vividamente descrita, entre outros, por Ehrenreich e English (1979).

No contexto europeu, foi a transformação da saúde pública em problema político, levando ao desenvolvimento dos serviços sociais modernos, que deu aos médicos os meios para exercerem o monopólio da saúde em larga escala. No entanto, para compreender essa extrapolação da influência médica da arena individual para a arena da saúde pública, torna-se necessário retroceder ao mercantilismo, o capitalismo comercial do século XVI ao XVIII, e ao desenvolvimento da noção de Estado como o representante legítimo do povo de uma nação.

O poder das novas nações dependia, fundamentalmente, de "números": eram necessárias pessoas para produzir os bens que promoveriam o comércio e para possibilitar a formação de exércitos poderosos. Era necessário, portanto, conhecer o número real dos membros ativos da população e criar condições favoráveis ao aumento desses números. Consequentemente começou-se a compilação de estatísticas vitais em vários países europeus e a adoção de uma série de medidas sanitárias profiláticas, dado que a correlação entre sujeira e doença já era conhecida, como ilustra o levantamento sobre doença feita por Haygarth em Chester, em 1774 (apud BRIGGS, 1978).

Até o final do século XVIII a ideologia mercantilista havia sido operacionalizada em um grande número de medidas de saúde pública que possibilitaram uma reversão das taxas de mortalidade, gerando esperanças de uma continuidade da tendência à melhoria. Embora a prática médica não evidenciasse grandes progressos, tendo sido desenvolvidas poucas medidas profiláticas efetivas, o papel potencial da medicina na tarefa política de erradicação dos problemas de saúde associados à pobreza já vinha sendo explorado, por exemplo, nas noções desenvolvidas por Thomas Rau em 1764 na Alemanha e colocadas em prática por Johan Peter Frank.

A Revolução Francesa representou mais um marco importante no processo de legitimação do papel social da medicina. A preocupação ideológica com a erradicação da doença, sintetizado no axioma "uma sociedade saudável deve ter cidadãos saudáveis", levou à preocupação com o papel da medicina. Várias propostas de reforma da profissão e das instituições que prestavam atenção à saúde, como os hospitais, foram propostas neste período (ROSEN 1983; DONNANGELO, 1976).

Com a Revolução Industrial e a explosão demográfica do começo do século XIX, as esperanças de continuada melhoria na saúde da população, geradas pelos sucessos obtidos no século anterior, foram destruídas. As taxas de mortalidade nas áreas urbanas aumentaram vertiginosamente e as doenças infecciosas corriam soltas. As estatísticas, cada vez mais utilizadas para a identificação e investigação dos problemas sociais, passaram a ser usadas para incitar a opinião pública. Publicações – como o estudo de Kay sobre as condições de vida das classes operárias em 1832; o de Villerme sobre a saúde dos trabalhadores da indústria têxtil na

França, em 1841; e o estudo clássico de Chadwick sobre as condições sanitárias da população operária na Grã-Bretanha, realizado em 1842 – influenciaram o desenvolvimento da legislação trabalhista. Tais estudos tornaram impossível ignorar as realidades da sujeira, da doença e das condições de trabalho e tornaram premente criar, no cenário urbano-industrial, um estilo de vida que possibilitasse conciliar pobreza com a higiene e temperança necessárias para o "bom funcionamento social".

Essa tarefa, entretanto, era incompatível com o espírito competitivo inerente ao capitalismo industrial; prover melhores condições de trabalho para os operários implicava elevação dos custos e uma possível queda na produtividade – um risco alto para qualquer empresário. A solução, portanto, só poderia vir por meio da intervenção de Estado e, consequentemente, em vários países europeus, foram introduzidas leis para o controle das condições de trabalho, proteção de mulheres e crianças e adoção de medidas sanitárias. O Estado, assim, tornou-se explicitamente responsável pela reprodução da força de trabalho (SINGER et al., 1978).

A passagem da ação individual voluntária à intervenção estatal não foi pacífica, como fica evidenciado, no caso da Grã-Bretanha, pelas lutas políticas de Chadwick para o desenvolvimento da legislação sobre saneamento (BRIGGS, s/d.). Entretanto, uma vez que a saúde pública tornou-se uma tarefa política e o Estado assumiu o direito de impor regras de comportamento aos indivíduos de modo a preservar a saúde da população, o próximo passo passou a ser a entrega do poder decisório na área da saúde aos peritos em saúde. Não é surpreendente, assim, que na arena política da Grã-Bretanha, Chadwick ("o último grande amador", de acordo com Briggs), tenha sido sucedido por Simon, médico e respeitável professor de Patologia do Hospital Saint Thomas em Londres.

Dessa maneira, o processo de legitimação do médico treinado em universidade chega a seu apogeu: as descobertas médicas do século XIX forneceram os fundamentos científicos para os novos especialistas, e os desenvolvimentos sociopolíticos possibilitaram a expansão de sua esfera de influência do plano individual para a arena pública. Uma vez que o público, de maneira geral, passou a reconhecer o médico como o especialista na área da saúde, as demandas por serviços médicos tenderam a crescer. As classes trabalhadoras que até então, por falta de poder aquisitivo, não recorriam aos serviços médicos, passaram a pleitear o direito de acesso a esta nova medicina.

As demandas da classe operária cada vez mais organizada e a necessidade de assegurar a lealdade ao Estado face à ameaça de ideologias alternativas[3] levaram a concessões governamentais visando saúde para todos. Vários países europeus, a começar pela Alemanha em 1883, introduziram legislação sobre a provisão de serviços de saúde. Inicialmente esses serviços se limitaram a benefícios sociais restritos à população trabalhadora, mas logo passaram a ser incorporados em serviços nacionais de saúde extensivos à população como um todo[4].

Eventualmente, o próprio conceito de saúde sofreu transformação. Na medida em que as doenças infecciosas – que foram a praga do século XIX – passaram a ser controladas, outras causas de morbidade passaram a sobressair, entre elas as doenças crônicas e degenerativas e as doenças psicossomáticas. Embora a etiologia dessas "novas doenças" fosse em grande parte desconhecida, elas foram muitas vezes associadas a fatores relacionados ao estilo de vida. Dessa maneira, na perspectiva da medicina social, a associação causal relevante com a doença passou a ser o *stress* social e psicológico e não mais a relação entre sujeira e doença. Consequentemente as prescrições médicas progressivamente se ampliaram de modo a englobar todos os aspectos da vida do indivíduo:

> Na medida em que a investigação epidemiológica indica, por exemplo, que a incidência de doenças cardiovasculares é função do "modo de vida" que os indivíduos levam, não é de se espantar que os SS procurem prescrever a dieta, o montante de atividade física, sexual, lúdica e o tipo de inter-relacionamento pessoal que cada um deve manter para prevenir este tipo de mal. Nada mais parece escapar do domínio médico na medida em que as enfermidades são resultados de todo um processo vital, que, em sua essência, é patogênico (SINGER et al., 1978: 64).

O resultado foi uma expansão contínua do campo de ação da medicina, de modo a englobar não apenas os novos problemas fí-

---

3. Cf. Singer et al. (1978), para uma discussão mais completa destes aspectos.

4. Para uma discussão mais completa sobre o desenvolvimento do Sistema Nacional de Saúde na Grã-Bretanha cf., por exemplo, Briggs (1978).

sicos, detectados por meio de técnicas de diagnóstico crescentemente sofisticadas, como também um número cada vez maior de problemas de ajuste social. A influência médica, consequentemente, invadiu um número crescente de áreas da vida do indivíduo – desde sua concepção até sua morte –, um processo denominado por Illych de "medicalização da vida":

> A vida fica resumida assim a uma distribuição, a um fenômeno estatístico que, para melhor ou pior, deve ser institucionalmente planejado e moldado. Este ciclo de vida começa a existir no atendimento pré-natal, quando o médico decide se, e como, o feto deverá nascer, e terminará como uma anotação num prontuário dando a ordem para suspender a ressuscitação (ILLYCH, 1977: 87).

É dentro desta perspectiva – de restrição da prática médica a uns poucos que preenchem determinados critérios de treinamento; de expansão progressiva do campo de ação da medicina da arena individual para a arena pública e de invasão de um número crescente de áreas de vida do indivíduo – que será analisado o desenvolvimento da obstetrícia moderna.

Origens históricas da obstetrícia moderna

A obstetrícia continuou sendo uma atividade predominantemente feminina até o final do século XIX. Desde então, embora em muitos países as parteiras tenham sobrevivido profissionalmente, elas perderam o controle[5] da administração do parto. Esta "tomada de poder" do controle por parte dos médicos "regulares" (os médicos com treinamento reconhecido oficialmente) é um aspecto central para a compreensão da evolução dos valores e práticas que caracterizam a obstetrícia moderna.

Embora cada país tenha sua própria história do parto, há suficientes semelhanças nos desenvolvimentos mais importantes das práticas obstétricas nas sociedades ocidentais – determinada pela difusão das inovações no campo da obstetrícia na comunidade científica – para justificar focalizar um caso em particular. A discussão

---

5. Oakley (1976) coloca duas condições para o exercício de controle por parte de um determinado grupo ocupacional: que ele tenha comando exclusivo dos recursos relevantes e que a sua prática seja legitimada pela sociedade como um todo (p. 22).

que segue, portanto, será centrada no desenvolvimento das práticas obstétricas na Grã-Bretanha, com referências ocasionais aos desenvolvimentos específicos em outros contextos culturais.

A participação masculina no atendimento ao parto

Na Grã-Bretanha, como em outros países europeus, a exclusão progressiva das mulheres das atividades profissionais de cura (em consequência da dificuldade de obter treinamento médico) assim como das atividades leigas de cura (quando as curandeiras passaram a ser caracterizadas como ignorantes, supersticiosas ou simplesmente malvadas) não afetou, inicialmente, seu papel como atendente no parto. Entretanto, talvez devido à modéstia ou até mesmo ao medo de contaminação associado aos estilos intervencionistas, o parto permaneceria, durante vários séculos, como um problema feminino.

Conforme apontamos anteriormente, as parteiras haviam sido alvo dos inquisidores nos episódios de caça às bruxas. Do ponto de vista da Igreja, sua presença num momento em que a criança, ainda não batizada, era particularmente vulnerável, seu papel na facilitação de abortos e seu conhecimento de métodos anticoncepcionais tornavam-nas especialmente propensas às acusações de bruxaria:

> A maior injúria à Fé, em relação à heresia das bruxas, provém das parteiras e isto se torna mais claro que o próprio dia nas confissões de algumas que mais tarde foram queimadas (*Malleus Malleficarum*, apud EHRENREICH & ENGLISH, 1979).
>
> As parteiras e curandeiras que são bruxas têm o hábito de oferecer a Satã as criancinhas que partejam, e depois as matam, antes que tenham sido batizadas, enfiando uma grande agulha em seus cérebros. Há algumas que confessaram ter matado mais de quarenta criancinhas dessa maneira. Elas fazem ainda pior; pois elas as matam enquanto ainda estão no útero de suas mães (HENRY BOGNET, 1590, apud OAKLEY, 1976).

A autoridade da Igreja ficava também ameaçada pelo papel da magia no parto. As práticas medievais de parto consistiam em um misto de conhecimentos práticos – tais como o uso de *ergot* para acelerar as contrações ou de penas para provocar espirros no caso de placentas retidas – e de apoio emocional face ao medo da dor e da possibilidade de morte. Dada a ignorância relativa sobre os mecanismos do parto e a ausência de técnicas de intervenção nas dificuldades do parto, grande parte deste apoio dependia de encantamentos e magias. A magia, entretanto – como apontam Wertz e Wertz (1977) –, é por definição ímpia: compete com "a função espiritual da Igreja na salvação e lança dúvidas sobre o controle supremo de Deus sobre os eventos mundanos" (p. 23). A solução, portanto, foi impor controles mais rigorosos para a prática da obstetrícia por meio da introdução de licenças emitidas pela Igreja que constituíam certificados de "Boa Fé" mais do que de competência.

Na Grã-Bretanha, a participação masculina no parto data do século XIII, quando surgiram as corporações de cirurgiões-barbeiros que se reservavam o direito de uso exclusivo de instrumentos cirúrgicos. Os cirurgiões-barbeiros eram chamados quando não havia possibilidade de parto normal, criando assim a base para a diferenciação entre a obstetrícia não cirúrgica feminina aplicada aos casos de parto normal e obstetrícia intervencionista masculina invocada em casos de partos difíceis que requeriam técnicas cirúrgicas (OAKLEY, 1976).

As causas desta diferenciação inicial no uso de instrumentos não são muito claras, mas certamente os desenvolvimentos tecnológicos posteriores, tais como a introdução do fórceps no século XVII, contribuíram para enfatizar a diferença. Havia restrições ao uso de instrumentos que eram impostas pelas corporações de cirurgiões-barbeiros; e havia provavelmente maior dificuldade das mulheres (em termos econômicos, por exemplo) de ter acesso ao fórceps ou outros instrumentos. Entretanto, não havia proibições propriamente ditas e há relatos de parteiras que empregavam o fórceps. É mais provável, portanto, que, lado a lado com a existência de algumas restrições, tenha havido, por parte das atendentes de parto, a tendência a rejeitar a abordagem intervencionista: rejeição que poderia estar fundamentada nas tradições não instrumentais de obstetrícia feminina como também nas taxas mais altas de mortalidade e morbidade associadas com partos instrumentais. É interessante notar que, nos Estados Unidos da América, onde não havia corporações de cirurgiões-barbeiros, as parteiras também tendiam a rejeitar o uso de instrumentos.

Dado que as mulheres tradicionalmente tendiam a buscar uma outra mulher como atendente de parto e as parteiras preferencialmente deixavam a natureza agir por conta própria (e de fato é tudo que se requer em 95% de partos), o parto instrumental era possivelmente a única área aberta aos homens que viam na obstetrícia uma fonte de renda. Entretanto, de modo a poder competir com as parteiras, os parteiros masculinos tinham que vender uma nova habilidade – algo que as parteiras não ofereciam. A intervenção no parto cabia perfeitamente nesse pré-requisito: era uma "performance", uma maneira de parecer mais útil e, portanto, merecedor de emolumentos mais altos. Havia também a vantagem de acelerar o parto e a economia de tempo possibilitava fazer um maior número de partos – uma vantagem óbvia sobre as parteiras que tendiam a acompanhar o trabalho de parto não importando quão longo fosse. Seja devido à mística criada em torno do uso do fórceps por seu inventor Peter Chamberlen; por causa das mudanças culturais no papel da mulher nas sociedades ocidentais; ou ainda, devido ao decréscimo no número de parteiras de classe média, o fato é que já no começo do século XVIII havia se tornado a moda ter o parto realizado por um parteiro masculino.

No período compreendido entre os séculos XVI e XIX, houve também avanços consideráveis nas teorias sobre parto. Os hospitais-escola estabelecidos em Paris no começo do século XVI – e usados também para o treinamento de parteiras – haviam fornecido aos médicos franceses a oportunidade de observar sistematicamente um grande número de partos. Em consequência disso uma nova visão racional do processo de parto havia sido desenvolvida, substituindo as explicações tradicionais fundamentadas na magia e religião. O parto, agora redefinido como um processo natural sujeito a leis próprias, havia se tornado objeto de investigação científica e, de acordo com a visão mecanicista predominante nas ciências físicas na época, adotou-se um modelo mecanicista, sendo o útero e os canais de parto comparados a uma bomba mecânica e sua adequação prevista por meio da medição dos órgãos relevantes.

No século XVIII tais teorias se tornaram amplamente difundidas também entre a comunidade científica britânica. Após a inauguração dos primeiros hospitais-maternidade (*lying-in hospitals*) – o primeiro deles passando a funcionar em Londres em 1749 –, os médicos britânicos, a exemplo de seus colegas franceses, passaram a ter a oportunidade de fazer partos, praticar a dissecação de cadáveres e discutir seus resultados em aula, contribuindo, assim, para o melhor conhecimento da anatomia dos órgãos reprodutivos femininos. De acordo com Martin Richards (1975), esses hospitais-maternidade constituíram um ponto decisivo na história do parto: marcam o início da história dos parteiros masculinos da modernidade, os futuros obstetras.

Tais hospitais inauguraram um novo contexto intelectual para os médicos, possibilitando fazer observações sistemáticas e discuti-las com colegas. Esses "novos médicos", ao contrário do tradicional médico de família que trabalhava isoladamente, consideravam-se cientistas e aplicavam os métodos das ciências físicas à pesquisa médica. As consequências dessa postura, do ponto de vista dos valores inerentes à nova obstetrícia que se desenvolvia, foram muitas. Em primeiro lugar, essas novas práticas obstétricas originaram-se da clínica médica hospitalar e focalizaram, portanto, os partos mais difíceis (e não os partos normais). É possível assim que expectativas de que algo de errado possa ocorrer durante o parto tenham sido incorporadas já nas teorizações iniciais. Além do mais, ao procurar lidar com fenômenos sociobiológicos, como o parto, com os mesmos métodos empregados pelas ciências físicas, o estilo médico resultante enfatizou os aspectos físicos, deixando em segundo plano os aspectos sociais e psicológicos.

Entretanto, dados os riscos associados, na época, tanto com intervenções instrumentais como com partos hospitalares, a grande maioria das mulheres, até o final do século XIX, continuou a ser atendida em casa por parteiras. Os hospitais-maternidade tinham péssima reputação; as taxas de mortalidade eram elevadas e a incidência de febre puerperal chegava muitas vezes a proporções epidêmicas. A febre puerperal resultava da interação entre a má higiene e o maior número de intervenções cirúrgicas e, consequentemente, de feridas de parto abertas à infecção. A partir das observações sistemáticas desenvolvidas em 1843 por Wendell-Holmes nos Estados Unidos e em 1846 por Semmelweiss em Viena, várias medidas preventivas foram introduzidas nesses hospitais, apesar das objeções de muitos médicos que afirmavam: médicos são *gentlemen* e têm mãos limpas. Apesar da maior compreensão sobre métodos preventivos, a febre puerperal permaneceu sem explicação até a descoberta dos *streptococus* por Pasteur na década de 1860.

Embora as medidas preventivas adotadas para o controle da febre puerperal contribuíssem para tornar o ambiente hospitalar mais seguro, paralelamente, contribuíram para a desumanização do parto, uma vez que cada mulher passou a ser tratada como se fosse portadora da infecção, como descrito por Wertz e Wertz (1977) em sua história sobre o parto nos Estados Unidos da América. Mas, uma vez que a assepsia e mais tarde a anestesia haviam sido introduzidas na prática hospitalar, houve uma reversão no padrão anterior de partos domiciliares, com um número cada vez maior de mulheres de classe média optando pelo parto hospitalar.

É difícil referir esta transferência gradativa de controle sobre o gerenciamento do parto da parteira mulher para o homem e do parto domiciliar para o hospitalar como uma "tomada masculina de poder". Implícita na expressão "tomada masculina de poder" está a noção de que tais processos estão associados unicamente a questões de gênero; uma questão de dominação da mulher pelo homem que, portanto, afetaria todas as classes sociais de maneira igual. Mas o que encontramos na literatura é uma multiplicidade de histórias do parto: uma para as mulheres de classe alta e outra para as mulheres de classe operária; uma para as mulheres de zonas urbanas e outra para as mulheres de zonas rurais. As mudanças nos padrões de gerenciamento de parto aqui relatadas focalizam sobretudo a mulher urbana das classes mais abastadas; mulheres, portanto, para quem as inovações aqui descritas – atendimento por parte de parteiros masculinos, uso do fórceps, hospitais-maternidade mais seguros e parto sob anestesia – eram mais acessíveis. As mulheres das classes mais pobres foram, tradicionalmente, sujeitos de observação e pesquisa mais do que consumidoras das descobertas daí resultantes.

A inovação, como sabemos, não é igualmente acessível a todas as classes sociais. As classes mais abastadas possuem os meios econômicos, o nível de informação e a proximidade com a elite científica que permitem compreender e participar das inovações. Possuem, além do mais, a postura intelectual apropriada, associada a níveis de escolaridade mais elevados, que favorece a adoção de inovações:

> [...] por que a prolongação da escolaridade determina uma mudança global nas atitudes face ao mundo e, particularmente, face às ciências e às técnicas, ao inculcar a ideia de que tudo pode ser ou vir a ser objeto da ciência, que há coisas absolutamente verdadeiras que foram objetos de verificação experimental e coisas ab-

solutamente falsas, enfim, que o saber é cumulativo e que a novidade é sempre, por si mesma, um progresso (BOLTANSKI, 1969: 79).

A velocidade de difusão das teorias e inovações médicas em diferentes classes sociais pode ser entendida como resultante da distância social em relação aos centros do saber. Consequentemente, atingem as classes superiores primeiro, depois as classes médias e finalmente as classes inferiores, onde são depositadas "como entulho". Questionar os membros das classes trabalhadoras sobre seu saber médico – como mostra o trabalho de Boltanski em seu estudo sobre a difusão das práticas sobre puericultura – é muitas vezes semelhante a consultar um livro sobre a história do saber médico. Os membros das classes trabalhadoras são, assim, os últimos detentores de crenças médicas há muito esquecidas pelos praticantes médicos modernos. Por exemplo, as crenças sobre desejos de gravidez, consideradas hoje pelas autoridades médicas como folclore, eram tratadas com seriedade nos manuais médicos sobre gravidez do fim do século XIX.

A ascensão dos parteiros homens foi consolidada na segunda metade do século XIX sendo melhor entendida se considerada como um conluio entre profissionais médicos e suas pacientes de classe alta que, nesta aliança, traduziram para padrões de comportamento as relações sociais decorrentes do modo de produção capitalista. A disposição para aceitar as inovações nas práticas da obstetrícia, no século XIX, em uma época aonde tais práticas obtinham menos sucesso que as práticas de parto tradicionais, parece assim estar associada à redefinição do papel feminino no período posterior à Revolução Industrial. A dama vitoriana, frágil e confinada à casa, é uma construção derivada das condições duras e muitas vezes cruéis do capitalismo industrial do século XIX tanto quanto o foram seu marido-dono-de-indústria e seus empregados. Sua inatividade era resultado da riqueza extraída por meio da exploração do trabalho: "ela era o ornamento social que dava provas do sucesso de seu marido" (EHRENREICH & ENGLISH, 1973b).

Seja em decorrência do tédio gerado por seu confinamento doméstico, dos hábitos de classe alta – dietas impróprias, falta de exercício, roupas constritivas que exigiam o uso de cintas – ou, talvez, como resultado de intervenções obstétricas – causadoras de prolapsos do útero e fístulas vesicovaginais entre outras coisas –, prevaleciam doenças variadas entre as mulheres de alta classe constituindo o fenômeno da "invalidez feminina" (*female invalidism*). Sua fragilidade era duplamente valiosa para os homens da medicina: permitia desqualificar as mulheres como competidoras na arte da cura e qualificá-las como pacientes permanentes.

A resposta médica à invalidez feminina foi de teorizar e popularizar a imagem da mulher-escrava-de-seus-órgãos-reprodutivos. Nesse enquadre, o útero foi pensado como órgão controlador da condição de mulher, causa de sua inferioridade e de suas numerosas patologias físicas e psicológicas. Ensinava-se às mulheres que sua biologia era tão frágil que demandava uma vida cautelosa confinada aos papéis de mãe e esposa (WERTZ & WERTZ, 1977). E quem mais adequado do que o médico para orientar maquinário tão sensível?

Como a doença era considerada como resultado de padrões de escolha moral, as mulheres eram também consideradas responsáveis por muitas de suas doenças – por exemplo, quando escolhiam desviar-se de seus papéis de esposa e mãe para assumir alguma atividade pública. As mulheres ficaram assim duplamente aprisionadas: eram doentes porque eram mulheres, e ficavam doentes quando procuravam escapar de sua condição de mulher, por exemplo, quando buscavam uma ocupação masculina (OAKLEY, 1980). A gravidez e o parto, embora centrais para o papel feminino socialmente prescrito, deve ter trazido interessantes paradoxos para os médicos de então: como poderia uma criatura assim frágil suportar tantas horas de trabalho de parto? E que razão melhor que essa para justificar, para o médico e sua paciente, o uso de técnicas de intervenção?

A legitimação dos parteiros homens

Até fins do século XIX, a obstetrícia não era considerada uma especialidade legítima da medicina. No entanto, os avanços teóricos e práticos e o uso de hospitais-maternidade para a prática clínica contribuíram para elevar o *status* dessa atividade. É evidência dessa nova imagem o empenho em encontrar um novo rótulo para esta ocupação; um longo debate levou à escolha, em 1828, da palavra obstetra, uma palavra de origem latina que significa *ficar diante de* (*to stand before*).

Entretanto, para a profissão médica de maneira geral a obstetrícia continuava a ser domínio de parteiras ignorantes e sem treinamento ou de parteiros que não tinham uma formação médica apropriada. Além do mais, era frequentemente considerada uma atividade suja e poluente e pouco apropriada a médicos de classes mais altas (os *gentlemen doctors*). O seguinte episódio ilustra esta resistência. Em 1817, Hamilton, um professor de obstetrícia na Universidade de Edimburgo, apresentou ao Conselho Universitário uma proposta para que a disciplina fosse considerada como parte obrigatória do currículo da medicina. O conselho universitário rejeitou-a, justificando que "o baixo *status* das mulheres que atendiam a maior parte dos casos de parto tornavam esta disciplina inapropriada ao currículo universitário" (WILLIAMS, 1932). Mesmo na "Lei Médica" de 1858, o treinamento em técnicas de parto não era considerado necessário para um diploma médico, situação esta corrigida somente na legislação de 1886. Seja por causa de suas origens laicas, ou por causa do sexo das pacientes, a obstetrícia foi sempre considerada uma especialidade médica de baixo *status*.

A eventual inclusão da obstetrícia no currículo médico e o consequente aumento de médicos praticantes teve repercussões para o *status* profissional das parteiras. Houve várias tentativas, no século XIX, de introduzir controles sobre a prática das parteiras e melhorar sua imagem. Por exemplo, a Sociedade de obstetrícia de Londres, em 1869, conduziu um estudo sobre a prática das parteiras, mostrando que, naquela época, a maioria das mulheres das classes trabalhadoras era atendida por parteiras que, de maneira geral, demonstravam "alto grau de ignorância e incompetência". Como solução, a sociedade decidiu conduzir exames voluntários e fornecer diplomas de parteiras, os primeiros dos quais foram concedidos em 1872. A sociedade não providenciava treinamento, embora havia outros esquemas alternativos tais como o curso organizado por Florence Nightingale no King's College Hospital, Londres, em 1861.

A partir de 1890 foram propostas diversas legislações visando o registro de parteiras, mas "em parte devido à oposição da profissão médica, que considerava o registro como uma ameaça à sua posição, nenhuma dessas conseguiu ser aprovada" (WATKINS, 1975: 278). Em 1902 a Lei das Parteiras (*Midwives* Act) foi finalmente aprovada e a profissão moderna de parteira assim criada.

Essa e as legislações subsequentes acabaram por legitimar uma diferenciação que tem origem na criação das corporações dos cirurgiões-barbeiros: a parteira como profissional de parto normal e o obstetra como responsável pelas intervenções nas dificuldades do parto.

> O certificado, de acordo com esta legislação, não confere a qualquer mulher o direito ou título passível de registro de acordo com o *Medical Act*, ou de assumir nome, título ou designação que implique que ela é reconhecida por lei como profissional médica, ou que ela é autorizada a assinar certificado médico ou qualquer certificado de óbito ou parto de natimorto ou assumir o controle em casos de anormalidade ou doença relacionada com parto (*Midwives Act*, 1902, Seção 1, Artigo 5).

Na Grã-Bretanha, portanto, a parteira passou a ocupar um grau de responsabilidade intermediário entre a enfermeira diplomada e o médico. "Ao contrário da enfermeira, que tecnicamente sempre trabalha sob a orientação de um médico, a parteira britânica é praticante independente no parto normal. O médico tem o direito de assumir apenas quando surgem complicações" (WATKINS, 1975: 278). Esses papéis intermediários são, entretanto, inerentemente instáveis. Na época em que o parto era um evento domiciliar, a parteira podia ser uma profissional independente, mas, no contexto institucional do hospital moderno, ela inevitavelmente perde parte dessa autonomia. Ademais, dada a tendência atual de redefinir o parto como uma situação de risco potencial que requer o uso de tecnologia sofisticada, fica em aberto a questão de quando um determinado parto pode ser considerado "normal" e, portanto, dentro da área de competência da parteira.

Em alguns países o papel da parteira foi ainda mais desgastado. Nos Estados Unidos da América, por exemplo, ela praticamente desapareceu: em 1973, havia 1.300 enfermeiras obstetrizes (especialidade surgida na própria enfermagem) e 2.900 parteiras licenciadas para fazer face aos 20.500 obstetras e 366.400 médicos (WERTZ & WERTZ, 1977). Seu desaparecimento do cenário da gravidez e parto foi amplamente descrito por Wertz e Wertz em sua história do parto na América. As parteiras americanas, em contraste às britânicas, jamais se organizaram como categoria profissional. Dadas suas fortes associações com a classe trabalhadora e seus métodos tradicionais de atendimento ao parto, elas logo se tornaram símbolos de resistência ao progresso. De certa maneira, como apontam Wertz e Wertz, elas se tornaram obsoletas.

O papel contrastante das parteiras britânicas e norte-americanas é particularmente relevante do ponto de vista dos países em desenvolvimento. Nestes, são muitas vezes adotados esquemas simples de treinamento visando uma melhoria na higiene e encorajando a esterilização dos instrumentos que podem ter resultados muito favoráveis nas taxas de mortalidade materna e perinatal. Entretanto, há um risco considerável que as parteiras nesses países estejam condenadas ao desaparecimento; não por problemas de competência – como demonstra o estudo de Gordon, Gideon e Wyon sobre parto no Punjab (1964) – e sim (como aconteceu nos Estados Unidos) pela imagem obsoleta do papel da parteira para o público em geral.

As práticas obstétricas modernas

Do ponto de vista da obstetrícia moderna, é fácil esquecer que a grande maioria dos partos é um evento normal onde bastam os processos naturais. Em algum ponto do processo que resultou na tomada de poder da medicina no parto, o próprio parto sofreu uma redefinição: todo parto passou a ser visto como um risco potencial, dado que qualquer mãe ou bebê pode, durante o processo, desenvolver sinais inesperados de doença. Esta redefinição talvez tenha suas origens na tradição dos parteiros homens de lidar com os partos mais difíceis que requeriam intervenções instrumentais; no desenvolvimento da teoria e prática a partir da observação de partos hospitalares; ou até mesmo na tendência da pesquisa científica médica de focalizar o anormal. O resultado final, portanto, é que a gravidez e o parto passaram a ser considerados seguros apenas em retrospecto, abrindo caminho para um estilo de obstetrícia baseado no parto hospitalar, frequentemente intervencionista, e que raramente leva em conta as implicações sociais e psicológicas do nascimento de uma criança.

A abordagem intervencionista

Ao revisar a literatura, torna-se claro que o estilo moderno de obstetrícia, chamado de "gerência ativa do parto" (*active manage-*

ment of birth), representa a junção de várias intervenções. A tradição mais antiga da intervenção nas sociedades ocidentais origina-se do uso de instrumentos em casos de dificuldade no parto. Inicialmente, os instrumentos eram muito toscos e, em certos casos, só era possível retirar o bebê em pedaços. Com o decorrer do tempo, as técnicas melhoraram e já no século XVII, quando Peter Chamberlen introduziu o fórceps, as chances desses bebês nascerem vivos aumentaram. Mais tarde, em 1882, um médico alemão, Max Sanger, retomou e aperfeiçoou uma técnica antiga: a cesárea.

Embora estas técnicas tenham sido desenvolvidas como forma de lidar com partos difíceis, seu uso logo se estendeu para além do domínio médico. Por exemplo, há menos intervenções quando o parto se realiza em casa (KLOOSTERMAN, 1978) e há mais intervenções quando partos normais e instrumentais têm preços diferentes (GENTILLE DE MELLO, 1969; WERTZ & WERTZ, 1977).

Mais tarde, quando a prática dos homens parteiros começou a abranger os partos normais, a velocidade do parto passou a ser uma vantagem na competição por pacientes. O fórceps, como ilustrado nas controvérsias que cercavam o parteiro Smellie, do século XVIII, passou a ser considerado como um método conveniente de aceleração do trabalho de parto – a segunda forma de intervenção aqui considerada. Posteriormente, talvez como consequência da definição cultural introduzida no século XIX das mulheres como seres frágeis, a diminuição do tempo de parto também veio a ser percebido como uma vantagem para a saúde da mãe e do bebê. Com o tempo, outros desenvolvimentos técnicos – como a indução de parto por meio do uso de óleo de rícino, banhos e lavagens intestinais (as OBEs, conforme terminologia inglesa), a ruptura artificial das membranas e a aceleração das contrações com drogas (ocitocina e prostaglandina) – tornaram-se práticas obstétricas aceitáveis.

Seja devido à percepção das vantagens para a saúde (BAIRD, 1960), porque ajudou a alçar o prestígio e poder dos obstetras (RICHARDS, 1975), ou por mera conveniência, os índices de induções aumentaram assustadoramente. Na Inglaterra e no País de Gales, por exemplo, o número de induções cresceu de 15% em 1965 para 41% em 1974 (dado citado em CARTWRIGHT, 1979). Entretanto, há pouca evidência que as induções contribuíram para a diminuição das taxas de mortalidade, ou geraram – como é frequentemente afirmado – trabalhos de parto mais agradáveis para as mulheres. No levantamento sobre indução feito por Cartwright, as mulheres da amostra rejeitaram em peso a indução como modo preferido de começar o trabalho de parto, e a maioria das diferenças observadas entre partos induzidos e espontâneos era claramente contra a indução.

A intervenção também tem suas raízes em tentativas de aliviar a dor e o sofrimento associados ao parto. Em muitas culturas, as parteiras desenvolveram maneiras de lidar com a dor usando manipulações físicas ou drogas; mas na sociedade ocidental, por muito tempo, as dores de parto tiveram conotações religiosas. Entretanto, com a descoberta da anestesia segura no século XIX, e com seu uso aprovado pela Rainha Vitória (tendo sido usada no parto do Príncipe Leopold, em 1853), os anestésicos e analgésicos logo se tornaram aspectos rotineiros do parto moderno. Sem dúvida alguma eles deram conforto a muitas mulheres, mas tornaram-se também maneiras efetivas de controlar a mulher em trabalho de parto: é difícil, por exemplo, optar por um parto sem medicamentos para dor quando o nascimento acontece no hospital. Além disso, a despeito da grande difusão de uso, houve pouca pesquisa a respeito dos efeitos colaterais, embora hajam indícios que drogas sedativas e anestésicas passam para a circulação sanguínea, podendo resultar em problemas respiratórios ou em mudanças no padrão de comportamento do bebê (BRAZELTON, 1961; HELLMAN & PRITCHARD, 1971; KRON, 1966, entre outros).

Por fim, as intervenções têm sido usadas também como medidas preventivas, e o exemplo mais surpreendente disto é o uso rotineiro da episiotomia. Por exemplo, no início do século, um médico americano chamado DeLee pregava o uso rotineiro da episiotomia (e do parto fórceps) em partos normais a fim de prevenir o rasgo do períneo. Atualmente, as episiotomias ainda são rotina em muitos hospitais do mundo a despeito da escassez de evidências de que previnem estragos estruturais à pelve ou reduzem problemas neurológicos na criança (HAIRE, 1973).

As intervenções podem de fato salvar vidas, mas seu uso excessivo gerou preocupação dada a falta de pesquisas rigorosas sobre possíveis efeitos colaterais, assim como o efeito "bola de neve" de muitas dessas intervenções. Um exemplo desse efeito é a indução que geralmente leva à aceleração do parto, que causa contrações mais fortes e, portanto, abre o caminho para o uso da anestesia peridural, a qual por sua vez aumenta a probabilidade do parto fórceps, que inevitavelmente requer uma episiotomia. Além disso, o uso excessivo da tecnologia, como ocorre nos Estados Unidos da América, contribuiu para distorcer a experiência do parto para muitas mulheres, resultando no que Haire (1973) chamou da "distorção cultural (*cultural warping*) do parto".

O parto hospitalar

O aumento do parto tecnológico não teria acontecido se os hospitais – com as descobertas de Holmes, Semmelweiss, Lister e Pasteur – não tivessem se tornado locais seguros. Desde então, na maioria dos países ocidentais, o número de partos em hospitais tem crescido: o hospital tornou-se não apenas um lugar seguro para o parto; tornou-se o lugar "mais seguro". Para vários autores, as mudanças nas políticas de saúde sobre partos resultaram, em parte, de interpretações unilaterais das estatísticas sobre a mortalidade perinatal. Por exemplo, o Levantamento da Mortalidade Perinatal realizado na Inglaterra em 1958 (BUTLER & BONHAM, 1963) trouxe à tona sérias deficiências na seleção de casos para parto em hospitais. Os resultados poderiam ter introduzido mudanças nos critérios de seleção para a internação hospitalar, melhorias no cuidado pré-natal (MARTIN RICHARDS, 1975; MOORE 1978) e mesmo medidas para tornar o ambiente de casa mais seguro (KLOOSTERMAN, 1978).

No entanto, estes resultados foram usados para justificar a política de aumento de partos hospitalares: um alvo de 70% no Relatório Cranbrook, de 1959, e de 100% no Relatório Peel, de 1970, política que foi sustentada no Relatório Short, de 1980, a despeito das muitas objeções feitas pelo público e por profissionais da saúde. Como consequência de tais políticas, o número de internações hospitalares na Inglaterra cresceu de 15% em 1927 para 54% em 1946 e 96% em 1974 (HUNTINGFORD, 1978).

A institucionalização do parto também contribuiu para a "distorção cultural do parto". A necessidade de rotinas rígidas – introduzidas inicialmente de modo a tornar o hospital seguro e, mais tarde, como resultado da amalgamação de hospitais criando megainstituições – resultou em práticas que diminuem a autonomia e autorrespeito do paciente. Muitas vezes essas rotinas forçam o isolamento da paciente, afastando o marido e a família e até mesmo o bebê (BREEN, 1978).

Há outras implicações da definição do parto hospitalar como norma. Na tradição das parteiras femininas, o parto sempre foi um fenômeno social e psicológico, além de biológico. As parteiras frequentemente ofereciam um apoio que ia além de seu papel como atendentes de parto, pois levavam em conta as demandas decorrentes do papel de esposa e mãe de outras crianças. Em contraste, a obstetrícia científica tem tendido a focalizar atenção no processo de nascimento por si só e não na parturiente como pessoa.

Esse estreitamento de interesse, como apontado por Wertz e Wertz (1977: 137), levou à necessidade de "controlar a paciente mais completamente a fim de administrar o tratamento". Surge daí o desenvolvimento de práticas como parto na posição lithotomy (deitada com as pernas afastadas e pés em estribos) que, embora conveniente para o médico, "tende a alterar o ambiente fetal normal e obstruir o processo normal de nascimento, dificultando ou impossibilitando o parto espontâneo" (HAIRE, 1973: 182). Vale apontar que as posições mais comuns encontradas na literatura antropológica sempre envolvem a curvatura da espinha dorsal (MEAD & NEWTON, 1967) e muitos estudos – dos mais antigos como de Engelmann (1883) aos mais recentes como os de Howard (1958) e de Newton & Newton (1960) – identificaram possíveis vantagens clínicas no uso de posições envolvendo a curvatura da espinha dorsal.

Finalmente, o foco no processo de parto, ignorando os aspectos sociopsicológicos mais amplos, tem consequências também do ponto de vista dos critérios usados para medir o sucesso dos resultados das práticas e intervenções. Assim, em consonância com a percepção das mulheres como meras máquinas reprodutivas, os resultados têm sido medidos, sobretudo, do ponto de vista de taxas de mortalidade e morbidade (OAKLEY, 1980). Como isto aconteceu e as implicações do ponto de vista da administração do parto é assunto que extrapola os objetivos do presente ensaio.

11. A MEDICINA E O PODER DE LEGITIMAÇÃO DAS CONSTRUÇÕES SOCIAIS DE IGUALDADE E DIFERENÇA
Uma reflexão sobre cidadania e gênero*

A cidadania, como conceito ou prática, tem sido tradicionalmente objeto de reflexão da ciência do direito e da ciência política. Entretanto, na medida em que a psicologia social, em sua vertente mais crítica, passou a privilegiar o estudo dos fenômenos sociais contextualizados, saindo da assepsia do laboratório e embrenhando-se no mundo vivido, a inserção do indivíduo na sociedade – como sujeito coletivo – passou a ser também objeto de estudo desta disciplina.

A psicologia social traz para este campo uma contribuição muito específica, que é focalizar o processo individual ou grupal de construção da pessoa cidadã; processo este que tem lugar no aqui e agora do mundo vivido mas que encontra suas determinações também no desenrolar da história de sua sociedade. É nesta interface entre as permanências culturais inscritas no imaginário social de uma sociedade e as demandas funcionais do mundo vivido que se esboçam e circulam as representações sociais: estruturas cognitivo-afetivas que, sendo socialmente elaboradas e compartilhadas, contribuem para a construção de uma realidade comum.

Dito de outra forma, nesta perspectiva (SPINK, 1992; 1993a e 1993b), a elaboração das representações sociais, como formas de conhecimento prático que orientam a ação, se dá na interface de duas forças monumentais. De um lado temos os conteúdos que circulam numa dada sociedade e que têm suas origens tanto nas produções culturais mais remotas constituintes do imaginário social quanto nas produções locais e atuais que emergem da

---

* Publicado originalmente em Spink (1994a) (org.). *A cidadania em construção*. São Paulo: Cortez, p. 93-103.

convivência cotidiana. De outro lado, temos as forças decorrentes do próprio processo de interação social e as pressões para definir uma dada situação de forma a confirmar e manter identidades coletivas.

Privilegiando as produções culturais mais remotas, constituintes do imaginário social, procuraremos abordar neste capítulo algumas das determinações históricas que sustentam as modernas construções sociais de igualdade ou diferença dos sexos e que justificaram, por muito tempo, a exclusão da mulher da esfera pública e dos direitos de cidadania plena. Buscaremos, mais especificamente, apontar para o papel das teorias médicas na definição dos espaços possíveis de diferentes atores sociais em uma ordem social específica. Desta forma, estamos enfatizando que a medicina é uma disciplina do social. Com isso, não estamos caindo na falácia reducionista, pretendendo que as teorias médicas possam instituir, de fato, a ordem social: estamos afirmando apenas que as teorias médicas, embora sejam elas também produtos de uma determinada ordem social, têm o poder de legitimar esta ordem, seja por produzirem um discurso natural sobre uma realidade que é socialmente construída, seja porque este discurso naturalista sobre o corpo se traduz em práticas disciplinares que efetivamente moldam as relações entre indivíduos e classes sociais.

A fim de demonstrar este poder de legitimação, focalizaremos um momento particular da história das ideias onde ocorreu uma mudança de paradigma. A ruptura em questão, analisada magistralmente pelo historiador norte-americano Thomas Laqueur (1990), foi a mudança no significado das diferenças sexuais anatômicas, com a consequente rejeição do modelo do sexo único – predominante até a Renascença – e a adoção do modelo de dois sexos incomensuráveis a partir do século XVIII.

O relato histórico, entretanto, não é mera curiosidade e vem, de fato, pontuar o eixo central deste capítulo. Ou seja, estamos propondo que estas construções historicamente datadas são frutos de desenvolvimento nas esferas epistemológica e política e, como tal, definem o *olhar possível* que incide sobre o dado empírico.

Assim, no velho modelo, homens e mulheres eram visualizados a partir de seu grau de perfeição metafísica – seu calor vital – e situados a partir de um eixo cujo parâmetro era o homem. A partir do século XVIII, um novo modelo se impôs: o modelo do dimorfismo radical e da diferença biologicamente determinada. Uma anatomia de diferenças incomensuráveis substituiu, então, a perspectiva hierárquica como eixo organizador da vida política, econômica e cultural de homens e mulheres. Neste momento, politicamente caracterizado pelas ideologias liberais burguesas, abriu-se, potencialmente, um novo espaço de atuação para a mulher. Chegou-se a discutir a extensão às mulheres dos direitos de cidadania. Entretanto, as novas teorias médicas que então despontavam, centradas na fragilidade ovariana, acabaram gerando as justificativas biológicas necessárias para a política sexual de separação das esferas pública e privada, confinando a mulher à esfera privada.

Para desenvolver este argumento, faremos uso da análise de Laqueur (1990), assim como dos livros de Elizabeth Badinter (1991) sobre o discurso feminista na Revolução Francesa, e de Bárbara Ehrenreich e Deirdre English (1973b) sobre a política sexual do invalidismo feminino na época vitoriana.

Vejamos, em primeiro lugar, no que constituiu esta revolução científica que levou à adoção do dimorfismo radical.

O *modelo do sexo único* tem longa ascendência, podendo ser traçado desde os escritos de Galeno. Este médico famoso da Antiguidade nos leva, em seus escritos, a uma viagem exploratória dos sexos que permite visualizar claramente a verdade intrínseca do sexo único. Diz ele: "primeiro, pense na genitália externa masculina voltada para dentro e estendendo-se, internamente, entre o reto e a bexiga. Se isto acontecesse, o saco escrotal necessariamente tomaria o lugar do útero, com os testículos localizados fora e de cada lado do útero" (apud LAQUEUR, 1990: 25). Ou seja, nesta visão, o pênis passa a ser o cérvix e a vagina; o prepúcio se torna a pudenda feminina, etc. Segundo Galeno, não encontraríamos uma única parte dos órgãos masculinos que simplesmente não pudesse mudar sua posição neste processo de internalização.

Evidenciando o conteúdo ideológico desta construção, numa citação muito divulgada, Galeno compara os órgãos genitais femininos aos olhos de uma toupeira. Os olhos da toupeira têm a mesma estrutura que os olhos de outros animais, só que não permitem a visão; eles não abrem, não se projetam, são imperfeitos. O mesmo ocorre com a genitália feminina: ela também não se abre e permanece uma versão imperfeita do que poderia ser se projetada para fora. Os olhos da toupeira são como os olhos de outros animais enquanto estes ainda estão dentro do útero. De forma semelhante, também o ventre, vagina, ovários e demais órgãos femininos permanecem para todo o sempre como se estivessem ainda no útero; ou seja, a vagina é um pênis que está eterna e precariamente por nascer; o ventre é um saco escrotal atrofiado, e daí por diante.

O conteúdo ideológico evidencia-se ainda mais quando Galeno afirma que a toupeira é mais perfeita do que os animais sem olhos e a mulher é mais perfeita que outras criaturas. Mas os órgãos internos são sinais evidentes de falta de calor e, portanto, de menor perfeição, porque "tal como o humano é o mais perfeito dos animais, assim, na humanidade, o homem é mais perfeito que a mulher, sendo a razão disto o excesso de calor, porque o calor é o principal instrumento da Natureza" (apud LAQUEUR, 1990: 28).

Este modelo persistiu durante um milênio, embora durante este período tenham ocorrido grandes mudanças sociais, políticas e culturais. Sua permanência é duplamente explicada. Em primeiro lugar, porque o corpo não constituía a base biológica de definição da diferença: a ordem e a hierarquia eram impostas ao corpo de fora. Em segundo lugar, porque em um mundo público predominantemente masculino o modelo do sexo único demonstrava o que era culturalmente evidente: ou seja, que o homem era a medida de todas as coisas e a mulher não existia enquanto categoria ontologicamente distinta. O padrão para o corpo humano e para suas representações era o corpo masculino.

Que esta visão tivesse continuado a predominar durante a era medieval não surpreende, pois que a possibilidade de um novo olhar – por exemplo, através da prática da anatomia, até então proibida – era bastante limitada. O que é surpreendente é encontrá-la hegemônica também na Renascença, quando emergiu uma nova ciência que agressivamente explorava o corpo mapeando suas estruturas.

A anatomia, na Renascença, era o símbolo mais óbvio do empiricismo nascente. O que antes havia sido escondido, praticado só ocasional e silenciosamente, tornava-se agora um produto para consumo público: as dissecações eram não apenas abertas ao público como também teatrais – como atestam as ilustrações dos inúmeros tratados de anatomia então produzidos, dentre os quais o de Vesalius é considerado exemplar.

Mas esta anatomia tão visual apenas demonstrou, com maior vigor, que a vagina era mesmo um pênis e o útero era o saco escrotal internalizado. Ver é acreditar ou, inversamente, acreditar é ver. Toda uma visão de mundo que subordinava a mulher ao homem e via-a apenas enquanto reflexo imperfeito dele levava o anatomista renascentista a ver efetivamente a vagina como um pênis internalizado. Dito de outra forma, o que está em pauta é a operação de representações hegemônicas de diferença de gênero. Não se tratava de erro ou de incompetência, pois, como argumenta e explicita Laqueur, as ilustrações renascentistas se aproximam muito das modernas. Se o modelo do sexo único estava, em princípio, aberto à verificação empírica e, portanto, à falsificação, ele permaneceu não testado por estar profundamente imbricado na malha de interpretações, práticas clínicas e experiências cotidianas que o protegiam da exposição ao que pudesse ser construído como evidências contrárias.

Em síntese, a construção renascentista de gênero é social e não biológica. O elemento organizador da representação é a categoria gênero e não o sexo.

Mas, em algum momento do século XVIII o sexo, tal como nós o conhecemos, foi inventado. Os órgãos reprodutores tornaram-se os fundamentos da diferença incomensurável entre os sexos. É claro que isto não ocorreu de uma só vez ou em todos os lugares, nem mesmo implica a derrocada total do modelo anterior. Ecos do modelo do sexo único continuam presentes ainda hoje no imaginário social sustentando, quiçá, os preconceitos e medos que circundam as discussões sobre a homossexualidade.

Esta nova forma de ver o corpo resulta de desenvolvimentos em duas esferas: a epistemológica e a política. *Do ponto de vista epistemológico*, vale apontar que no final do século XVII a ciência deixa de gerar hierarquias de semelhanças e analogias, como nos conta Foucault em *As palavras e as coisas* (1987: 66). A natureza, e não mais a ordem divina, passa a ser a medida de todas as coisas. E o sexo, enquanto biologia, é essencialmente natureza.

Mas não basta uma teoria do conhecimento, com seus inúmeros avanços científicos, para explicar a ruptura ocorrida. É preciso considerar também o *contexto político*, contexto este marcado pela enorme expansão da esfera pública decorrente das transformações intelectuais, políticas e econômicas e pelas consequentes lutas pelo poder. Lutas entre homens e entre homens e mulheres, batalhas frequentemente travadas em termos das características sexuais porque as verdades da natureza, e portanto da biologia, haviam substituído as hierarquias da ordem divina.

Neste contexto, os médicos fizeram mais do que oferecer dados neutros para os ideólogos da nova ordem moral. Eles emprestaram também todo o seu prestígio para este empreendimento, prestígio decorrente das novas posições ocupadas e do poder daí derivado, mais do que decorrente das novas descobertas. Isso porque, em essência, a natureza das diferenças sexuais não é suscetível de teste empírico: estas diferenças são logicamente independentes dos fatos biológicos por estarem imersas em construções culturais. Na verdade, muitas das novas descobertas – por exemplo, no que diz respeito à fisiologia dos fetos – davam crédito às arcaicas androgenias; como ilustração, basta apontar que já se conhecia então a origem embrionária semelhante do pênis e do clitóris. Em outras palavras, o modelo do dimorfismo sexual se afirma porque na nova *epistéme* é essencial que a diferença de gênero, e a consequente divisão social entre homens e mulheres, seja legitimada pela biologia.

O exemplo mais notório da existência de pressupostos culturais nas teorias médicas é a chamada "medicina ovariana", elaborada na segunda metade do século XIX, que se constituiu como principal fundamento da construção da mulher como ser frágil. Ehrenreich e English (1973b) apontam que o pressuposto da fragilidade feminina tem como antecedente a lei da conservação da energia. De acordo com esta lei, todo corpo contém uma quantidade específica de energia que é distribuída e consumida de acordo com a demanda dos diferentes órgãos e funções. Assim, o desenvolvimento excessivo de um determinado órgão ou função sacrificaria todos os demais, tirando-lhes energia. Ora, os órgãos sexuais estariam entre os maiores usurpadores desta quota de energia vital.

Tendo como base esta lei, o primeiro postulado da teoria ovariana é que a atividade reprodutiva é central na vida das mulheres. Isto implicaria um desequilíbrio permanente do corpo feminino, que ficava, então, à mercê dos órgãos reprodutores. Como a reprodução era vista como principal objetivo da vida das mulheres, estas deveriam, como consequência lógica, conservar suas energias, preservando-as para a atividade reprodutiva e diminuindo, ou mesmo abdicando de qualquer outra atividade, especialmente a intelectual. Era comum afirmar que "um desenvolvimento muito grande do cérebro podia atrofiar o útero".

A dominância física dos ovários logo se estendeu à arena psicológica. A ideia básica das teorias que circulavam no século XIX era que a psicologia feminina funcionava como mera extensão da capacidade de reprodução. Ou seja, em última análise, a natureza da mulher era determinada por sua função reprodutiva. Desta forma, na "psicologia ovariana" as características naturais da mulher eram dirigidas pelos ovários e qualquer manifestação de anormalidade de caráter – da irritabilidade à insanidade – era fruto de doença ovariana. Conversivamente, quaisquer problemas reprodutivos – mesmo as mais diversas doenças – podiam ser explicadas pelo caráter, especialmente pela adoção de modos de vida incompatíveis com a feminilidade. A terapêutica era simples e decisiva. A partir de 1865 adotou-se a ovariectomia como forma de resolver não apenas patologias físicas como também problemas da esfera psicológica. Milhares destas operações foram realizadas no final do século XIX.

A medicina ovariana, entretanto, é apenas o ponto culminante de uma longa luta que, partindo da definição das diferenças sexuais, vai aos poucos desqualificando a mulher para a vida pública em função de sua pretensa fragilidade. Mas houve momentos em que o discurso feminista se fez ouvir. Jamais, é claro, na esfera biológica, mas, pelo menos durante um breve momento, na esfera política. Retornemos, para esta análise, ao século XVIII – o século do Iluminismo – quando é debatido o contrato social fundador da ordem social, procurando-se desconstruir as antigas hierarquias e proclamando a igualdade dos seres humanos. Lembremos, ao adentrar esta discussão, que a pretensão universalista deste discurso igualitário não fornecia bases lógicas para a exclusão da metade feminina da humanidade.

A resultante tensão entre o discurso e a prática, entre inclusão potencial e exclusão efetiva da mulher da vida pública, está presente em toda a Europa durante o processo de legitimação da ordem burguesa. Está presente, muito especialmente, na Revolução Francesa.

É Badinter (1991) que nos traz à memória o debate travado entre os revolucionários franceses sobre o papel da mulher, mas ao fazê-lo, ela logo nos adverte que este debate não é travado entre iguais. Os feministas, partidários da igualdade dos sexos, embora liderados por Condorcet, brilhante pupilo de Voltaire, não tem nem o peso político nem o número de seus adversários.

O debate trava-se por causa da óbvia contradição entre a Declaração dos Direitos do Homem, documento básico da Revolução, e a exclusão das mulheres dos direitos ditos universais. Embora adotando o princípio de uma humanidade comum, a oposição à igualdade cívica da mulher era predominante e baseava-se em sete inferioridades:

- pela fragilidade fisiológica decorrente da atividade reprodutiva

- pela inferioridade intelectual

- pela mesquinharia e miudeza do caráter feminino

- por serem as mulheres conduzidas pela paixão e não pela razão

- pela ausência de sentido de justiça, respondendo as mulheres mais aos sentimentos do que à consciência moral

- por serem elas dependentes de seus maridos

- por medo de que a vida pública as levasse a abandonar os deveres que a natureza lhes reservou.

Mas, se de um lado os que se opunham a dar maior poder civil às mulheres rezavam pela cartilha das fragilidades biológicas, os que as defendiam – os feministas revolucionários – também incorporavam este discurso. Por exemplo, Condorcet, o mais famoso feminista, em texto intitulado *Sobre a admissão das mulheres ao direito de cidadania*, publicado em 1790, endossa o argumento de que as gestações, o período de aleitamento e as indisposições mensais tornavam as mulheres incapazes para o exercício de seus direitos cívicos, embora use-o como estratégia discursiva, rebatendo, logo a seguir, que nunca se pensou em privar de seus direitos as pessoas que têm gota todos os invernos ou as que se resfriam com facilidade. Mas mesmo para Condorcet o argumento permanece: a mulher é fragilizada pelo seu sexo, embora, para ele, isto não a desqualifique necessariamente para a cidadania.

A contradição entre direitos universais e exclusão da mulher destes direitos foi, nesta época, facilmente resolvida pela divisão dos espaços sociais. A igualdade dos sexos passou a ser formulada em termos de equivalência e não mais em termos de similitude. A mulher reina em seu lar *como* o homem no mundo. Desta forma, às diferenças biológicas correspondem diferenças na esfera de atuação: a esfera privada para a mulher, a pública para o homem.

É óbvio que o discurso médico não é a única determinação para este complexo processo de divisão de espaços. Impossível esquecer, por exemplo, a importância de Rousseau na definição das esferas pública e privada. A obra de Rousseau, embora não sendo a única, talvez seja a que melhor ilustra como a nova biologia estava imbricada na reconstrução cultural que define a nova ordem burguesa. Segundo Badinter (1991: 22) "seu pensamento político, tal como se exprime no *Discours sur l'origine de l'inégalité* (1755) e no *Contrato social* (1762), é certamente o fundamento da ideologia republicana" e a publicação de *Emílio*, em 1762, dá os contornos definitivos ao novo modelo conjugal/familiar/materno que vinha se delineando.

Desta forma, a aspiração à felicidade que marca a segunda metade do século XVIII buscou sua realização em um novo modelo familiar, fechado para o exterior e centrado no amor conjugal e familiar. Um modelo que respondia às transformações resultantes das novas relações na esfera da economia – o capitalismo comercial – onde a riqueza das nações dependia de uma população numerosa; obviamente, os cuidados maternos eram essenciais para a sobrevivência da prole. Para a consecução desta nova política populacional, Rousseau não hesitou em propor uma medida radical: a mulher deve abandonar ao homem o mundo exterior e dedicar-se ao lar.

Com esta breve incursão na história esperamos ter podido demonstrar o papel legitimador das teorias médicas que, pontuando diferenças e definindo a mulher como ser frágil, deram a justificativa, naturalizada na biologia, para uma política de desigualdade e de exclusão que servia aos interesses do Estado nascente.

Mas, sobretudo, esperamos ter ilustrado a fertilidade da abordagem construtivista que, partindo do pressuposto de que o conhecimento – oficial ou encarnado nas representações do senso comum –, é instrumental para a construção do mundo social, buscando entender na história suas fontes de sustentação.

Entendendo que os fenômenos sociais se definem na interface entre o campo socialmente estruturado e as determinações do aqui e agora, consideramos que o empreendimento da psicologia social – ao se debruçar sobre fenômenos multideterminados, como a cidadania – é necessariamente um empreendimento interdisciplinar. Buscar a construção da diferença e da desigualdade na história é buscar seus pressupostos básicos nas teorias do conhecimento de outrora, as quais continuam tendo ecos nas representações sociais atuais mesmo quando suas bases de sustentação científicas e epistemológicas deixam de existir. A mudança social, incluindo aqui a definição de novos parâmetros de inserção social para os excluídos e marginalizados, passa necessariamente pela compreensão destas construções históricas, de modo a abrir espaço para os processos de ressignificação.

12. A RELAÇÃO MÉDICO-PACIENTE COMO "ORDEM NEGOCIADA"*

Sendo a vida e a saúde – ou sua contrapartida, a morte e a doença – o objeto central da prática médica, a relação médico-paciente, desde tempos imemoriais, tem sido motivo para reflexão. A relação de complementaridade que aí se estabelece (pois não haveria médico sem que houvessem pacientes) garante, de um lado, o interesse dos agentes de saúde pela situação terapêutica. Por sua vez, a relação de dependência, fruto do sofrimento causado pela doença e pela ameaça da morte, garante, na perspectiva do paciente, o vínculo emocional que sustenta a relação.

Os aspectos relativos à funcionalidade da relação assim estabelecida geraram, modernamente, um grande número de estudos centrados na eficiência/eficácia dos chamados *encontros médicos*. Estes estudos ora focalizam o paciente, ora as habilidades interacionais do médico. Na ótica do paciente, por exemplo, destacam-se os estudos sobre satisfação com a consulta (HALL & DORNAN, 1988; WARE et al.,1983) assim como sobre aquiescência e adesão às prescrições médicas (DI MATTEO & DI NICOLA, 1982). Na ótica do médico, os estudos focalizam ora os aspectos cognitivos, tais como a capacidade decisória e o diagnóstico (CICOUREL (s.d.); MARTEAU, 1989), ora os aspectos interacionais e a comunicação (por exemplo, os trabalhos já clássicos de BALINT, 1957, ou, numa postura mais interacionista, as contribuições de TANNEN & WALLAT, 1987).

Quanto aos aspectos teóricos, a ênfase é na compreensão do fenômeno e não tanto nas questões pragmáticas, sendo que a relação médico-paciente tem sido objeto de interesse por parte das ciências sociais, sobretudo por fornecer um paradigma das rela-

---

* Versão modificada do artigo publicado na *Revista Brasileira de Pesquisa em Psicologia*, 4 (2), 1992, p. 104-111.

ções sociais como um todo. Duas vertentes sistematizam a variedade de orientações dentro desta perspectiva. Em primeiro lugar, temos o conjunto de estudos que focalizam a interação propriamente dita – ou seja, sua função de comunicação. Destacam-se, aqui, as análises de Talcott Parsons que, de acordo com revisões variadas da literatura nesta área (entre elas, BLOOM & WILSON, 1972; NUNES, 1988), constituem o cerne de uma rica tradição de pesquisas que tomam a doença como desvio e o papel do médico como agente de integração social. Mais recentemente, ainda nessa vertente, tem se destacado, também, as inúmeras análises da microssociologia, entre elas as dos etnometodólogos e dos sociolinguistas analistas de conversações (por exemplo, MICHLER, 1984). Análises que, abandonando a perspectiva da ordem e complementaridade, passam a focalizar os mecanismos que – a despeito de todos os obstáculos presentes – tornam possível a comunicação.

Como segunda vertente, temos os estudos que enfatizam a função política da relação médico-paciente, estando centrados, portanto, nos conflitos e nas relações de poder. Localizam-se aí tanto os analistas de orientação marxista – que buscam nos fatores econômicos e na luta de classes o substrato das dificuldades detectadas na situação de consulta (AROUCA, 1978) –, como as perspectivas simbólicas que procuram evidenciar as mediações entre os macrodeterminantes (os aspectos estruturais) e a prática propriamente dita.

É nessa perspectiva que se situam as vertentes teóricas *construcionistas* ou *construtivistas* da psicologia social. O termo *construtivismo* foi introduzido na psicologia social por Joachim Israel (1972) de modo a ressocializar o objeto de estudo da disciplina, tomando o indivíduo como produto e produtor de realidade social (e não apenas produto das determinações sociais). Nesse enquadre, o processo de aquisição do conhecimento passa a ser visto como um processo ativo de construção em dois sentidos complementares: a) o sujeito é ativo porque dá sentido aos objetos do seu mundo – ou seja, porque constrói representações sobre estes objetos; b) é ativo, também, porque cria efetivamente o mundo social através de sua atividade. As duas dimensões (atividade simbólica e práxis) estão numa relação dialética, uma vez que o conhecimento é base da práxis e a práxis é a forma de verificação do conhecimento.

Nesse enquadre, partimos do pressuposto de que o conhecimento constitui uma forma de capital – um capital simbólico, ou cultural, em oposição ao capital econômico definido pela posse de bens materiais. Capital este que, no campo da medicina, não é distribuído equitativamente, seja porque o médico, como fruto de sua formação especializada, possui mais conhecimentos, ou porque o conhecimento que o paciente tem sobre saúde/doença, sendo fruto de sua posição de classe e pertença a grupos específicos dentro da sociedade, é qualitativamente diferente do conhecimento dito *oficial*.

Não estamos lidando, portanto, com universos consensuais (MOSCOVICI, 1988) e, como sempre acontece quando a distribuição do capital em pauta não é equitativa, os universos não consensuais são permeados por questões de poder. A hipótese central, portanto, é de que a relação médico-paciente não pode ser entendida apenas a partir da perspectiva interacionista onde somente as relações de comunicação e o confronto de subjetividades estão em pauta. Ou seja, não basta contrapor o sistema representacional dos atores envolvidos. Necessário se faz, também, como aponta Pierre Bourdieu (1974; 1989), levar em conta a posição objetiva que os diversos agentes ocupam no campo, esclarecendo, assim, as relações de força que estão aí em jogo. A relação médico-paciente emerge, desta forma, como parte de uma complexa relação de concorrência entre sistemas de representação conflituosos.

A relação de concorrência na ótica da medicina

Do ponto de vista do médico, essa relação de concorrência manifesta-se tanto dentro do sistema hegemônico (por exemplo, entre as visões de médicos especialistas e generalistas), como entre este e os diversos sistemas de cura alternativos e/ou populares.

A concorrência pelo monopólio do exercício legítimo da prática médica – e, portanto, pela legitimidade de uma determinada visão de mundo – embora sempre presente, torna-se mais visível em determinadas conjunturas. Por exemplo, no período de constituição do campo ou em momentos de reformulação, incorporação ou luta contra o novo ameaçador – a heresia.

No caso da medicina, a constituição do campo e a legitimação da medicina científica exigiram, antes de qualquer coisa, a desqualificação dos curandeiros – representantes oficiais da medicina popular. A inquisição e a queima sistemática de bruxas, muitas delas curandeiras e/ou parteiras (SPINK, 1982[1]) contribuiu muito para esse processo de desqualificação. Envolveu, paralelamente, o lento processo de profissionalização que envolveu o triplo esforço: de estruturação do ensino especializado, de criação de corporações e mecanismos de licenciamento e de alianças com os poderes políticos[2].

Tomarei a luta concorrencial entre "médicos regulares" e "médicos alternativos e/ou populares" que se processou nos Estados Unidos da América no final do século XIX como ilustração por dois motivos. Primeiro, porque a luta pela hegemonia por parte dos médicos "regulares" foi travada em um período de tempo bastante curto, podendo assim ser mais facilmente visualizada. Em segundo lugar, porque a tradição liberal exportada para os Estados Unidos juntamente com o movimento pela independência garantiu a existência, pelo menos temporariamente, de visões alternativas de prática médica.

Retomando brevemente essa história, com o objetivo de ilustrar o jogo de forças presentes em qualquer campo de saber-fazer, vale notar que o começo do século XIX, nos Estados Unidos, foi marcado pela ascensão dos médicos ditos "regulares" – arautos da modernidade e símbolos de abandono do *status* de país colonizado – e pela desqualificação das curandeiras – representantes de uma medicina doméstica e feminina. A aprendizagem da prática médica na época era feita de forma artesanal; aprendia-se atuando como assistentes de médicos mais experientes e, quando muito, complementando essa experiência com a frequência a algumas classes em escolas médicas locais (com exceção, é claro, dos médicos provenientes das classes mais abastadas, cuja posição de elite permitia o acesso às escolas médicas europeias). Impôs-se cedo esta medicina "regular" (ou oficial), pois que, já no começo do século (entre 1800 e 1820), a pressão por legitimação levou à aprovação, em dezesseis estados americanos, de legislação restringindo a prática aos médicos licenciados.

---

1. Cf. tb. o cap. 10 desta coletânea.

2. Lembrando, aqui, a participação dos médicos nos movimentos reformistas da Inglaterra, Alemanha e França (FOUCAULT, 1986; ROSEN, 1983).

Mas, impôs-se precocemente dada a ausência de um corpo de conhecimentos realmente capaz de fazer frente ao conhecimento milenar sobre ervas e receitas caseiras. Para suprir tal carência e de forma a responder às exigências de mercado, a medicina oficial, neste período, primou pela visibilidade e violência de suas práticas: as compressas de mostarda (com efeitos semelhantes ao temido gás de mostarda), sangramentos extensivos e o uso abusivo do calomel (um sal de mercúrio). Violência que, segundo análise feita por Ehrenreich e English (1979), não tardou por gerar fortes resistências na população, levando à adesão a uma variedade de movimentos alternativos.

Entre as classes populares, no início do século XIX, surgiram fortes correntes naturalistas entre as quais foram particularmente influentes os adeptos de Samuel Thompson – que fez renascer as tradições ervanárias e pregava a autocura; e os seguidores de Sylvester Graham (do Movimento Higiênico), um precursor do naturalismo moderno (o *Health Food Movement*) para quem a dieta era a chave da prevenção e cura das doenças. Aliados às contracorrentes políticas populistas (o *Workingman's Movement*), essas vertentes alternativas conseguiram significativas vitórias políticas – como a revogação ou reformulação das leis de licenciamento – assim como um certo grau de legitimação através da criação de associações de estudo (as *Friendly Botanical Societies*), escolas médicas e jornais de grande circulação.

Entre as classes mais abastadas, a reação aos médicos regulares se deu pela adesão à homeopatia que – independentemente da controvérsia sobre sua real eficácia – era, minimamente, menos invasiva e destrutiva do que as práticas dos médicos regulares.

Para fazer frente a esse cenário concorrencial e unir os médicos regulares foi criada, em 1847, a Associação Médica Americana (AMA), germe de um movimento corporativo organizado que, sob o impacto de dois fortes aliados – o crescente prestígio da ciência na sociedade norte-americana e o dinheiro da Rockefeller Foundation e da Carnegie Foundation assumiria, no início do século XX, o papel de árbitro da legitimidade. A introdução de disciplinas científicas no currículo médico das universidades, com a consequente exigência de criação de laboratórios e formação de pessoal competente em pesquisas científicas, e o apoio financeiro das Fundações Rockefeller e Carnegie, acabaram por desqualificar as escolas alternativas como lugares legítimos de obtenção de competência em medicina.

O golpe final, nesse processo de concorrência pelo monopólio do poder, foi dado pela AMA que, financiada pela Fundação Carnegie, desenvolveu, em 1887, um estudo sobre as escolas médicas americanas. Tratava-se do Relatório Flexner que, publicado em 1889, teve repercussões importantes na Europa e nas Américas, inclusive no Brasil. Sob pena de não conseguir o financiamento necessário para dar continuidade a suas atividades, as escolas médicas foram compelidas a se conformarem ao modelo proposto (no caso, o modelo da Johns Hopkins University) ou fecharem. Noventa e duas das 160 escolas então existentes fecharam ou fundiram, sendo elas em sua maioria escolas que haviam sido criadas pelos movimentos alternativos (como os Thompsonianos e os Grahamianos) ou eram voltadas ao ensino de minorias (estudantes das classes operárias, mulheres e negros). A Figura 1 permite visualizar os agentes envolvidos nesse processo e as relações de transação e de concorrência entre eles e com os usuários de serviços médicos.

Figura 1 – Constituição do campo de Medicina Científica nos Estados Unidos no século XIX

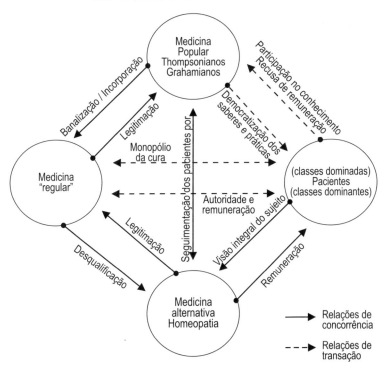

A relação de concorrência na ótica dos pacientes

Considerando, a seguir, o ponto de vista dos pacientes, partimos do pressuposto que a opção por um determinado sistema é fruto do conhecimento que temos sobre a doença que nos acomete e os diversos sistemas de cura a que temos acesso. Paralelamente, a satisfação e adesão ao tratamento prescrito serão frutos do grau de consonância entre a interpretação dos sintomas pelo médico e nossas representações sobre saúde/doença.

Alguns dos estudos desenvolvidos por antropólogos brasileiros (entre eles DUARTE, 1988; MONTERO, 1985; LOYOLA, 1984) fornecem ilustrações valiosas da relação entre as práticas de saúde – os itinerários terapêuticos ou as opções por determinados agentes do campo de cura – e as representações da saúde/doença. O estudo de Maria Andréa Loyola (1984) sobre os itinerários terapêuticos da população de Nova Iguaçu, por exemplo, revelou uma importante dicotomização entre doenças do corpo (doenças materiais) e doenças da alma (doenças espirituais). Dualidade esta que permitia aos especialistas religiosos (os pais e mães de santo; os pastores da Assembleia de Deus e os rezadores) legitimarem suas práticas face à medicina oficial.

As doenças espirituais, segundo os informantes deste estudo, seriam aquelas cuja origem foge à verificação da prática. Ou seja, no dizer de uma das mulheres entrevistadas por Loyola:

> Quando a pessoa está doente da alma, tudo aquilo que ela faz de errado ela acha que está fazendo certo. Agora, a gente que está de parte, está vendo que ela está fazendo aquilo errado. Eu acho que se ela estivesse no senso normal dela, que ela num tivesse doente do espírito, com uma grande enfermidade da alma, num tinha praticado aquela determinada coisa. Já a doença da matéria é outra bem diferente, a pessoa sente dores, sente febre, sente tudo, procura tomar remédio, procura ir ao médico, procura tratar... (mulher de operário, 39 anos, citada em LOYOLA, 1984: 164).

Ou aquelas que o médico desconhece ou não compreende:

> Porque há uma fraqueza geral que não acusa nas chapas.
> Porque os médicos não acreditam em espinhela caída. A espinhela caída é este osso aqui (externo) que começa a cair... Tanto que ela começa com bambeza nas pernas, nos braços. A senhora não tem condições de se mover, a senhora perde a fome...tem febre...

Aí o médico fica tratando como tuberculose, mas não é (empregada doméstica, 40 anos, citada em LOYOLA, 1984: 168).

Ou, ainda, aquela que o médico não cura:

Eu sentia dor nas costa, dor no corpo, e o médico falou assim: "Ah! Não é nada". Disse que era dor reumática. Aí eu procurei um centro espírita e por reza melhorei da dor (dona de casa, 38 anos, citada em LOYOLA, 1984: 165).

Segundo Loyola, os limites entre essas duas categorias – doença da alma e do corpo – são bastante tênues, havendo, assim, um grande número de doenças que ocupam posições intermediárias podendo, portanto, ser tratadas simultaneamente, ou consecutivamente, por representantes da Medicina oficial (médicos, farmacêuticos), da Medicina tradicional (benzedores e especialistas em ervas) ou especialistas religiosos.

A compreensão do sistema de representações do paciente será tanto mais importante quanto maior for a ênfase na responsabilidade a ele atribuída frente à prevenção da doença e promoção da saúde, ou frente à mobilização dos seus poderes de cura. Entretanto, a adoção desta perspectiva reduziria a interação médico-paciente a uma problemática cognitiva onde o que estaria em pauta seria meramente a educação do paciente para garantir uma maior conformidade com a visão médica hegemônica. Tal perspectiva tenderia a ignorar, de um lado, os determinantes sociais que sustentam as representações em questão; e, de outro – e talvez mais importante –, dissimularia as relações de força que estão subjacentes a essa interação.

Retomando a relação entre médicos e pacientes

Ao nos debruçarmos sobre o *modus operandum* da consulta médica, verificamos que estamos confrontando representações de saúde/doença que, mais que conflitantes, são arbitrárias. É fato que uma, a do médico, repousa sobre a autoridade da ciência enquanto a outra nada mais é do que um conhecimento do senso comum.

Entretanto, nem a autoridade da ciência é fenômeno unitário e nem o abismo entre ciência e senso comum é intransponível. Assim, o exame ainda que superficial das teorias presentes no campo da medicina revela a existência de representações alternativas até mesmo quando estas são embasadas no *corpus* de conhecimentos científicos. Por exemplo, a presença incômoda da homeopatia e da acupuntura na medicina oficial. Também a epistemologia moderna não sustenta a autoridade inquestionável da ciência ou o abismo irreconciliável entre esta e o senso comum. E, para coroar o argumento, a literatura demonstra claramente que o senso comum é, em última instância, fruto das teorias científicas, embora muitas vezes sejam meros resíduos de saberes já descartados pela ciência oficial.

O estudo já clássico de Luc Boltanski (1969) sobre as práticas de puericultura entre as classes populares da França ilustra bem este argumento. Os exemplos fornecidos levam-nos a concluir que várias crenças populares têm sua origem na medicina oficial de séculos passados. É o caso dos "desejos" para as mulheres grávidas e seus efeitos sobre o desenvolvimento do feto. Essa questão, que a partir do começo do século XX só será mencionada nos manuais médicos de divulgação como caprichos, no século XIX constituía um problema médico legítimo discutido em ensaios médicos eruditos ou de divulgação popular. Para Boltanski, portanto:

> Interrogar os membros das classes baixas sobre seus saberes médicos é, então, de certa maneira, consultar uma obra histórica de medicina. Os membros das classes populares são, com efeito, os últimos detentores de saberes médicos antigos, ignorados pelos membros das classes superiores e que a medicina oficial atual esqueceu... Se os membros das classes mais baixas podem ser hoje os porta-vozes inconscientes de médicos do século passado, não será porque o saber médico legítimo se difunde com uma velocidade desigual por entre as diferentes camadas sociais, em função de sua distância relativa da cidadela do saber, tocando primeiramente os membros das classes superiores, depois as classes médias, e finalmente as classes populares, onde vem a ser depositado sob a forma de fragmentos ou debris? (BOLTANSKI, 1969: 69).

Na medida em que se concebe as interpretações divergentes como construções sociais alternativas da realidade, torna-se possível restituir às teorias implícitas dos vários atores (os médicos e seus pacientes) sua condição de *modelos possíveis do real*. Torna-se, portanto, mais apropriado, conceber a interação resultante como uma *ordem negociada*.

A noção que a ordem social é essencialmente uma ordem negociada permeia, implícita ou explicitamente, as teorias que visam explicar as relações sociais de forma não determinística – sejam estas vistas a partir da ótica do consenso ou do conflito. Ou seja, quando os atores sociais em interação são vistos como tendo papel ativo e criativo.

O conceito de *ordem negociada* emerge essencialmente entre os sociólogos da segunda geração de interacionistas (herdeiros de Parker, Thomas e Mead) sendo por eles utilizado para compreender as transações quotidianas que fazem com que a comunicação face a face – ou a vida organizacional – seja possível. O termo *ordem negociada* tende a ser associado a Anselm Strauss, que o introduziu em sua análise do funcionamento do hospital psiquiátrico (STRAUSS, 1963). Nesse sentido, a organização passa a ser concebida como um processo de contínua negociação de objetivos e de divisão de trabalho, sendo a ordem negociada resultante da condição de viabilidade da organização. Vale ainda apontar que, ao aplicar a noção de ordem negociada à relação médico-paciente no enquadre construcionista, estamos propondo que se retome o sentido de interação, presente nas teorizações originais dos interacionistas, como construção social da realidade.

Ao conceituar os encontros médicos como eventos particulares de um campo de forças, trazemos à baila a questão do poder simbólico e do potencial que esses encontros têm de domesticação das visões de mundo alternativas. Entretanto, e contraditoriamente, a tendência da medicina moderna de devolver a responsabilidade (pela prevenção, promoção ou cura) ao paciente acaba gerando a necessidade de levar em conta essas diferenças e de torná-las parte integrante da relação (e não meramente subordiná-las à visão de mundo do médico).

Em suma, face às opções de tratamento existentes, determinadas pela multiplicidade de agentes que atuam no campo (ou seja, de itinerários terapêuticos possíveis), as opções coercitivas (a imposição da visão de mundo do médico) ou manipulativas (os caminhos da "educação") tendem a perder força diante das opções negociadas. Abrir-se à ordem negociada, no caso, implica dar voz às visões de mundo do interlocutor, dialogando com as representações que a parte dominada (o paciente, especialmente se membro das classes populares) dispõe para pensar e falar de sua condição.

Considerando as questões estruturais do campo da medicina, talvez essa negociação de sentidos seja possível apenas quando a relação entre médicos e pacientes for mediada por meio de agenciadores paramédicos ou externos ao campo (como as entidades que advogam pelos direitos de certos grupos de pacientes ou doentes), coletivizando, portanto, o trabalho de conscientização.

Para concluir – lembrando que confronto é acima de tudo um fator de crescimento – faço minhas as palavras de Bourdieu e

> direi que é importante que o espaço onde é produzido o discurso sobre o mundo social continue a funcionar como um campo de luta onde o polo dominante não esmague o polo dominado, a ortodoxia não esmague a heresia. Porque neste domínio, enquanto houver luta, haverá história, isto é, esperança (BOURDIEU, 1989).

13. OS SENTIDOS DE SER VOLUNTÁRIO
Uma reflexão sobre a complexidade dos ensaios terapêuticos na perspectiva da psicologia social*

De forma a compreender os complexos caminhos que levam à inclusão de voluntários em ensaios terapêuticos e os mecanismos que asseguram sua adesão aos protocolos de pesquisa, pensamos ser necessário mapear os atores e fatores presentes neste cenário. As análises sobre o tema frequentemente focalizam a dinâmica da relação entre os pesquisadores diretamente responsáveis pela execução do protocolo e os voluntários. Considerando, entretanto, que essa relação desenha-se a partir da inserção desses atores num cenário mais amplo, procuraremos, neste ensaio, ampliar a discussão buscando desvelar o sentido de ser voluntário a partir da reflexão sobre os atores e fatores presentes em três níveis de análise: a) os macrofatores que possibilitam entender algumas das determinações sociais que sustentam as possibilidades e os limites dos ensaios clínicos; b) os principais interlocutores na realização desses ensaios e c) os atores diretamente envolvidos no cotidiano dos ensaios.

---

* Publicado originalmente nos *Anais do Seminário de Cooperação Brasil-França – Ensaios clínicos dentro do quadro da infecção pelo HIV/Aids*. Brasília: Ministério da Saúde, 1998, p. 41-47.

Os macrofatores nos ensaios terapêuticos

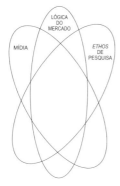

Três fatores no nível macro das determinações sociais dos ensaios terapêuticos merecem especial destaque: a lógica do mercado; o *ethos* de pesquisa e a mídia. Situar esses ensaios na perspectiva da *lógica do mercado* é fundamental, visto que cada vez mais a pesquisa científica tende a sair dos laboratórios vinculados às universidades e desenvolver-se em parceria com, ou inseridos, nas indústrias farmacêuticas.

As pesquisas na área biomédica tendem a ser custosas e as universidades, cada vez mais sucateadas, dificilmente arcam com esses custos. A migração da pesquisa biomédica dita "pura" para o âmbito da indústria farmacêutica coloca duas forças em contraposição: de um lado as considerações sobre custo/benefício em termos estritamente econômicos e, de outro lado, o impulso em direção ao desbravamento economicamente descompromissado do não familiar, pautado pelo *ethos* de pesquisa que vem sendo formatado ao longo dos últimos séculos pela atividade de pesquisa no âmbito das universidades.

O segundo fator que merece destaque na consideração sobre o nível macro é o próprio *ethos de pesquisa* e, especialmente, as transformações nessa esfera, decorrentes das reflexões atuais sobre a natureza da pesquisa que envolve seres humanos. Na tradição que tem Galileu como mito fundador, o *ethos* de pesquisa pautava-se sobretudo pelos procedimentos de pesquisa apoiados no método científico. Ou seja, nas normas de bom procedimento que garantem a validade e fidedignidade dos resultados obtidos. Entretanto, a crescente visibilidade das atividades de pesquisa e o fortalecimento da sociedade civil complexificaram imensamente a questão ética e propulsionaram o desenvolvimento do campo de estudos da bioética. A pesquisa com seres humanos, especialmente a partir do Código de Nuremberg, promulgado em 1947, da Declaração dos Direitos do Homem, de 1948 – ambos formulados sob o impacto da Segunda Guerra Mundial –, e da Declaração de Helsinque, datada, em sua versão original, de 1964, passou a ser regulada não apenas pelas regras de boa conduta relativas ao método científico, como também pelas regras de boa conduta ética baseadas no sentimento de solidariedade e respeito pelo outro.

Finalmente, o terceiro fator que gostaríamos de destacar neste nível macro é a *mídia*. Gostaríamos, sobretudo, de postular que a mídia, neste final de século, constitui o principal motor da circulação das ideias na sociedade, responsável em grande parte pela divulgação de informações e contribuindo, dessa forma, para a constituição dos repertórios do imaginário social por nós usados para dar sentido ao mundo. A mídia talvez nem sempre cumpra seu papel de forma responsável, não porque não esteja pautada pela ética, mas porque nem sempre tem o *know-how* necessário para ancorar as informações derivadas de esferas técnicas. Entretanto, cumpre sempre o importante papel de colocar em contato – direta ou indiretamente – os diferentes atores sociais a partir dos quais se faz a notícia. Por exemplo, o novo medicamento que sai do laboratório para os testes de fase I, II ou III, ao virar notícia, envolve minimamente a instituição que abriga o laboratório, a figura de um ou mais cientistas, a instituição que desenvolve os ensaios clínicos e os voluntários. Todos eles "fazem a notícia". Dito de outra forma, há sempre um ou mais interlocutores presentes numa notícia.

A interlocução central: indústria farmacêutica e entidades reguladoras

O segundo nível de análise por nós considerado coloca em confronto os principais interlocutores na realização de ensaios terapêuticos: a indústria farmacêutica e as entidades (as que regulamentam as pesquisas na área biomédica e aquelas que advogam pelos direitos das pessoas). É a partir desse confronto que se definem os contornos concretos dos ensaios.

Nos dias atuais, é a *indústria farmacêutica* que define e financia os protocolos de pesquisa de novos medicamentos. Se, de um lado, como apontado anteriormente, ela responde à lógica do mercado e do *ethos* de pesquisa, de outro lado ela é continuamente monitorada pelas entidades que regulamentam e/ou advogam pelos direitos das pessoas. O protocolo compassional, que permite acesso a drogas ainda em estudo a portadores de Aids em estado avançado, é um exemplo de resposta às pressões emanadas das entidades reguladoras dos direitos das pessoas.

Essas *entidades reguladoras* constituem cada vez mais um cenário de grande complexidade, especialmente porque os direitos das pessoas frente aos protocolos de pesquisa são definidos e reinterpretados por instâncias variadas. No Brasil, no caso da Aids, por exemplo, as pesquisas são regulamentadas pela Resolução 196, de outubro de 1996, que substitui a Resolução 01/88 do Conselho Nacional de Saúde. Resolução esta que incorpora diretrizes internacionais anteriormente definidas e outras mais recentes, tais como as Diretrizes Éticas Internacionais para Pesquisas Biomédicas Envolvendo Seres Humanos (Cioms/OMS, 1982/1993) e a Lei Orgânica da Saúde 8.080/90. São ainda regulamentadas e monitoradas por instâncias corporativas variadas, como o Conselho Federal de Medicina, e por instâncias locais, como as comissões de ética da instituição onde a pesquisa é desenvolvida. Finalmente, são monitoradas pela sociedade civil organizada, como no caso das Organizações Não Governamentais voltadas à luta contra a Aids.

Há uma diferença considerável no papel que as entidades que regulamentam a pesquisa em seres humanos e as que advogam pelos direitos das pessoas têm na condução dos ensaios terapêuticos. As entidades que zelam pelos direitos das pessoas na esfera dos ensaios terapêuticos têm papel preponderante em duas situações: 1) na formatação dos protocolos de pesquisa por meio da especificação dos princípios éticos que regem as pesquisas com seres humanos, como é o caso da Resolução 196/96 do Conselho Nacional de Saúde, atualmente em tramitação; 2) na aprovação dos protocolos pelas comissões de ética das instituições de pesquisa. Em contraste, as entidades que advogam pelos direitos das pessoas têm papel fundamental no monitoramento do desenvolvimento destes protocolos. Por exemplo, as Organizações Não Governamentais de São Paulo criaram recentemente o Comitê de Acompanhamento Comunitário de Pesquisa em HIV/Aids – CAC com o objetivo de monitorar não apenas os ensaios clínicos em andamento, como também estudos de incidência como o Projeto Bela Vista[1]. Um outro exemplo, mais dramático e incisivo, foi a ini-

---

1. *Estudo de incidência da infecção pelo HIV entre homens que fazem sexo com homens,* conduzido em São Paulo de 1994 a 2000 com financiamento da Unaids e do Ministério da Saúde.

ciativa do Grupo pela Vida/São Paulo que entrou com uma representação no Conselho Regional de Medicina de São Paulo questionando o uso isolado do AZT no protocolo de pesquisa do Indinavir, conforme relatado nos *Cadernos pela vida*, VI:19, 1996.

Há ocasiões, entretanto, em que estes papéis fundem-se. As entidades regulamentadoras por vezes encampam pautas prioritárias das entidades monitoradoras, como no caso do protesto contra os preços dos medicamentos de nova geração durante a XI Conferência Internacional de Aids em Vancouver, liderado pela coordenadora do Programa Nacional de DST/Aids, Dra. Lair Guerra de Macedo. As entidades monitoradoras, por sua vez, têm assento em diversas comissões – Conselho Nacional de Saúde, Comissão Nacional de Vacinas, Comissão Nacional de Aids – criando-se um jogo de sedução que abre oportunidade para a cooptação e abandono do papel de porta-voz dos movimentos sociais.

Os atores centrais: pesquisadores, clínicos e voluntários

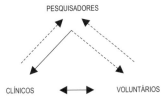

Passando finalmente ao terceiro nível da análise, o cotidiano dos ensaios terapêuticos triangula três conjuntos de atores: os pesquisadores, os clínicos responsáveis pela condução dos ensaios e os voluntários.

Iniciando esta análise com o(s) *pesquisador*(es), é importante ressaltar que sua relação com os demais atores do cotidiano dos ensaios é muitas vezes indireta. Pensando no caso concreto dos ensaios com os inibidores de protease conduzidos em São Paulo atualmente, os pesquisadores responsáveis estão em outra instituição e em outro país. Pode haver uma delegação para atores locais: os pesquisadores principais da instituição onde o ensaio é conduzido. Mas o protocolo é essencialmente definido no âmbito da instituição financiadora, no caso, uma indústria farmacêutica. O pesquisador, pensado aqui como uma categoria e não como um indivíduo, é assim o depositário das contradições entre a lógica do mercado, o *ethos* de pesquisa e as pressões da mídia. Regendo-se pela lógica galileica – metáfora aqui utilizada para referirmo-nos às exigências da pesquisa metódica – o pesquisador é o porta voz do método científico. Quanto maior sua distância em relação ao cotidiano da clínica de Aids, maior será sua angústia face às pressões humanitárias/compassionais que ameaçam o protocolo. Ao inverso, quanto maior sua proximidade com o cotidiano da clínica de Aids, maior será sua angústia frente às contradições entre atendimento humanitário e exigências do protocolo.

Fica pontuada, dessa forma, a ambivalência potencial do papel de pesquisador nos ensaios clínicos, possibilitando descortinar o drama (no sentido que Goffman (1959) dá ao termo) do segundo personagem na triangulação essencial nos ensaios terapêuticos: o *clínico*. Propomos, aqui, que a relação face a face por excelência nestes ensaios é a do clínico com o voluntário. Compete ao clínico, nesta situação, a pré-seleção dos voluntários atendendo aos critérios de inclusão/exclusão e o acompanhamento médico, do início ao fim do protocolo.

Considerando em primeiro lugar os critérios de inclusão/exclusão, o clínico, no papel de pesquisador, traz para esse cenário suas representações sobre o que vem a ser um "bom voluntário". Para ilustrar essa dinâmica citamos os dados de pesquisa desenvolvida em Marseille, França (MORIN & MOATTI, 1996), sobre os voluntários do protocolo Delta. A análise dos dados qualitativos sugere que a seleção de voluntários pelos médicos estava condicionada não apenas pelos critérios oficiais de inclusão, como também por critérios psicossociais de exclusão, baseados em teorias implícitas sobre aderência e não aderência. Essas teorias, segundo os autores, estavam ancoradas em três aspectos: a) elucubrações sobre os modos de contaminação que tendiam a excluir os usuários de drogas por considerá-los menos confiáveis; b) considerações sobre o estilo de vida que levavam a privilegiar a estabilidade social, usando como indicadores a existência de relações estáveis como o casamento, a paternidade e o vínculo empregatício; c) o nível intelectual passível de maximizar a compreensão dos procedimentos de pesquisa.

Passando, a seguir, para as agruras do acompanhamento médico, o clínico, pautando-se pela lógica hipocrática, é muitas vezes o depositário das incertezas decorrentes da velocidade com que avançam as pesquisas, especialmente quando o cenário em análise é a pesquisa em Aids. Dentre os muitos casos já catalogados, bastaria citar como exemplo o protocolo para estudo do Indinavir, da Merck, Sharpe e Dhome, que, no segundo dos três anos de acompanhamento previsto, já enfrentou duas mudanças importantes na terapêutica de Aids. A primeira refere-se às progressivas evidências contrárias à utilização do AZT em monoterapia, que levaram à eventual mudança no protocolo original. Se de um lado a mudança no protocolo pode ser considerada como demonstração da sensibilidade da ciência (mesmo quando sujeita às leis do mercado) aos aspectos bioéticos da pesquisa (mesmo que esta sensibilidade seja moldada pelos grupos de pressão), de outro lado a lentidão com que se processou essa mudança sugere que há fortes resistências em operação.

A segunda mudança refere-se à crescente centralidade da carga viral como indicador da evolução da infecção, tornando problemática tanto a adoção do *end-point* clínico previsto no protocolo original quanto a não revelação – para os clínicos ou voluntários – dos indicadores laboratoriais.

Todo esse complexo cenário desemboca efetivamente na figura do *voluntário*. É ele o terceiro elo do triângulo relacional que é criado no cotidiano dos ensaios terapêuticos. O último ator a entrar em cena, mas talvez o mais central uma vez que são as suas respostas clínicas/laboratoriais que constituirão as evidências necessárias para a avaliação dos resultados do estudo.

O voluntário dos ensaios terapêuticos, sendo portador do HIV, traz para este cenário a lógica da esperança, fator gerador tanto de potência quanto de vulnerabilidade e, portanto, intrinsecamente ambivalente. A lógica da esperança o torna singular em face de outras categorias de voluntários – por exemplo os que se candidatam a ensaios de vacinas anti-HIV/Aids. Essa diferença ocorre até mesmo no âmbito dos ensaios terapêuticos. Morin e Moatti (1996) observaram que os voluntários do protocolo Delta formavam dois grupos distintos quanto às motivações para participação nos ensaios. Para os pacientes sintomáticos, a principal motivação era a esperança da cura ou do retardamento da morte; em contraste, para os pacientes assintomáticos, era o tratamento personalizado ou mesmo a percepção da importância da pesquisa médica que os sustentava nesse empreendimento.

Os voluntários potenciais de ensaios de vacinas anti-HIV/Aids apresentam certa similaridade com os pacientes assintomáticos de ensaios terapêuticos descritos por Morin e Moatti, na medida em que enfatizam com certa frequência a importância da pesquisa em si. Diferem, entretanto, por pautarem suas motivações sobretudo pela solidariedade. Essa dimensão tem sido destacada em estudos variados: na França (Giami *et al.*, 1993), nos Estados Unidos da América (McQueen *et al.*, 1993) e no Brasil (SPINK et al., 1996).

Tendo negociado o ingresso na interface entre motivações e critérios de inclusão/exclusão, a atenção passa a ser focalizada na aderência ao protocolo, questão muitas vezes banalizada pelo uso exclusivo do critério de comparecimento às consultas agendadas. O avanço das pesquisas nessa área sugere, entretanto, que a aderência é um fenômeno complexo e pouco entendido, pautando-se no mais das vezes pelo *não dito* do que pelos comportamentos observáveis. Apoiando-nos mais uma vez na pesquisa de Morin e Moatti (1996), estes autores subdividiram as falhas quanto à aderência no caso do protocolo Delta em dois tipos. Primeiramente as falhas voluntárias, tais como a interrupção por causa de férias ou, mais espetacular porque coletivo, o uso compartilhado dos medicamentos, fenômeno amplamente divulgado durante os ensaios clínicos do AZT. O segundo tipo, classificado como falhas involuntárias, engloba uma série de estratégias adaptativas, tais como o esquecimento ou a livre interpretação do que vem a ser "tomar o medicamento", entre elas observar corretamente a quantidade, mas adaptar o horário ao ritmo de vida.

A aderência assim pensada é um complicador, seja porque é de difícil acesso ao observador, ou porque, passando despercebida, seus efeitos tendem a não ser analisados na avaliação dos resultados da pesquisa. Busca-se, sem dúvida, superar essas dificuldades. O protocolo do Indinavir, por exemplo, prevê o uso de um diário onde o voluntário anota o horário em que os medicamentos são tomados, assim como quaisquer sintomas que porventura apareçam. As anotações variam muito entre os voluntários e há evidências de que essas anotações não correspondem às práticas adotadas: por exemplo, os casos em que a periodicidade anotada não condiz com a quantidade de medicamento restante nos frascos devolvidos.

Conclusão: retomando a complexidade

Os três níveis de análise aqui considerados podem ser visualizados, em seu conjunto, na figura abaixo. Sugerimos que a pesquisa integradora voltada à compreensão da inclusão e aderência aos ensaios terapêuticos tem necessariamente que levar em consideração a complexidade do cenário em que se inserem esses ensaios. Muito embora o foco – no caso da psicologia social – tende a ser o cotidiano dos ensaios, a sensibilidade ao contexto maior, aqui representado pelos fatores do nível macro e atores intermediários, constitui apoio imprescindível para a interpretação.

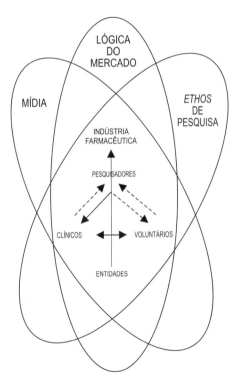

Pensando sobretudo na relação entre os médicos clínicos e os voluntários, outros fatores e atores poderiam ser incluídos neste modelo. Do ponto de vista do voluntário, o *apoio social possível*, representado pela família, amigos, empregadores e pelas facilidades de acesso aos serviços de saúde, é também elemento importante para a compreensão das motivações para ingresso e aderência ao protocolo de pesquisa. Do ponto de vista do clínico, o acesso à informação e a possibilidade de discutir, com colegas e com os pesquisadores responsáveis, os aspectos técnicos e éticos da pesquisa é também um elemento central na sustentação do cotidiano destes ensaios.

Não é, entretanto, a completude do modelo que está em pauta e sim seu potencial para sensibilizar os analistas, pesquisadores, e avaliadores para a complexidade do contexto em que estes ensaios são conduzidos. Tal complexidade, curiosamente, constitui-se como fator de mudança social, mais do que como bloqueador da ação. A consciência da existência de atores variados induz a consciência da existência de uma multiplicidade de linguagens sociais, consciência essa que desenha a possibilidade de comunicação a partir do respeito pela diferença de posições.

PARTE IV

CONHECIMENTO E PRODUÇÃO DE SENTIDOS NO COTIDIANO

A saúde como campo de pesquisa
da psicologia social

A parte final desta coletânea tem por objetivo ilustrar alguns caminhos de pesquisa sobre os processos saúde e doença na abordagem da psicologia social construcionista. Tendo em vista que a adoção da perspectiva construcionista antecede a escolha de referencial teórico, como discutido anteriormente, é esta que serve como elo entre os quatro textos. É o fator permanência que sustenta a aparente diversidade teórica. Entretanto, se vista no conjunto, esta aparente diversidade ilustra o desenvolvimento teórico que, tendo como cerne o mesmo objeto de estudo – o conhecimento – levou da cognição social à teoria das representações sociais e desta à psicologia discursiva.

Esta trajetória tem como motor o amadurecimento da reflexão epistemológica que colocou na berlinda a noção ortodoxa de conhecimento, com a inevitável cisão entre ciência e senso comum e, dessa maneira, levou a questionar as próprias bases das práticas em saúde.

O conhecimento para o construcionismo

Desde a publicação, em 1985, do artigo clássico de Kenneth Gergen, intitulado The social constructionist movement in modern Psychology, passou a ser consenso que a investigação construcionista em psicologia social preocupa-se com a explicitação dos processos por meio dos quais as pessoas descrevem e explicam o mundo em que vivem, incluindo aí a si mesmos. Difere da epistemologia tradicional por transferir a explicação desses processos das regiões internas da mente para a exterioridade dos processos de interação humana.

Esta postura requer, de um lado, abdicar da visão representacional de conhecimento que nos acompanha desde a aurora da modernidade clássica. Como nos diz Tomás Ibañez, "no es posible distinguir entre nuestra inteligencia del mundo y el mundo como tal" (1994: 6). O conhecimento deixa de ser um desvelamento ou descoberta de uma realidade previamente instituída para ser tomado como processo ativo de construção que assim institui o que chamamos de realidade (e que nada mais é que as objetivações decorrentes de nossas convenções e práticas).

A noção construcionista de conhecimento é também fortemente marcada pelo historicismo e culturalismo. Como diz Gergen (1985), os termos em que o mundo é compreendido são artefatos sociais que são produtos de trocas historicamente situadas entre pessoas. Tal postura vem ao encontro do interesse que há muito se fazia presente na minha trajetória de pesquisa e que achou ecos no belo trabalho de Thomas Lacqueur sobre as mudanças no significado atribuído às diferenças sexuais ocorridas entre a Renascença (quando predominava o modelo explicativo do "sexo único") e o século XVIII, quando passou a predominar o modelo de dois sexos incomensuráveis. Procurando entender esta mudança de paradigma, que inaugura uma nova forma de interpretar o corpo e as diferenças sexuais, Lacqueur nos leva a uma viagem ao tempo cujo objetivo é mostrar...

> como poderosas noções pré-concebidas sobre semelhanças e diferenças determinam o que vemos e reportamos sobre o corpo. O fato dos gigantes da anatomia renascentista persistirem em ver a vagina como uma versão internalizada do pênis sugere que quase todos os sinais de diferença são dependentes de uma teoria subjacente, ou de um contexto específico, que permita decidir o que conta e o que não conta como evidência (LACQUEUR, 1990: 21).

É essa interpenetração entre repertórios linguísticos historicamente situados e teorias científicas que passou a ter centralidade na maneira de pesquisar os fenômenos da saúde e doença que são discutidos nesta parte do livro. Mas não foi só a historicidade própria ao construcionismo – melhor entendida no esquema temporal tripartite apresentado na introdução à terceira parte desta coletânea – que influenciou a maneira específica de trabalhar com práticas discursivas. O princípio básico de que o conhecimento é algo que fazemos juntos levou a uma forma de trabalho que privilegiou os processos de coconstrução de sentidos, lembrando que, como apontado na introdução, o conhecimento é visto por nós como uma forma de produção de sentido. Foi por esse caminho que buscamos desenvolver formas de trabalhar com a dialogicidade dos processos de produção de sentidos.

Incorporando a dialogicidade nas análises de práticas discursivas

Os quatro capítulos desta série ilustram também o desenvolvimento das técnicas de análise em resposta à necessidade de incorporar, na análise, a dialogicidade dos processos de produção de sentidos.

As formas de trabalhar as interações no tempo do aqui e agora foram fortemente influenciadas pelas teorizações de Bakhtin (1994; 1995) a respeito da linguagem. Para este autor, a unidade básica da comunicação é o enunciado, definido como um elo na cadeia de comunicação. O enunciado pode ser uma palavra, uma sentença ou várias sentenças e tem como características as fronteiras, os gêneros de fala e o endereçamento. Esses três elementos são essencialmente dialógicos. As fronteiras de cada enunciado concreto são definidas pela mudança de locutor, sendo o diálogo – no qual há alternância de locutores – a forma clássica de comunicação.

Os nossos enunciados usam formas relativamente típicas e estáveis de fala que formam o substrato compartilhado que possibilita a comunicação: os gêneros de fala. Como os gêneros de fala não são formas linguísticas e sim formas típicas de enunciados, herdam um certo tipo de expressividade. Os gêneros de fala se expressam também por intermédio de estilos individuais.

Todo enunciado é resposta ao enunciado que o precedeu. Está, portanto, atravessado por dialogicidade. É o que chamamos de *interanimação dialógica*. Distinguindo-se das unidades de significação da linguagem – as palavras e sentenças –, que são impessoais, não pertencem a ninguém e não são endereçadas a ninguém, o enunciado tem tanto um autor (e, portanto, expressividade) como um destinatário. Esse destinatário pode ser um participante-interlocutor imediato que está presente em um diálogo do cotidiano, um coletivo diferenciado de especialistas em alguma área de comunicação cultural específica, um público mais ou menos diferenciado, um grupo étnico, contemporâneos, pessoas de mentalidade semelhante, oponentes e inimigos, um subordinado, um superior, alguém que lhe é inferior, superior, familiar, estrangeiro e daí por diante. E pode ser também um outro indefinido, não concreto.

A composição e, em especial, o estilo do enunciado depende de para quem o enunciado é endereçado, de como o locutor (ou escritor) percebe e imagina seus destinatários, e da força de seu efeito no enunciado. Cada gênero de fala, em cada arena de comunicação, tem sua concepção típica de destinatário, e é isto que o define como um gênero.

Estas considerações a respeito da dialogicidade foram centrais para impulsionar uma forma de análise de práticas discursivas que pudesse dar visibilidade à coconstrução própria dos processos e produção de sentidos.

Apresentando os capítulos

O primeiro capítulo – Crenças sobre os desejos na gravidez e busca de informação: a produção de sentidos na perspectiva das disposições adquiridas nos processos de socialização – focaliza a busca de informação sobre gravidez e parto por parte de mulheres primigestas. Os dados desta pesquisa foram obtidos na pesquisa realizada para obtenção do título de doutor. Embora a análise contemple a influência das disposições adquiridas em função da pertença a grupos sociais específicos na busca de informação, esta pesquisa traz as marcas de um curso de pós-graduação fortemente embasado no cognitivismo.

Assim, a primeira parte do capítulo volta-se aos padrões de busca de informação durante a gravidez, procurando entendê-los à luz da experiência prévia com eventos relacionados e o nível de escolaridade das mulheres. Como esperado, observaram-se diferenças importantes nos padrões de busca de informação associados ao nível de escolaridade: quanto mais alto o nível, maior a tendência a utilizar um número maior de fontes de informação e incluir entre elas as de tipo formal, como livros especializados.

Mas o aspecto interessante desses resultados é a natureza cumulativa desses padrões de busca de informação; ou seja, nos níveis educacionais mais altos, as fontes de informação utilizadas pelos níveis mais baixos de escolaridade não são descartadas. Novas fontes são acrescentadas às menos sofisticadas. Na direção inversa, observou-se, entre as mulheres com menos escolaridade, a tendência a usar uma única fonte de informação – fosse esta formal ou informal – como se a informação fosse monolítica.

Já a segunda metade do texto, de teor mais qualitativo, explora as implicações do uso de fontes formais e informais para a experiência de gravidez, focalizando para isso um aspecto que pareceu particularmente rico: os desejos por alimentos específicos na gravidez. Foram exploradas tanto a experiência de desejos como as crenças sobre as consequências de desejos não satisfeitos.

As análises realizadas, sobretudo no que diz respeito às crenças, contribuíram para a ressignificação do enquadre cognitivista e para a abertura às propostas mais dialógicas sobre o conhecimento, entendendo-o como negociação de sentidos no confronto entre a autoridade científica que permeia as fontes formais – incluindo aí as consultas médicas – e os repertórios do cotidiano.

O segundo capítulo – intitulado Permanência e diversidade nas representações sociais da hipertensão essencial arterial: entendendo a produção de sentidos em uma perspectiva temporal – já se distancia muito da abordagem cognitivista, buscando subsídios na teoria das representações sociais. Entretanto, fazendo uma leitura construcionista, influenciada por autores como Berger e Luckman, na Sociologia, e Tomás Ibañez e Jonathan Potter na psicologia social, a teoria das representações sociais, já neste texto, assume conotações bastante singulares. Por exemplo, o texto adota uma noção de contexto que deixa de ser definido apenas como o espaço social em que a ação se desenrola, incorporando uma perspectiva temporal que triangula o tempo longo, o tempo vivido e o tempo curto da interação. É a articulação desses tempos que permite entender o que antes parecia paradoxal: a convivência da polissemia e diversidade (encontrada nas trocas do tempo curto) com a permanência de conteúdos do tempo longo da história.

Querendo entender as negociações complexas travadas entre pacientes e médicos no contexto dos serviços de saúde, optei por estudar a hipertensão arterial essencial por ser ela de causas biológicas pouco compreendidas. Estando associada a fatores decorrentes do estilo de vida, como o *stress*, possibilitava estudar os sentidos a ela atribuídos, as explicações causais e a adesão ao tratamento.

A incorporação plena dos três tempos na produção de sentidos – na época ainda discutida em termos de representações sociais – levou a um desenho de pesquisa que buscava entender: 1) os repertórios interpretativos sobre hipertensão formatados no âmbito da medicina, usando para este fim dois periódicos clássicos da área[1] analisados diacronicamente; 2) as representações de médicos clínicos gerais e pacientes sobre a hipertensão arte-

---

1. *Journal of the American Medical Association – Jama*, e a revista britânica, *Lancet*.

rial essencial; e 3) as negociações sobre causas e tratamentos durante a consulta médica.

O objetivo principal da pesquisa era entender como as representações orientavam a ação, entendendo ação como prescrição de tratamento, no caso do médico, e aderência a este, no caso dos pacientes. Partindo do pressuposto de que as representações de médico e pacientes diferiam por sua proximidade relativa com a informação da ciência, estávamos também interessados em entender como as visões diferentes eram negociadas na consulta. Com este intuito, foram gravadas quatro consultas deste médico com duas mulheres e dois homens – duas realizadas numa clínica particular e as outras duas num ambulatório público. Em momento posterior, entrevistamos o médico e os quatro pacientes de modo a entender melhor o sistema representacional que dava sustento à interação.

Essa pesquisa também é relevante por ter fomentado o desenvolvimento de uma técnica de análise de entrevistas – os mapas de associação de ideias – que se tornou uma ferramenta imprescindível para a compreensão da dialogia nos processos de produção de sentidos.

O terceiro capítulo – A onipresença do câncer na vida das mulheres: entendendo os sentidos no fluxo das associações de ideias – já é uma ilustração do trabalho com práticas discursivas e produção de sentidos. Tem especial relevância por ter propiciado o desenvolvimento pleno de uma diversidade de estratégias analíticas: as árvores de associação, as linhas narrativas, além das versões mais sofisticadas dos mapas de associação de ideias. Embora ainda não incorpore plenamente a dialogia, constitui uma fase de transição entre as abordagens mais centradas nos processos individuais de produção de sentidos e as que tomam os sentidos como coconstrução.

Utilizando várias técnicas de análise das entrevistas com mulheres que não tiveram experiência com câncer da mama, o capítulo busca discutir a centralidade do câncer na vida dessas mulheres, sendo a doença algo que suscita medos variados e que exige, em contrapartida, uma vigilância continuada. Foi interessante observar que, ao falar do câncer da mama, frequentemente essas mulheres referiam-se a Deus. Mas não se tratava de fé ou busca de apoio espiritual. As diversas formas de análise utilizadas permitiram entender melhor o poder retórico da expressão "graças a Deus". De início pensada como artifício linguístico, como um mero maneirismo, o potencial de visualização das técnicas analíticas possibilitou perceber que a expressão tende a ser utilizada quando as mulheres abordavam temas que suscitavam preocupação e exigiam um maior investimento afetivo.

Os dados permitiram também explorar as estratégias de prevenção utilizadas para fazer frente à ameaça de um câncer que, deixando entrever posturas variadas diante da doença, permitem entender a convivência nem sempre pacífica de repertórios antigos, já descartados pela medicina, e novas informações derivadas das mais recentes descobertas científicas.

Em suma, este capítulo integra muitos dos elementos da abordagem teórica das práticas discursivas e produção de sentidos: a noção de repertório linguístico; de tempos; de dialogia e coconstrução de sentidos, dando-lhes corpo e visibilidade por meio dos mapas e árvores de associação de ideias.

O capítulo final – Ao sabor dos riscos – é, como aponta o subtítulo, uma reflexão sobre dialogia e coconstrução de sentidos. Busca entender esses processos dialógicos apoiando-se na análise de grupos de discussão: as oficinas sobre risco. Tendo em vista a complexidade das práticas discursivas em contextos grupais, acaba por introduzir uma nova estratégia analítica: as transcrições sequenciais que possibilitam a identificação dos temas relacionados aos objetivos da pesquisa e dos temas emergentes a partir da própria dinâmica do grupo.

As oficinas sobre risco foram criadas como parte das atividades do Projeto Bela Vista, um dos três estudos de coorte desenvolvidos no Brasil sob os auspícios da Unaids e do Ministério da Saúde como estudos de factibilidade para possíveis testes de vacina anti-HIV/Aids. O Projeto Bela Vista[2] (PBV) tinha por objetivo determinar a incidência do HIV entre homens que fazem sexo com homens, colocando-nos assim diante das complexas questões da sexualidade na modernidade tardia. De agosto de 1994 a abril de

---

2. O Projeto Bela Vista foi coordenado por José da Rocha Carvalheiro (epidemiologia) e Mary Jane Spink (aspectos psicossociais).

1999, 1.180 homens haviam comparecido ao PBV, 907 dos quais atendiam os critérios de inclusão na coorte e estavam em acompanhamento, retornando à Unidade de Investigação a cada seis meses. A cada visita, esses homens passavam por entrevista clínica, sorologia e entrevista sociocomportamental, gerando um banco de dados de dimensões sem precedentes no Brasil.

Mas se o Bela Vista foi o cenário para desenvolvimento das oficinas sobre risco como forma de trabalhar a coconstrução de sentidos, a motivação para isso veio de outra arena: a curiosidade sobre a onipresença dos discursos sobre risco na sociedade contemporânea.

A Aids, como também a gravidez, o câncer e a hipertensão arterial essencial, são perpassados pelo conceito de risco. Particularmente na Aids, o conceito foi instrumental para dar a ela os contornos oficiais – expressos na linguagem dos grupos de risco num primeiro momento e, posteriormente, comportamentos de risco. Por isso, tornou-se foco de acirradas críticas que levaram, eventualmente, à proposta de ressignificação pela adoção do conceito de vulnerabilidade. Trabalhando com repertórios linguísticos numa perspectiva temporal, debrucei-me na literatura existente, no afã arqueológico de compreensão dos múltiplos sentidos do risco na sociedade contemporânea. Fascinada com a rica literatura sobre essa temática, acabei enveredando por mais uma arena de pesquisa: *risco na sociedade contemporânea*.

Por que risco? A resposta mais simples é que risco é aspecto intrínseco da reflexão sobre gerenciamento na área da saúde, seja na perspectiva coletiva – das medidas de longo alcance como legislação, saneamento, vacinação – ou na perspectiva do espaço privado, da disciplinarização dos *corpos individuais* para viabilizar a organização do *corpo social*.

Mas o gerenciamento dos riscos está também no cerne das preocupações de técnicos e cientistas sociais do final do milênio. Desde a Segunda Guerra Mundial toma forma o projeto da análise dos riscos, estratégia de gerenciamento das complexidades resultantes dos avanços tecnológicos que geram o que Anthony Giddens (1998) chama de *riscos manufaturados*. Toma forma no contexto de uma sociedade cada vez mais globalizada que clama, para sua compreensão, por perspectivas sistêmicas para fazer frente às novas complexidades aí desenhadas. Os riscos da modernidade tardia são altamente midiáticos e geram novas problemáticas de gerenciamento de populações que justificam a denominação dada por Ulrich Beck (1992) a este período histórico: a sociedade de risco (coextensiva à modernidade tardia).

São riscos tornados visíveis pelos avanços tecnológicos – da TV à *internet*; riscos que fornecem uma janela para as novas problemáticas que perpassam tanto a *vida privada* como a *vida pública*: as questões tecnológicas, as ecológicas, as problemáticas decorrentes da biotecnologia, entre outras temáticas prementes. Risco, como nos ensina Mary Douglas (1992), é a maneira moderna de contabilização e nesse contexto a atribuição de responsabilidade se faz, cada vez mais, juridicamente: laudos, sentenças e compensações a serem pagas por danos ambientais, iatrogenia resultante de novos medicamentos, *malpractice*, etc.

As oficinas sobre risco inserem-se, portanto, nessa nova etapa de pesquisa e têm por objetivo entender como é viver na sociedade de risco. Encerram uma etapa, consolidada nos textos desta coletânea, e abrem outra que retoma a perspectiva coletiva para entender o gerenciamento dos riscos como estratégia de constituição das subjetividades contemporâneas (por exemplo, SPINK, 2001b).

14. CRENÇAS SOBRE DESEJOS NA GRAVIDEZ E PADRÕES DE BUSCA DE INFORMAÇÃO
A produção de sentidos na perspectiva das disposições adquiridas nos processos de socialização*

A pesquisa realizada para o doutorado, sendo fortemente influenciada pela perspectiva da medicina social (NUNES, 1983), buscou entender a relação estabelecida por mulheres primigestas com os serviços de pré-natal. Embora muitos anos tenham se passado desde então, as análises realizadas sobre um aspecto específico dessa relação – a busca de informação sobre gravidez e parto – são ainda pertinentes por possibilitarem entender uma dimensão importante dos processos de produção de sentidos: a influência das disposições adquiridas em função da pertença a determinados grupos sociais. Essas explorações da diversidade de posturas frente à informação, associadas a posições de classe, foram essenciais para o desenvolvimento de uma perspectiva teórica de produção de sentidos marcada pela noção expandida de contexto de circulação de repertórios interpretativos. O contexto de produção de sentido passou a ser entendido em uma perspectiva temporal tríplice: o tempo longo dos conteúdos históricos, o tempo vivido dos processos de socialização e da memória pessoal e o tempo curto da interação (SPINK, 1993a; SPINK & MEDRADO, 1999).

Foram entrevistadas, nesta pesquisa, 160 mulheres primigestas que estavam com pelo menos 25 semanas de gravidez. Cerca de metade destas mulheres foram entrevistadas também após o nascimento de seus filhos. Sendo o objetivo entender a relação en-

---

* Baseado na Tese de doutorado: *Experience of first pregnancy and use of antenatal services in São Paulo, Brazil*. Department of Social Psychology, The London School of Economics and Political Science, Universidade de Londres, 1982.

tre classe social e padrões de uso dos serviços de pré-natal (incluindo aí a busca de informação), essas mulheres foram contatadas em diferentes tipos de serviços de saúde: particulares, públicos e conveniados. Com essa finalidade, percorremos uma variedade de serviços durante quatro meses, e recrutamos 312 mulheres que nos forneceram seus endereços residenciais. Consideramos que era importante entrevistá-las em suas residências; localizá-las, entretanto, não foi tarefa fácil. Sendo muitos os serviços visitados, esses endereços cobriam uma vasta região do município de São Paulo incluindo regiões periféricas onde nomes de ruas e numerações de casas eram, na época (final dos anos 1970), bastante aleatórias. Assim, embora tenha sido feito o esforço de localizar cada um desses endereços, apenas 186 mulheres foram efetivamente localizadas e entrevistadas, 160 das quais incluídas na análise[1].

Embora o roteiro de entrevista explorasse uma diversidade de aspectos relacionados à gravidez, parto e experiências com serviços de saúde, este capítulo focalizará apenas dois aspectos: a busca de informação sobre gravidez e parto e as crenças sobre a não satisfação de desejos de alimentos específicos durante a gravidez. Buscando entender as diferenças na perspectiva da pertença a distintos segmentos sociais – tomando como principal indicador o nível de educação – a análise realizada focalizou quatro dimensões da informação: a exposição à informação, a relevância dada às fontes de informação a que tiveram acesso, os padrões de busca de informação e as ressonâncias da informação nas crenças sobre desejos na gravidez.

A exposição à informação sobre gravidez e parto

Uma diversidade de fontes de informações sobre gestação e parto se fazem presentes antes mesmo de uma mulher ficar grávida; por exemplo, a experiência profissional relacionada ao ciclo gravídico ou livros, filmes e documentários sobre o tema. É possível, portanto, que a informação tenha sido disponibilizada em momentos da vida em que as mulheres não tinham por ela interesse

---

1. As demais não se enquadravam nos critérios amostrais: ser primigesta, estar com pelo menos 25 semanas de gravidez e ainda manter relacionamento com o pai da criança.

explícito, constituindo, mesmo assim, repertórios disponíveis para dar sentido à gravidez e nascimento de um nenê. Em suma, é possível que os diferentes níveis de exposição a esta informação definam níveis diferenciados também de repertórios interpretativos sobre o ciclo gravídico. Acrescenta-se a isso o fato de que também durante a gravidez haverá exposição a situações diversas – como cursos de pré-natal ou mesmo conversas com outras mulheres – que também gerarão informação relevante à circunstância de estar esperando um bebê.

Na entrevista realizada com as mulheres que participaram da pesquisa foram exploradas as fontes potenciais de informação que se fizeram disponíveis no espaço de vida de cada uma. Algumas destas fontes estavam relacionadas a eventos que antecediam a gravidez propriamente dita, como a experiência familiar, as redes de amizade e a vida profissional. Outras estavam mais diretamente relacionadas à exposição ou busca ativa de informações durante a gravidez: os cursos no pré-natal, leituras, questionamentos feitos a diversas pessoas, e daí por diante.

Apenas 22% das mulheres entrevistadas tinham experiência profissional diretamente relacionada à gravidez, parto ou cuidados com as crianças. Vinte e duas mulheres haviam trabalhado como babás; duas haviam feito o curso de enfermagem (uma delas com especialização em obstetrícia) e quatro haviam trabalhado como auxiliares de enfermagem. Três haviam feito pedagogia e trabalhavam, quando entrevistadas, em creches e berçários. Das demais, duas eram assistentes sociais e duas psicólogas.

Cerca de metade das mulheres entrevistadas (52%) disseram ter assistido filmes ou programas de televisão onde a gravidez e parto haviam sido focalizados, embora em apenas 39% dos casos o filme ou programa de TV estava diretamente relacionado com o tema. Nos demais casos, a gravidez e parto haviam sido apenas parte de uma trama dramática mais ampla. Por exemplo, o filme *O bebê de Rosemary* ou a novela *Duas vidas*, muito popular na época, que incluiu um episódio onde uma das personagens centrais entrava em trabalho de parto.

Entre as demais fontes, foram mencionados documentários e filmes educativos. Os filmes mencionados haviam sido projetados como parte da programação regular em cinemas, sendo voltados à informação para divulgação ao público geral. Os documentários de televisão variaram de temáticas amplas (como "o primeiro ano do bebê") a conteúdos diretamente relacionados com o ciclo gravídico (como o efeito de medicamentos no feto e a cesariana). Uma pequena porcentagem de mulheres (6%) mencionou também ter visto *slides* sobre gravidez e parto, geralmente utilizados em cursos de noivos. Outras 4% mencionaram ter assistido ao nascimento de um bebê como parte do treinamento em enfermagem ou porque suas mães haviam atuado como parteiras ("curiosas").

Sessenta e seis por cento (66%) destas mulheres haviam lido algo a respeito (Tabela 1). A fonte de leitura mencionada com maior frequência foi a revista *Pais e Filhos* (47%), sendo também mencionados livros (especialmente *Ser mãe*, do Dr. Lamare, e *Gravidez* – um número especial da revista *Pais e Filhos*). Os manuais sobre sexo e casamento também apareceram como fontes importantes de informação sobre gravidez e parto. Embora poucas tivessem mencionado *folders* distribuídos em clínicas de pré-natal, seu valor não pode ser subestimado) tendo sido a única literatura para as dez das mulheres que os mencionaram.

Tabela 1 – Fontes textuais de informação sobre gravidez e parto

Categoria	Descrição da fonte	Porcentagem que mencionou a fonte*
1) Panfletos	Distribuídos nos serviços de saúde	11
	Distribuídos juntamente com roupas e itens para o bebê	2
2) Mídia não especializada	Artigos de jornal	3
	Revistas	10
3) Revistas sobre gravidez, parto, educação infantil	Pais e Filhos	47
	Outros	3
4) Livros não específicos	Enciclopédias médicas	6

	Livros sobre casamento e sexo	16
5) Livros sobre puericultura	Dr. Spock	8
	Dr. Lamare	3
	Outros	5
6) Livros e edições especiais de revistas sobre gravidez e parto	Ser mãe	19
	Gravidez	14
	Vou ser mãe	7
	Parto sem dor	5
	Como nasce uma criança	2
	Outros	8
Livros (sem detalhamento)	Não soube informar o nome	11

Total de mulheres que mencionaram fontes textuais: N=108

---

* Respostas múltiplas eram permitidas.

De modo a investigar a relação entre as fontes textuais mencionadas e o nível de educação, as categorias da Tabela 1 foram agrupadas de acordo com sua acessibilidade potencial (Tabela 2). Chamamos de categoria A os *folders* e matérias em literatura não especializada (categorias 1 e 2 da Tabela 1); de categoria B os livros e revistas que, embora não sendo especializados no tema, geralmente incluem algum tipo de informação relevante sobre gestação e parto (categorias 3, 4 e 5) e de categoria C os livros e revistas diretamente relacionados com o tema (categoria 6 da Tabela 1). Como pode ser constatado na Tabela 2, a porcentagem de mulheres que leram algo sobre gravidez e parto aumenta com o nível educacional: de 48% entre as mulheres com Ensino Fundamental incompleto para 54%, 83% e 92% para os demais níveis.

Tabela 2 – Categorias de fontes textuais por nível educacional

Fontes textuais	Nível de escolaridade			
Fontes textuais	*Até 4 anos*	*De 4 a 8 anos*	*Ensino Médio*	*> Ensino Médio*
	%	%	%	%
Nenhuma	52	46	17	8
Categoria A	16	4	10	0
Categoria B	20	31	40	19
Categoria C	4	9	0	33
Categoria A/B	0	3	7	0
Categoria A/C	0	0	3	0
Categoria B/C	4	6	20	35
Categoria A/B/C	4	0	3	5
Outra	0	1	0	0
Total %	100	100	100	100
Total N=160	N=25	N=68	N=30	N=37

Foram encontradas também diferenças quanto ao tipo de material de leitura, sendo que, para as que tinham Ensino Fundamental incompleto, predominavam as categorias A e B; para as que haviam completado o Ensino Fundamental predominava a categoria B e para as demais, predominavam as categorias B e C. O aspecto mais interessante desses resultados, entretanto, é a natureza cumulativa dos padrões de busca de informação que emergem à medida que sobe o nível de educação. Ou seja, nos níveis educacionais mais altos, as fontes usadas pelos níveis educacionais mais baixos não são descartadas, novas fontes sendo acrescentadas às menos sofisticadas. Assim, como pode ser visto na Tabela 2, a porcentagem de mulheres que usaram fontes de informação textuais pertencentes a mais de uma categoria cresce de 8% para 10%, 33% e 40% respectivamente, à medida que aumenta o nível de educação.

Também perguntamos, na entrevista, se as mulheres conheciam outras gestantes ou alguém que havia tido filho recentemente. A maioria (82%) informou ter essa "rede de gravidez", sendo esta constituída por amigas, vizinhas e membros mais jovens da família (cf. Tabela 1a, ao final do capítulo).

E, finalmente, buscamos dados sobre a participação em atividades de preparação para o parto. Ao contatarmos os serviços para recrutamento das mulheres que entrevistamos, havíamos perguntado sobre a disponibilização de atividades de preparação para o parto: 72% das clínicas públicas ofereciam uma diversidade de atividades – de palestras feitas no ato de matrícula no serviço a cursos específicos de preparação para o parto e maternidade. Os serviços conveniados e particulares não ofereciam tais atividades, mas frequentemente sugeriam que fossem feitos cursos preparatórios oferecidos por outros serviços. Não foi encontrada relação direta entre oferta e participação nessas atividades: 80% das mulheres que fizeram pré-natal em serviços onde havia oferta dessas atividades não participaram delas.

De modo a entender a relação entre participação e nível de educação, excluímos da análise os serviços que *não* ofereciam atividades de preparação para o parto de modo a enfatizar a busca pró-ativa dessa modalidade de fonte de informação. Apenas 30% das mulheres com Ensino Fundamental incompleto e 29% das que completaram o Ensino Fundamental participaram dessas atividades. Em contraste, 77% das que completaram o Ensino Médio afirmaram ter participado dessas atividades.

Os dados analisados sugerem que as mulheres com níveis mais altos de educação foram expostas a um maior número de fontes de informação potencial sobre gravidez e parto. Essa maior exposição é possivelmente consequência tanto do maior acesso a essas fontes quanto das habilidades de processamento de informação associadas a níveis mais altos de informação. É possível também que estejam relacionadas a posturas específicas frente à informação, relacionadas com o maior valor dado à informação em suas redes sociais.

Não era objetivo da pesquisa relacionar acesso à informação com conhecimento. Entretanto, os dados coletados sugerem tal associação. Por exemplo, mais da metade das mulheres com menor nível de exposição à informação declararam, na entrevista[2], que não sabiam o que acontecia em um parto (Tabela 3).

Tabela 3 – Nível de exposição à informação e conhecimento sobre o parto

	Distribuição dos escores para os níveis de exposição à informação				
Conhecimento sobre o parto	10% inferior	20% inferior	40% mediano	20% superior	10% superior
	%	%	%	%	%
Sim	35	39	62	96	100
Não	65	61	38	4	0
Total	100	100	100	100	100
(N=160)	N=20	N=31	N=68	N=27	N=14

A relevância dada às diferentes fontes de informação

Além de perguntar sobre acesso a fontes de informação, procuramos também entender os caminhos usados para a busca de informação, e para isso perguntamos o que faziam quando queriam saber alguma coisa sobre a gravidez. Buscamos ainda diferenciar entre informações de natureza geral e assuntos mais "íntimos"[3]. Embora algumas mulheres tenham afirmado que não faziam tal distinção, a maioria, parece ter diferenciado entre as duas situações (cf. Tabela 2a, ao final do capítulo).

Três mulheres afirmaram que nunca buscavam ativamente informação sobre gravidez e parto, fossem estas de natureza geral ou íntima, assumindo uma postura semelhante à de Olga Mihalovna, personagem de Chekhov:

> "É terrível ter um primeiro filho", disse Olga Mihalovna, após pensar um pouco. "Eu fico achando que vou morrer". "Eu também

---

2. "Você sabe o que acontece durante o parto?" (pergunta 31)

3. "Quando você quer saber alguma coisa sobre gravidez, como faz para obter essa informação?" (pergunta 22) e "Quando você quer fazer uma pergunta mais íntima sobre um problema de gravidez, com quem você fala?" (pergunta 22a) pensava assim, mas aqui estou, viva... Temos todo tipo de fantasias". Varvara, que estava para ter seu quinto, olhava para sua patroa do alto de sua experiência e disse isso em tom meio didático e Olga Mihalovna não pôde deixar de sentir sua autoridade; ela gostaria de ter falado de seus medos, da criança, de suas sensações, mas ficou temerosa de parecer *naive* e trivial perante Varvara. E esperou em silêncio que Varvara dissesse algo por conta própria (CHEKHOV, Anton. The Party).

Por exemplo, uma das mulheres desse grupo afirmou:

> Eu gostaria muito de saber como o nenê cresce na barriga da gente. Eu nunca li ou vi nada sobre isso. Às vezes falo com minhas cunhadas, mas elas não falam muito sobre isso e nunca me contaram nada a respeito. E eu não gosto de perguntar. Estou esperando para ver se vão fazer palestra na clínica; eu ouvi dizer que eles têm aulinhas lá (S145).

Algumas mulheres não viam razões para fazer perguntas de natureza mais geral, seja por causa de suas experiências profissionais ou porque as circunstâncias familiares as colocavam na posição de ter acompanhado várias gravidezes e achavam, portanto, que sabiam tudo que necessitavam saber. Mas as oito mulheres que integravam este grupo consultaram fontes variadas quando se tratava de informações de natureza mais íntima. A seguinte fala exemplifica a postura desse grupo:

> Até o momento (estava na 33ª semana de gravidez) eu não precisei de informação. Eu segui de perto as quatro últimas gestações da minha mãe (que teve 11 filhos) e também ajudei a criar meus irmãos menores (S154).

Outras não pareciam poder perguntar coisas de natureza mais íntima. Muitas das dezenove mulheres neste grupo expressaram sentimentos de vergonha perante o tema, por exemplo:

> Eu não faço perguntas íntimas. Eu fico calada. Eu penso nisso, mas nunca pergunto nada. Eu fico com vergonha (entretanto, ela procurava sua cunhada para saber coisas de natureza mais geral) (S45).

Quando a informação era de natureza mais geral, as fontes mais citadas (cf. Tabela 2a, ao final do capítulo) eram membros da família ou da rede social, mencionados por 49% e 47% das entrevistadas. Entre os membros da família, a pessoa mais citada, como seria de se esperar, foi a própria mãe. Entretanto, alguns membros da rede social, como amigas e vizinhas, têm também um papel importante, dado esse que pode estar relacionado à mobilidade educacional (gerando um distanciamento entre a mulher e sua mãe) e a alta incidência de padrões de migração geográfica (gerando barreiras de comunicação pela distância física)[4].

Considerando cada uma das fontes de informação para questões de natureza mais geral, as mais citadas foram: livros (36%), o médico na clínica de pré-natal (28%), a mãe (24%) e amigas (24%).

Um número menor de fontes foi citado quando a informação buscada era de natureza mais íntima e, nesse caso, a ênfase se deslocava para fontes compatíveis com a intimidade. Assim, no âmbito da rede familiar, as questões mais íntimas eram discutidas com a mãe ou marido/companheiro. Por exemplo, enquanto apenas 3% mencionaram o marido como fonte de informação para questões mais gerais, 12% disseram procurá-lo quando a informação era de natureza mais íntima. Nesse caso, as categorias de fontes mais citadas pertenciam à rede familiar, citada por 46% das entrevistadas. Entretanto, considerando cada fonte individualmente (e, portanto, não mais como categoria de fontes), a fonte mais frequente foi o médico da clínica de pré-natal, mencionado por 31% das mulheres.

Embora o médico fosse mencionado como fonte de informação tanto no caso de questões gerais como íntimas, é surpreendente que ele (ou ela) e os demais profissionais do serviço de saúde não fossem mais procurados. Ou seja, se tomarmos todas as fontes, independentemente da natureza da informação buscada (se íntimas ou gerais), apenas 39% das mulheres mencionou médicos e demais profissionais como fontes possíveis de informação. Basta comparar esse dado com os 63% que buscaram fontes na rede familiar e 51% que procuraram membros da rede social para entender o porquê da surpresa.

Os diferentes padrões de busca de informação

A análise das fontes de informação sugeriu que nem todas as fontes foram consideradas viáveis para essas mulheres. Busca-

---

4. Lembrando que a pesquisa foi realizada no final dos anos 1970.

mos, assim, entender os padrões de busca de informação que se faziam presentes a partir da percepção diferencial de fontes potenciais. Para isso, categorizamos as fontes mencionadas em dois grandes conjuntos: fontes formais (como livros e membros da rede de profissionais de saúde) e informais (como os membros das redes familiar e social). Ou seja, as fontes foram consideradas formais ou informais de acordo com a probabilidade de seu conteúdo ser compatível com o saber científico moderno sobre gravidez e parto.

São muitas as razões para esse afunilamento de foco. Em primeiro lugar, nosso interesse era entender como fontes formais passavam a ser consideradas fontes potenciais de informação, aspecto que nos parecia central para a compreensão do uso dos recursos médicos e educacionais dos serviços de saúde voltados à maternidade.

Em segundo lugar, as análises realizadas não sugeriam que houvesse preferências por fontes informais de informação; por exemplo, que as redes familiares fossem consistentemente utilizadas como fontes de informação por mulheres que compartilhavam certas características. Se tais padrões de fato existiam, eles estavam sendo mascarados por outras características, como padrões de migração e consequente isolamento das redes familiares.

Em terceiro lugar, também não havia indicação que fontes formais, como livros e a rede de profissionais de saúde, fossem introduzidas entre as fontes potenciais em uma ordem específica. Pelo contrário, tudo levava a crer que quando essas fontes se tornavam viáveis (por exemplo, por terem um nível maior de escolaridade), elas pareciam ser vistas como equivalentes. Ou seja, as fontes formais e informais eram consultadas como se a informação delas derivada tivesse suficiente autoridade para não necessitar corroboração de outras fontes: consultavam livros ou médicos, mas raramente ambos. A busca de informação passava a incorporar uma variedade de fontes simultâneas apenas após um determinado limiar no *continuum* educacional – como se essas fontes deixassem de ser vistas como equivalentes ou suficientes, passando a ser tomadas como complementares.

Com base nessas observações, cinco padrões de busca foram definidos: 1) nenhuma busca; 2) busca apenas utilizando fontes informais; 3) busca buscando fontes informais e informais, mas circunscrita a apenas uma das categorias (por exemplo, livros *ou* profissionais da saúde); 4) busca em fontes informais e formais, utilizando ambas as categorias e 5) busca apenas em fontes formais. A Tabela 4 mostra a distribuição desses padrões por nível de informação.

Tabela 4 – Padrões de busca de informação e nível educacional

	Nível de escolaridade				
	Até 4 anos	*De 4 a 8 anos*	*Ensino Médio*	*> Ensino Médio*	*Total*
Padrões de busca	%	%	%	%	%
Nenhuma	8	2	0	0	2
Só fontes informais	68	57	33	11	44
Informais e uma formal	20	30	30	30	28
Informais e duas formais	0	7	27	46	19
Só fontes formais	4	4	10	13	7
Total %	100	100	100	100	100
Total	N=25	N=68	N=30	N=37	N=160

A primeira observação a fazer, considerando os dados da Tabela 4, é que, independentemente do padrão de busca, a maioria das mulheres entrevistadas parece ter buscado informação sobre a gravidez e parto. Entretanto, há diferenças importantes na busca de informação tanto em termos de intensidade como de fontes preferenciais. A discussão feita até o momento priorizou a questão da "intensidade", levando à conclusão que as mulheres com nível educacional mais alto tendem a ser expostas a um maior número de fontes de informação. Essa maior exposição pode ter sido resultado do maior acesso, seja por fatores econômicos ou pela maior facilidade de compreensão dos conteúdos.

Mas as análises feitas também sugerem que havia diferenças no que se refere à atitude frente à busca de informação nos diferentes níveis educacionais, entre elas a tendência a buscar informação de modo cumulativo nos níveis educacionais mais altos e usar uma única fonte nos níveis mais baixos de escolaridade. Assim, 68% das mulheres com Ensino Fundamental incompleto e 57% das que haviam completado o Ensino Fundamental relataram ter usado apenas fontes informais. Nos níveis intermediários observamos uma distribuição bastante parecida nos três padrões de busca: utilizando apenas fontes informais (33%), fontes informais e uma fonte formal (30%) e fontes informais com mais de uma fonte formal (27%). Em contraste, quase metade das mulheres com Ensino Médio completo (46%) utilizaram mais de uma fonte formal; poucas fizeram uso apenas de fontes informais (11%). Essas diferenças podem ser melhor observadas na Figura 1.

Figura 1 – Os padrões de busca de informação nos diferentes níveis de escolaridade

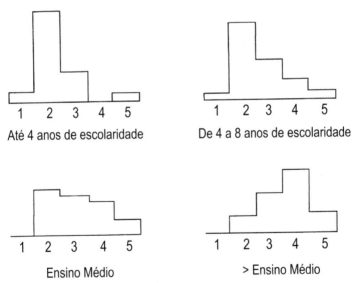

1 = Nenhuma busca
2 = Apenas fontes informais
3 = Fontes informais e uma fonte formal
4 = Fontes informais e duas fontes formais
5 = Apenas fontes formais

Buscando entender a transição para o uso de fontes formais, exploramos várias dimensões, entre elas a mobilidade educacional em relação ao nível educacional da família. Ponderamos que a mobilidade poderia gerar um distanciamento entre mãe e filha, ficando a mãe desacreditada como fonte de informação, tendo em vista as diferenças em atitudes, valores e crenças engendradas potencialmente pela maior escolaridade. Os dados não permitem fazer inferências a esse respeito. Entretanto, a transição para uso de fontes formais parece de fato ocorrer quando o nível de educação se eleva para além dos quatro primeiros anos de escola. É possível que, em um país como o Brasil – lembrando que estamos falando de dados coletados no final da década de 1970 –, os fatores motivacionais que propiciam a busca mais extensiva de informação e inclusão de múltiplas fontes (principalmente de natureza mais formal) começam a se fazer presentes nos níveis intermediários de educação.

Se de fato a motivação e mesmo a habilidade de fazer uso de fontes formais de informação estão associadas com escolaridade, como sugerem os dados deste estudo, duas perguntas inter-relacionadas passam a clamar por atenção: que implicações teria o uso de fontes formais de informação (tais como as classes de pré-natal) para a experiência de gravidez e parto? Seriam elas suficientemente importantes para justificar e encorajar programas de intervenção visando a inserção e uso de cursos sobre gravidez, parto e maternagem nos programas de pré-natal?

Explorando as implicações dos padrões de busca de informação: os desejos na gravidez

De modo a explorar as implicações do uso de fontes formais de informação para a experiência de gravidez optamos por focalizar um aspecto que consideramos ser particularmente afetado pela natureza da informação recebida: os desejos por alimentos específicos na gravidez e as crenças sobre as consequências de não satisfazê-los. Um tópico que suscita curiosidade ou descrédito para uns e ansiedade para outros.

Durante a entrevista, exploramos vários aspectos relacionados à alimentação na gravidez, incluindo aí os desejos de alimentos específicos[5]. Essas perguntas não suscitaram espanto entre as mulheres entrevistadas, havendo até mesmo consenso sobre sua natureza, descrita por muitas como "um desejo por uma comida específica que fica na mente até ser satisfeito".

Os desejos por alimentos parecem constituir parte intrínseca da experiência de gravidez para essas mulheres: foram relatados por mais da metade das entrevistadas (59%), sendo que estas, em sua maioria (93%), procuraram satisfazê-los. As 39% que disseram não ter tido tais desejos afirmaram que se os sentissem procurariam satisfazê-los. Muitos dos alimentos que foram foco de desejos durante a gravidez eram comidas regionais típicas, no caso de migrantes, ou itens que não constavam do cardápio diário, como frutas e doces exóticos.

Embora os "desejos" constituam aspectos comuns e quiçá folclóricos da experiência de gravidez, as razões fornecidas para satisfazê-los sugerem diferenças interessantes nas estruturas de crenças sobre os efeitos de desejos não satisfeitos. As respostas, como pode ser visto na Tabela 5, foram bastante variadas abrangendo desde o argumento que os desejos vêm do bebê e são, portanto, expressões de suas necessidades que, se não satisfeitas, poderiam causar algum tipo de dano, até o argumento de que são expressões de necessidades da mãe, sem qualquer efeito sobre o nenê.

---

5. Entre elas incluímos a seguinte série de perguntas: "Você já teve desejo de comer algum tipo de alimento (de comida) desde que ficou grávida?" Se não: "Se tivesse desejo de comer algum tipo de alimento (comida) você procuraria satisfazer este desejo?" Se sim: "O que desejou comer?"; "Esses desejos foram satisfeitos?"; "Como fez para satisfazer estes desejos?" E para todas: "Na sua opinião, o que pode acontecer ao nenê quando os desejos não são satisfeitos?"

Tabela 5 – Crenças sobre os desejos na gravidez à luz da experiência desses desejos

Crenças sobre desejos	Teve e satisfez	Não teve, mas satisfaria	Não teve e não satisfaria	Teve e não satisfez	Total
	%	%	%	%	%
Pode prejudicar o nenê	31	25	0	0	26
Não sabe	33	18	0	72	28
Dizem, mas não acredito	7	8	0	14	8
Não prejudica o nenê	15	17	50	0	16
Superstição	10	17	50	0	14
Expressão de necessidades do corpo	4	15	0	14	8
Total (%)	100	100	100	100	100
Total (N)	N=87	N=60	N=6	N=7	N=160

Experiência de desejos

Para 26% das mulheres entrevistadas os desejos por alimentos eram expressões de necessidades do bebê, que poderia sofrer algum dano caso estes não fossem satisfeitos. Por exemplo, poderia nascer com uma marca no formato da comida desejada; com "boca aberta" (e, portanto, babando, o que era considerado por algumas como sinal de retardo mental); nascer morto ou ser abortado. São visões típicas deste grupo as seguintes falas:

> É a criança que faz a mãe ter desejos e se ela não satisfaz pode nascer com uma mancha no corpo, com boca aberta ou doente (S21).

> Se você não satisfaz estes desejos, pode ter problemas. O bebê pode nascer com boca aberta, babando. A criança, então, nunca mais vai poder fechar a boca e vai babar sempre; nem uma operação pode resolver isso (S103).

> Eles dizem que quando você tem um desejo e toca no seu corpo, o bebê vai nascer com a mancha na mesma parte do corpo (S128).

Outras 28% disseram não ter muita certeza se os desejos poderiam ter efeitos danosos no nenê. A resposta típica desse grupo começava assim: "Eu não sei, mas..." Por exemplo:

> Eu não sei, mas eles dizem que acontece, então talvez acontece (S18).

> Eu não sei. Eu acho que não acredito, mas aí fico pensando no que podia acontecer se eu não satisfaço o desejo... (S57).

> Eu satisfaria qualquer desejo porque as pessoas dizem que senão o bebê nasce de boca aberta e eu tenho medo disso. Mas não acho que aconteça alguma coisa (S95).

Embora as demais mulheres (46%) dissessem que não acreditavam que os desejos não satisfeitos poderiam afetar o nenê, encontramos diferenças consideráveis em suas explicações. Por exemplo, algumas (8%) pareciam estar cientes das crenças populares sobre desejos gravídicos embora, em contraste com os grupos anteriores, rejeitassem explicitamente a possibilidade de efeitos danosos dos desejos não satisfeitos. São respostas do tipo: "Eles dizem que... mas eu não acredito".

Outras (16%) simplesmente afirmaram que não acreditavam que algo pudesse ocorrer ao bebê, sem discorrer a respeito. Suas respostas podem ser comparadas com o restante desse grupo (22%) que deu razões bem claras para rejeição das crenças populares sobre desejos na gravidez. A maioria das mulheres nesse grupo rotulou essas crenças populares como meras superstições, tabus, coisa de velho, incompatíveis, portanto, com as modernas visões de gravidez. Por exemplo:

> Os desejos são só tabus; puro folclore. Nada acontece ao bebê. É apenas a mulher grávida se comportando como tola e querendo tirar vantagem da bondade do marido (S31).

> Na minha opinião os desejos não satisfeitos não podem afetar o nenê diretamente. Ele usa o que eu como e não pode saber se eu comi melancia ou banana (S102).

Entretanto, é interessante observar que as demais mulheres desse grupo, em número de oito, pareciam ter ressignificado os desejos por alimentos, reintegrando-os em um sistema de crenças onde não eram mais expressões de necessidades do bebê, mas expressões de necessidades de seus próprios corpos. Portanto, como necessidades que eram parte de suas vidas e não apenas fenômenos relacionados com a gravidez. Por exemplo:

> Eu não sei se acontece alguma coisa com o bebê se os desejos não forem satisfeitos. Entretanto, eu sempre tive "desejos", mesmo antes de engravidar. Na medida em que são desejos do meu corpo, eu quero satisfazê-los. Mas não fico preocupada com eles (S110).

Qual seria então a relevância das fontes de informação usadas e o lugar das fontes formais nessas crenças? Como pode ser visto na Tabela 6, há uma associação estatisticamente significante entre o uso de fontes formais de informação e rejeição da noção de que desejos não satisfeitos podem causar danos ao nenê.

Tabela 6 – A relação entre o uso de fontes formais de informações e crenças sobre desejos na gravidez

Fontes de informação	Desejos não satisfeitos podem fazer mal ao nenê			
	Sim	Não Sei	Não	Total
	%	%	%	%
Nenhuma fonte formal	67	49	32	46
Usou fontes formais	33	51	68	54
Total	100	100	100	100
	N=42	N=45	N=73	N=160

Há ainda sinalizações sobre a relação entre a maneira como essas crenças são rejeitadas e os padrões de busca de informação. Assim, quase metade das mulheres que não forneceram razões para a rejeição das crenças tradicionais sobre desejos na gravidez (47%) relataram fazer uso apenas de fontes informais e, quando fontes formais foram consultadas, fizeram uso de apenas uma: livros ou membros do sistema médico. Em contraste, 86% que elaboraram suas razões para rejeitar a noção de que desejos não satisfeitos poderiam causar danos ao nenê haviam utilizado pelo menos uma fonte formal de informação e metade delas havia consultado tanto livros como membros do sistema médico.

Entretanto, um exame mais detalhado dos dados parece sugerir que as fontes formais de informação, por si só, não explicam as diferenças observadas. Por exemplo, apesar da relação estatística significante entre rejeição de crenças tradicionais e uso de fontes formais, havia um número grande de mulheres (33%) que haviam consultado fontes formais e, ainda assim, acreditavam nos efeitos danosos de desejos não satisfeitos. Havia também um número considerável de mulheres (32%) que não haviam utilizado fontes formais e, no entanto, rejeitavam as crenças tradicionais.

É possível que a compreensão do abandono ou ressignificação das crenças sobre desejos na gravidez esteja relacionada como as habilidades conceituais associadas com o nível educacional. Buscamos, então, entender a possível relação entre nível educacional, fontes de informação e crenças sobre desejos na gravidez. A Figura 2 explora essas possíveis relações.

Figura 2 – Fontes de informação e crenças sobre desejos na gravidez por nível educacional

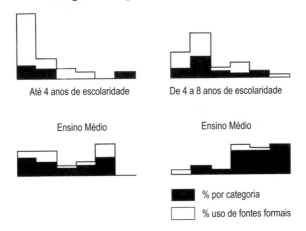

Crenças
1. Pode afetar o nenê
2. Não sabe
3. Dizem, mas não acredito
4. Não tem efeitos negativos
5. Não tem efeitos negativos, é pura superstição
6. Não tem efeitos negativos mas são necessidades do corpo

Considerações finais

Se o uso de fontes formais de informação, por si mesmo, pudesse modificar as crenças sobre desejos na gravidez, então as partes enegrecidas dos histogramas estariam concentradas no lado da distribuição que diz respeito à rejeição. Mas isso ocorre apenas nos níveis educacionais mais altos. O uso de fontes formais, nos níveis educacionais mais baixos, não estava necessariamente associado à rejeição dessas crenças populares. Ou seja, considerando a relevância do uso de fontes formais, como as clínicas de pré-natal, os dados sugerem que, se essas fontes não forem adaptadas às habilidades conceituais e hábitos culturais da clientela, terão pouco ou nenhum efeito.

Adentramos, portanto, no campo da produção de sentidos e dos delicados mecanismos de ressignificação de repertórios culturalmente tornados acessíveis pela pertença a grupos sociais diversos. De um lado, trata-se de criar espaços para que a autoridade científica que permeia as fontes formais e os repertórios de nosso cotidiano possa ser confrontada na busca de novos sentidos. No caso dos cuidados no pré-natal, esses espaços raramente se fazem presentes, por exemplo:

> Eu acho que podem prejudicar o nenê. Na aulinha (de preparação para o parto) dizem que o nenê não come, é a gente que come. Mas mesmo assim eu acho que desejo não satisfeito faz mal para ele. Antigamente diziam que o nenê nascia com mancha. Isso eu acho que é besteira. Mas acho que faz mal porque não é a gente que quer a coisa. Ele é que fica com vontade (S156).

Mas esse esforço de ressignificação se dá, também, quando diferentes sistemas de autoridade científica entram em confronto, por exemplo, o biomédico e o psicológico:

> Sei que sou eu que tenho desejos e não o nenê. Mas se eu não satisfaço esses desejos, fico frustrada. Se fico frustrada isso poderá afetar minha relação com o nenê (S50).

Anexo

Tabela 1a – A rede social da gravidez na perspectiva da busca de informação

Porcentagem de mulheres mencionando a fonte	
Rede familiar	
Cunhada	22%
Primas	15%
Irmãs	14%
Outros membros	5%
Rede social	
Amigas	50%
Vizinhas	31%
Mulheres na clínica de pré-natal	5%
Outros	5%
Total de mulheres que mencionaram fontes dessas redes	N=131

Tabela 2a – Fonte de informação sobre gravidez e parto

	Tipo de informação	
Fontes de informação	*Para questões gerais* %	*Para questões íntimas* %
Rede familiar		
• Marido	3	12
• Mãe	24	16
• Sogra	8	4

	Tipo de informação	
Fontes de informação	*Para questões gerais*	*Para questões íntimas*
	%	%
• Tias	1	4
• Madrinha	2	1
• Irmã	8	4
• Cunhada	10	6
• Prima	1	1
• Parentes com filhos	4	1
• Parentes em profissões relevantes para o tema	2	3
Porcentagem referindo fontes da rede familiar	49%	46%
Rede social		
• Amigos	24	14
• Vizinhos	16	5
• Patroa	2	1
• Mulheres profissionais	4	2
• Mulheres com filhos	8	3
Porcentagem referindo fontes da rede social	47%	24%
Rede de serviços de saúde		
• Médico	28	31
• Enfermeira	3	1
• Professor dos cursinhos de PN	5	2
Porcentagem referindo fontes da rede médica	31%	33%
Outras fontes		
• Livros	35	5
• Experiência profissional	1	1

	1	0
• Experiência de vida	1	0
Porcentagem referindo outras fontes	37%	5%
Porcentagem que não referiu fontes	7%	14%
Total		N=160

15. PERMANÊNCIA E DIVERSIDADE NAS REPRESENTAÇÕES SOCIAIS DA HIPERTENSÃO ARTERIAL ESSENCIAL
Entendendo a produção de sentidos em uma perspectiva temporal*

A teoria das representações sociais foi introduzida por Serge Moscovici em 1961 com a publicação de seu estudo sobre a representação social da psicanálise. Incorporando análise de entrevistas e de artigos publicados na mídia francesa, esta pesquisa inseria-se na temática conhecida na França como *vulgarização da ciência* e tinha como principal preocupação a compreensão da construção de teorias do senso comum a partir da divulgação das teorias científicas.

Embora numa perspectiva histórica fique claro que a empreitada moscoviciana seria melhor caracterizada como um esforço de revitalização da psicologia social do conhecimento, Moscovici preferiu enfatizar mais o papel possível das representações sociais na derrocada dos modelos mais tradicionais de psicologia social, então criticados pela postura individualista, e no delineamento de uma disciplina mais obviamente comprometida com o social.

Inserindo-se, assim, como contracorrente, a teoria das representações sociais foi anunciada, no texto introdutório da segunda edição do livro *Representação social da psicanálise* (MOSCOVI, 1978), como perspectiva integradora e até mesmo revolucionária. Dizia Moscovici: "Minha ambição era mais vasta. Queria redefinir os problemas e os conceitos da psicologia social a partir deste fenômeno, insistindo sobre sua função simbólica e seu poder da reconstrução do real" (p. 14). Ou seja, pensou-a como eixo organizador da disciplina, passível de englobar tanto os conceitos tradicio-

---

* Publicado originalmente em *Temas em Psicologia*, 2, 1994, p. 199-212.

nais de atitude e opinião quanto os conceitos emergentes da cognição social tais como atribuição de causalidade, os protótipos e os *schemata*.

Esta ampliação do escopo da teoria das representações sociais, assim como sua fertilidade como campo de pesquisa empírica, tornou-a bastante popular, levando à formação de uma ampla rede de pesquisadores de tendências teóricas e metodológicas muito diversas. O caos resultante, inteiramente bem-vindo do ponto de vista de Moscovici, foi logo apontado pelos críticos como prova da falta de clareza conceitual e metodológica (por exemplo, JAHODA, 1988).

Passados trinta anos, a rede de representações sociais continuava sendo extremamente diversificada, parecendo-nos, entretanto, que esta diversidade tendia a uma organização em torno de dois polos distintos: um primeiro polo concentrado no interesse pela estrutura das representações sociais e o segundo centrado mais diretamente na questão da linguagem como instrumento de criação da realidade social.

O primeiro polo agregador estava centrado nos dois processos de elaboração das representações: a *objetivação*, definida como a transformação dos conteúdos abstratos em conteúdos concretos; e a *ancoragem* como processo de incorporação de novos elementos no pensamento já constituído a partir das pressões do grupo. Estes dois processos vêm sendo paulatinamente estudados através de técnicas de análise multifatorial que possibilitam evidenciar tanto as semelhanças – enfatizando o consenso – quanto as diferenças interindividuais. Estudos que, segundo explicita Doise em seu livro sobre técnicas quantitativas de análise das representações, mantém a especificidade da perspectiva da psicologia social uma vez que privilegiam a relação entre o metassistema social e o sistema cognitivo, mantendo-se fiel à pergunta central deste campo de estudo: "que regulações sociais atualizam quais funcionamentos cognitivos em que contextos específicos" (DOISE et al., 1992: 13).

Esta corrente parece ser coerente com a proposição de McGuire (1986) de que os estudos de cognição social – incluindo aí as representações sociais – constituem mero interlúdio na longa história do estudo das atitudes, história essa marcada por três ondas sucessivas: a mensuração das atitudes nos anos de 1920; os estudos sobre mudança de atitude nos anos de 1950 e a era que se inaugura, de estudo da estrutura de atitudes. Vale apontar, também, que, nesse longo período, o conceito de *atitude* sofreu mudanças sucessivas, marcadas pelo abandono da dimensão social, e que as representações sociais, concebidas como teorias práticas que englobam as atitudes, constituem uma reaproximação do sentido original das atitudes sociais estudadas por Thomas e Znaniecki nos anos de 1920.

Já o segundo polo tinha como eixo central o interesse pela filosofia da linguagem. As representações sociais, neste polo, perdem suas raízes moscovicianas transformando-se em "versões", no dizer de Potter e Whetherell (1987) ou retórica na proposta de Billig (1987), com função instituinte nas relações sociais. Imperam aqui as diferentes formas de análise de discurso, sendo a ênfase não mais na estrutura das teorias subjacentes e sim na funcionalidade das versões para a criação da ordem social.

Como contraponto, a vertente que vimos desenvolvendo (SPINK, 1993a; 1993b) faz uma interface com os dois polos aqui identificados, aproximando-se da corrente discursiva, pela ênfase na funcionalidade do discurso, e da corrente estruturalista, pela ênfase dada à relação entre o sistema metassocial e a construção cognitiva das teorias de senso comum. Trata-se, sobretudo, de um enfoque marcado pela perspectiva construcionista influenciada, entre outros, por Bergman e Luckman (1976/1966), mas com a presença, também, da perspectiva foucaultiana, seja na vertente dos estudos históricos sobre a loucura e a justiça, seja na vertente epistemológica (FOUCAULT 1987a; 1987b).

Esta forma de trabalhar centra-se em específico no processo de elaboração das representações sociais. Difere, entretanto, das outras duas correntes por fazer uma leitura do social marcada não apenas pelos fatores situacionais usualmente associados com o metassistema social, como também pelos diferentes tempos históricos que permeiam a construção dos significados sociais. Dito de outra forma, segundo esta vertente, a elaboração das representações sociais, como formas de conhecimento prático que orientam as ações no cotidiano, se dá na interface de duas forças monumentais. De um lado, temos os conteúdos que circulam numa dada sociedade e que têm suas origens tanto nas produções mais remotas constituintes do imaginário social quanto nas produções culturais locais e atuais, que emergem da convivência cotidiana. De outro lado, temos as forças decorrentes do próprio processo de interação social e as pressões para definir uma dada situação de forma a confirmar e manter identidades coletivas.

O contexto, nesta perspectiva, passa a ser definido não apenas pelo espaço social em que a ação se desenrola, como também a partir da perspectiva temporal. Não falamos aqui do tempo medido pelo relógio ou pelo passar dos meses e dos anos. Falamos do tempo interno marcado pela relação entre o imperativo da ação e as determinações inscritas na consciência coletiva. Assim, o tempo que marca o contexto pode ter diferentes durações.

Chamemos de *tempo curto* o foco na funcionalidade da representação. O caso prototípico desses estudos seria a análise de discurso, no sentido que os modernos wittgensteinianos lhe dão, onde a ênfase é na construção sociocognitiva como construção marcada pela funcionalidade. Contexto, neste sentido, consiste na descrição clara da situação interacional e da retórica que a pontua. Por exemplo, a entrevista médica, a entrevista psicológica, uma conversa entre iguais, a repreensão de um empregado pelo patrão, etc.

Ampliando a saliência do contexto, chamemos, a seguir, de *tempo vivido* a expansão do tempo curto de modo a aí incluir as determinações resultantes dos processos de socialização. Estamos agora no território do *habitus* (BORDIEU, 1983a); das disposições adquiridas em função da pertença a determinados grupos sociais. No estudo das representações sociais, contexto, nesse sentido, tende a ser trabalhado de duas formas distintas. Num sentido mais imediatista a inserção social é presumida e analisada através dos grupos de identificação e consequentes prescrições de papel: médicos, operários, adolescentes de classe média. O contexto é subsumido então pelo conhecimento que temos do grupo de pertença e/ou pelo contexto imediato da ação: a instituição de trabalho, a fábrica, a escola.

Ainda como tempo vivido, o contexto pode ser expandido de modo a englobar uma comunidade. Inserem-se aqui os estudos etnográficos onde contexto compreende não apenas o *habitus* como também as características mais globais do entorno social. É neste sentido que Jodelet (1989a: 41) afirma que "as representações sociais devem ser estudadas através da articulação dos elementos afetivos, mentais e sociais integrando a cognição, a linguagem e a comunicação através da tomada de consciência das relações sociais que afetam as representações e da realidade material, social e ideacional sobre a qual eles vão intervir". Preceito este que aproxima a psicologia social da antropologia, enriquecendo a primeira pela expansão do contexto e a segunda pela atenção aos aspectos cognitivos/afetivos da vida social.

O tempo vivido que emerge desses estudos etnográficos, entretanto, abre caminho para as memórias coletivas que são o domínio do *tempo longo*. Como a própria Jodelet observou em seu estudo sobre a loucura (1989b: 373-374).

> Com exceção dos dados de observação direta dos doentes, estes diferentes componentes englobam tanto os conhecimentos de segunda mão quanto os saberes emprestados de outros domínios de atividade relacionados ao *ethos* do grupo, à sabedoria popular ou à cultura local. [...] Circulando nas palavras, nas expressões de linguagem, nos conteúdos do discurso social, encarnados nos gestos, eles existem como depósitos da memória coletiva, que nada mais é que a palavra transmitida e o corpo moldado. Nada pode lhes escapar. Eles formam uma espécie de reservatório de referentes para prescrever sobre os doentes e seu estado e orientar-se frente a eles [...].

Com o tempo longo, deparamo-nos com os conteúdos culturais cumulativos de nossa sociedade; ou seja, com o imaginário social. Deparamo-nos, pois, com as fronteiras da história das mentalidades que possibilita enriquecer nossa compreensão dos conteúdos das representações sociais desvelando nelas as permanências. Assim, quanto mais englobarmos em nossa análise o tempo longo – os conteúdos do imaginário social – mais nos aproximaremos das permanências que formam os núcleos mais estáveis das representações sociais. No sentido oposto, quanto mais nos ativermos ao aqui e agora da interação, mais nos defrontaremos com a diversidade e a criação.

Procedimento de pesquisa[1]

A possibilidade de trabalhar os três tempos simultaneamente foi explorada numa pesquisa sobre a relação médico-paciente no

---

1. Esta pesquisa contou com a colaboração de Silvia Salvan, bolsista de Iniciação Científica, PUC/CNPq, 1992.

caso específico da hipertensão arterial essencial. A hipertensão essencial foi escolhida como cenário tanto pela sua prevalência na sociedade moderna como pela falta de conhecimentos precisos sobre sua etiologia.

Como principal informante foi escolhido um médico clínico geral com interesse na questão da interação entre médico e paciente. Esta escolha visou maximizar a chance de obtermos uma entrevista médica cuidadosa, pois não era nossa intenção acrescentar ao já enorme volume de pesquisas que visam demonstrar a incompetência interacional dos médicos consulentes.

O objetivo principal da pesquisa era entender como as representações orientavam a ação, entendendo ação como prescrição de tratamento no caso do médico e aderência a este no caso dos pacientes. Partindo do pressuposto de que as representações de médico e pacientes diferiam por sua proximidade relativa com a informação da ciência, estávamos também interessados em entender como as visões diferentes eram negociadas na consulta. Com este intuito, foram gravadas quatro consultas deste médico com duas mulheres e dois homens, sendo que duas das consultas foram realizadas numa clínica particular e as outras duas num ambulatório público. Em momento posterior, entrevistamos o médico e os quatro pacientes de modo a entender melhor o sistema representacional que dava sustento à interação.

As entrevistas foram transcritas e submetidas à análise de discurso utilizando para isto uma técnica de associação de ideias que vem sendo desenvolvida no Núcleo de Estudos sobre Representação da Saúde e Doença do Programa de Pós-graduação em psicologia social da PUC-SP. Seguindo os passos básicos desta técnica, o discurso foi transposto em sua totalidade para um mapa, respeitando a ordem da fala original, sendo os conteúdos alocados às colunas relativas às diferentes dimensões da representação: o conteúdo cognitivo, as práticas relatadas e o afeto emergente. Esse mapeamento inicial das associações feitas foi então sintetizado em um diagrama de forma a ilustrar a construção representacional, como será demonstrado a seguir.

Na impossibilidade de apresentar os resultados referentes a todos os sujeitos e às três etapas da análise (representações do médico, representações dos pacientes e relação médico-paciente) escolhemos focalizar o discurso do médico, pois é este que melhor permite ilustrar o jogo de sombras resultante da presença simultânea de permanências e diversidades no campo representacional.

A entrevista com o médico foi analisada buscando compreender: o que é a hipertensão; quem é o hipertenso; quais as bases de sustentação da prática clínica e que afeto é investido na interação com os pacientes hipertensos. Nesta análise, procurou-se entender o contexto a partir de dois eixos. Primeiramente, tomando como referência a medicina como grupo de pertença, e procurando aí os conteúdos identificatórios a partir da comparação entre a perspectiva da medicina no tratamento da hipertensão e os ajustes necessários ao transpor a teoria para a prática do consultório. Isto nos possibilitou entender o tempo vivido.

A seguir, localizamos este discurso no contexto de tempo longo a partir de uma análise retrospectiva das teorias médicas sobre a hipertensão essencial utilizando para isso os editoriais do *The Lancet* e do *Journal of the American Medical Association* (*Jama*), a partir dos primeiros números existentes na biblioteca da Faculdade de Medicina da Universidade de São Paulo. Ou seja, a partir de 1899 para o *The Lancet*, e de 1912 para o *Jama*. Escolhemos estes dois periódicos por serem eles os mais antigos na área da medicina; e escolhemos trabalhar com os editoriais por expressarem estes a visão oficial do corpo editorial das revistas. A primeira menção à hipertensão essencial encontrada data de 1912, no caso do *Jama*, e de 1929, no caso do *The Lancet*.

Resultados

Os resultados serão aqui apresentados de modo a possibilitar fazer o contraponto entre os conteúdos históricos – as ressonâncias do passado – e o discurso do médico sobre sua prática, marcado pela diversidade resultante dos modos particulares de enfrentamento do cotidiano da clínica médica. Dividimos esta análise em três subtópicos: as ressonâncias do passado, as práticas médicas comuns no tratamento da hipertensão e as soluções no cotidiano da clínica.

As ressonâncias do passado

Como pode ser visto na Figura 1, a representação de hipertensão deste médico está centrada na ideia de doença; mas uma doença *sui generis* que não tem causas bem delineadas nem sem-

Figura 1 – Representações sociais de hipertensão

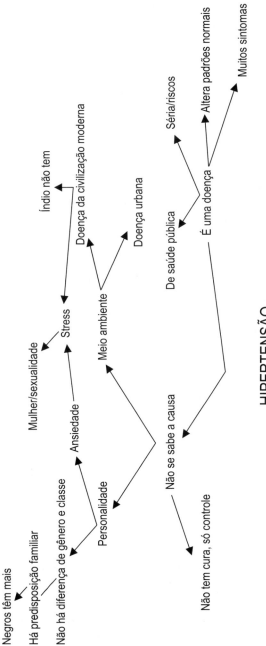

pre produz sintomas reconhecíveis e depende da boa vontade do paciente para que possa ser adequadamente controlada. Como diz nosso informante:

> É doença porque ela representa uma alteração do normal, dos padrões normais da fisiologia e que acaba levando a prejuízos para o paciente a médio prazo. Então não sei se é uma doença ou um problema. Um problema que ele precisa se conscientizar e procurar resolver, né, porque senão ele vai ter prejuízos, vai trazer prejuízos para ele.

De fato, a leitura dos editoriais indica que a perspectiva da doença tende a ser substituída pela noção de risco – o "problema" na citação acima –, pois, como foi afirmado no editorial do *Jama* de 19 de abril de 1985 (*Hypertension: Some Unanswered Questions*), os hipertensos "não são *doentes* no sentido usual da palavra".

Mas não há dúvida de que, para este médico, a hipertensão é um problema sério de saúde pública, tanto por sua incidência na população quanto pelos padrões epidemiológicos de mortalidade e morbidade a ela associados. Essas afirmações do médico vêm corroboradas por referências ao estudo epidemiológico clássico nesta área, o estudo longitudinal de Framingham realizado na década de 1960 (FRAMINGHAM et al., 1978). Mas, o contraponto essencial é sempre o desconhecimento das causas da hipertensão, discurso esse que reflete o cenário que emerge da análise dos editoriais que ao longo do tempo oscilam entre a esperança de estar próximo da explicação causal orgânica e o reconhecimento da heterogeneidade dos mecanismos causais (*Etiology of Essencial Hypertension, Jama*, 1947; *Progress in Essencial Hypertension, The Lancet*, 1979; *Hypertension: Some Unanswered Questions, Jama*, 1985).

Curiosamente, os aspectos psicossomáticos estão presentes bastante precocemente na explicação da etiologia da hipertensão, sendo que, já em 1919, Moschowitz se referia à relação entre personalidade e hipertensão. A hipertensão foi, ainda, o tópico escolhido para discussão por ocasião do lançamento da revista de medicina psicossomática, em 1939. Mas esses são mecanismos que sempre tiveram um estatuto problemático na medicina, seja pela natureza da explicação, seja pela dificuldade de sua incorporação plena na prática clínica. Como pode ser visto na Figura 1, os dois eixos explorados na psicossomática estão fortemente presentes nas construções da hipertensão apresentadas pelo nosso médico: a personalidade e as causas associadas ao meio ambiente, especialmente o *stress* da vida urbana.

Vale apontar, ainda, na análise da Figura 1, para a associação entre os fatores individuais e a predisposição familiar, ilustrada no discurso do médico pela menção à incidência da hipertensão entre os negros. Esta associação é especialmente interessante porque essa questão constitui excelente exemplo da complexidade dos mecanismos da hipertensão, não só porque tudo indica que a hipertensão em indivíduos de raça negra obedece a diferentes mecanismos como também porque é evidência de que essa associação é perpassada por fatores socioeconômicos, sendo mais intensa nas classes privilegiadas (KAG et al., 1991).

A Figura 1, centrada na representação de hipertensão e de hipertenso, tem, evidentemente, um viés cognitivista. Permite mostrar como teorias médicas datadas alimentam representações atuais numa combinação *sui generis* de conteúdos que irão embasar a forma específica com que um médico em particular lida com o cotidiano da clínica. Permitirão entender, por exemplo, a opção por uma prática mais centrada no paciente, opção esta que tem por substrato o refrão repetido inúmeras vezes na entrevista de que "a medicina sabe tratar a hipertensão mas não lhe conhece as causas". As representações sociais são estruturas cognitivo-afetivas e é ao trazer a prática clínica para este cenário que o elemento afetivo começará a emergir.

"Sabemos muito como tratar mas o que a gente não sabe é dar atenção à parte do ambiente": os dilemas da medicina

A Figura 2 é uma síntese do discurso relativo à prática da medicina no campo da hipertensão. Há dois eixos principais no discurso de nosso médico: de um lado abundam medicamentos para reduzir a pressão; de outro lado, a medicina não sabe dar atenção ao paciente.

O tratamento, até a década de 1950, esteve centrado principalmente nas intervenções cirúrgicas e na dieta. De acordo com Moser (1986), alguns fármacos já eram utilizados, como *Veratrum* nos anos 1930 e os *thyocianatos* nos anos 1940. Mas, face à alta toxicidade destes medicamentos, a opção principal estava na intervenção cirúrgica – as adrenalectomias e simpatectomias – e nas múltiplas formas de dieta, como a de restrição de sal, introduzida por Ambard em 1904, e a famosa dieta de arroz introduzida por Kempner em 1944. A partir da década de 1950, entretanto, a indústria farmacêutica passou a investir pesadamente na hipertensão e a descoberta dos diuréticos e vasodilatadores e, a seguir, dos diferentes tipos de bloqueadores, representou uma verdadeira revolução para o tratamento da hipertensão. Como diz o nosso médico:

> Existem umas coisas interessantes na medicina. Muitas vezes apesar de não se saber a causa profundamente o tratamento é bem conhecido e até não é difícil na maioria dos pacientes. Então a gente tem até um ditado médico que é muito usado: "erre o diagnóstico mas acerte a conduta". Até existe esse tipo de coisa porque no fundo, o que o paciente precisaria é a conduta. Mas é claro que se a gente puder esclarecê-lo o mais possível ele vai colaborar com a conduta.

Figura 2 – A Medicina face à hipertensão

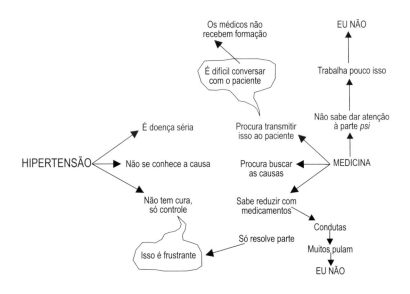

Assim, no afã de resolver o problema, muitos médicos focalizam a conduta – os procedimentos clínicos propriamente ditos – e esquecem o paciente. Aliás, Page, em seu histórico sobre os novos medicamentos introduzidos a partir da década de 1950, relata que "no início os efeitos colaterais eram assustadores, mas não havia nenhuma legislação ameaçadora no que diz respeito ao uso de nossos pacientes para avaliar os efeitos do tratamento" (PAGE, 1976: 810). Ou seja, os pacientes eram utilizados como cobaias. Foi apenas na década de 1960 que começaram a ser realizados estudos clínicos para avaliar o efeito do tratamento, e somente nos anos 1980 encontramos referência à qualidade de vida nos editoriais pesquisados.

A mudança de atitude face aos efeitos colaterais do tratamento foi provavelmente fruto das transformações ocorridas no código de ética médica que, como sabemos, responde às transformações ocorridas nas ideologias sobre a cidadania. Mas é possível que a pouca atenção dada à perspectiva do paciente seja também sintomática da dificuldade implícita dos médicos de se relacionarem com seus pacientes. Como diz o médico por nós entrevistado, "o paciente muitas vezes tá recebendo já três ou quatro remédios, e ninguém conversou com ele".

O que mais chama atenção na Figura 2 é a contraposição entre a medicina, no caso geral, e as soluções particulares encontradas a partir da experiência clínica, marcada no discurso pelo refrão: "eu não". Isto nos leva a examinar a Figura 3 onde a ênfase é na criatividade das soluções particulares encontradas no cotidiano para dar conta das contradições percebidas na medicina aprendida na escola. É nessa tarefa de resolver no cotidiano os impasses históricos do tratamento da hipertensão que o discurso passa a ser marcado pela diferença: "eu não, eu faço de forma diversa". Mas, igualmente, é neste afã de construir a diferença que o afeto emerge com maior força.

Criando soluções, gerando conflitos

A Figura 3, dando continuidade à Figura 2, está organizada nos dois eixos relativos às dimensões das práticas correntes no tratamento da hipertensão: "eu" adoto a conduta correta na prescrição de medicamentos, e "eu" procuro trabalhar a dimensão psicossocial.

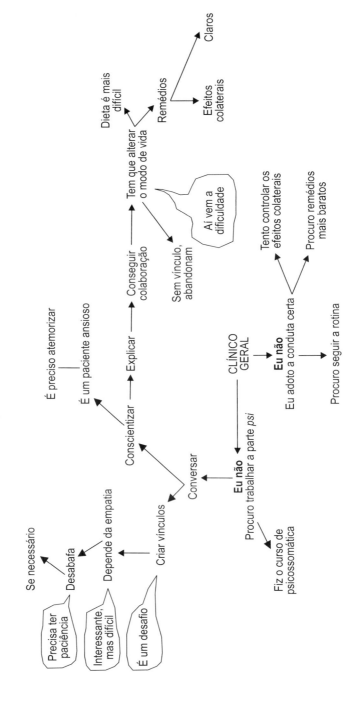

Figura 3 – A prática cotidiana

Adotar a conduta correta implica, segundo as associações presentes no discurso, controlar os efeitos colaterais assim como em adequar a prescrição às necessidades econômicas dos pacientes, ambos fatores percebidos como dificultadores da aderência ao tratamento. Vale pontuar aqui que a preocupação com os efeitos colaterais do tratamento, como já foi apontado anteriormente, é fenômeno recente. Os estudos clínicos para avaliar os efeitos do tratamento datam da década de 1960 e a perspectiva do paciente, marcada pelos estudos sobre os efeitos do rotulamento, só se faz presente na década de 1970, com a publicação dos resultados de uma pesquisa canadense sobre trabalhadores de uma indústria de aço (GIBSON et al., 1972).

O tratamento em si, portanto, surge como mais um fator complicador da clínica, não só pelas complexas interações entre fármacos e as condições orgânicas do paciente como também pela presença historicamente marcante dos fatores associados à personalidade e ao estilo de vida. É esta dimensão psicossocial que emerge mais fortemente no discurso no nosso médico sobre a prática clínica. Ou seja, a opção particular neste caso não foi o caminho da ética, evidenciada no discurso dos efeitos colaterais ou do rotulamento, e sim a retórica da relação médico-paciente como relação terapêutica. Essa relação, seguindo a lógica da associação de ideias do discurso do médico, se dá numa dupla perspectiva: criar um vínculo que possibilite a busca de informações e conscientizar o paciente para assegurar sua cooperação.

Criar o *vínculo* implica estabelecer uma relação de empatia para que o paciente possa desabafar, conversar de coisas íntimas e assim, supostamente, revelar a trama causal de sua hipertensão. Deixar, enfim, emergirem as causas últimas da ansiedade e do *stress*, elementos intrínsecos da teoria com a qual este médico funciona. É preciso, enfim:

> [...] primeiro criar um vínculo com eles, né. Nem todo paciente a gente consegue isso porque depende da empatia e tal mas a gente sempre tenta, né. E se for criado o vínculo é procurar que aos poucos ele se abra e vá desabafando alguns aspectos. Se a gente sente que o problema é estrutural, é mais sério, de personalidade, então ele precisaria de um tratamento mais prolongado, psicoterápico.

Desabafar passa ainda por uma teoria implícita sobre gênero. Por exemplo, o *stress* é componente fundamental da teoria que se esboça, pois todos os pacientes "são pessoas com muito *stress*, pessoas que não conseguem lidar com isto". Mas o *stress* é diferente para homens e para mulheres, estando, no caso das mulheres, associado com a esfera sexual. Diz ele: "Mas a gente vê muito às vezes é problema na esfera sexual, né. Muitas pacientes, principalmente isto com mulher. Não sei se é, mas eu vejo com mulher, né".

Embora considerado ingrediente essencial do tratamento da hipertensão, o vínculo é tarefa difícil, pois se gera interesse gera também o desafio. Ou seja,

> O hipertenso é um paciente difícil. É sempre um desafio; cada doente vai ter sua reação, e os graves, os mais difíceis de abaixar, às vezes até, se a gente não tem um bom vínculo, ele começa a achar que você não está resolvendo o problema, porque tá sendo difícil baixar a pressão dele, né [...]. E aí é que vem o problema: eles procurarem os métodos alternativos que infelizmente aí tem muito, muito charlatão [...].

A boa relação médico-paciente implica, também, conscientizar; explicar a situação de modo a assegurar a colaboração. Assim:

> A única forma de conseguir a colaboração, no meu ponto de vista, é sempre explicar muito bem o que é a doença, até em esquemas, em comparar com alguma coisa que ele conheça. Até muitas vezes a gente fala dos encanamentos para que ele sinta que a pressão de água seria igual à pressão do sangue [...] a gente tenta atemorizá-lo de uma forma dosada mas precisa, eu acho necessário, dos riscos que estão por detrás disto. Então, de que está vivendo uma vida normal, pode ficar paralítico, pode ter um enfarto. Eles se assustam um pouco mas eu, tem que haver este lado, dosado, sem ser um terror para o paciente, mas mostrando os riscos e as consequências do problema.

Enfim atemorizá-los de forma a colaborar com o tratamento que, como já foi visto, implica não só controlar a pressão com medicamentos como também alterar o modo de vida. Pois, segundo nosso médico,

> é um tratamento que depende muito da colaboração do paciente, como todo o tratamento, mas esse em particular depende muito, porque ele tem que se conscientizar mesmo: tem que tomar uma dieta que ele não gosta porque tira um pouco o sal; precisa tomar

remédios que às vezes ele estava se sentindo bem e eu vou com o remédio fazê-lo provisoriamente pior, ele se sente fraco, cai a pressão. Então aí é que vem a dificuldade. Na hipertensão isso é tremendo.

Conclusão

Concluindo, procuramos demonstrar, através da análise do discurso de um médico clínico geral, que as construções das teorias de senso comum – e estamos considerando aqui que grande parte da prática médica é feita a partir de reconstruções funcionais de conteúdos científicos – incorporam elementos contextuais que, quando o objetivo é entender o processo de elaboração das representações, precisam ser trabalhados a partir de uma perspectiva de múltiplos tempos, de modo a englobar aspectos históricos e interacionais.

Tal empreitada, obviamente, não procurou apenas demonstrar um procedimento de análise marcado pela interdisciplinaridade. Procurou, antes de mais nada, ilustrar a riqueza de uma perspectiva teórica que, partindo dos postulados epistemológicos do construcionismo, permite uma compreensão mais globalizante das representações sociais sem cair no extremo empobrecedor das análises estruturalistas – que tendem a desvelar permanências – e nem no extremo oposto da análise de conversação que não consegue superar o aqui e agora da interação.

16. A ONIPRESENÇA DO CÂNCER NA VIDA DAS MULHERES
Entendendo os sentidos no fluxo das associações de ideias*

De 1994 a 1998, em colaboração com Maria da Glória Gimenes, foi desenvolvido o projeto intitulado Representação, Estratégia de Enfrentamento e Bem-estar Psicológico após Câncer de Mama, que teve por objetivos: 1) Investigar de forma retrospectiva a experiência de enfrentamento do diagnóstico e tratamento de câncer; 2) Avaliar o impacto da experiência com doença e suas consequências para o bem-estar emocional e social da mulher portadora de câncer; 3) Comparar as representações de corpo/seio e de saúde/doença (e mais especificamente do câncer da mama) de mulheres que haviam passado pela experiência de diagnóstico de câncer da mama e as que não haviam passado por tal experiência; 4) Entender a relação entre os sentidos do câncer e a adoção de medidas preventivas para o câncer da mama.

Para a consecução destes objetivos foram entrevistadas 35 mulheres, sendo 18 sem diagnóstico de câncer, 17 com diagnóstico de câncer (sendo que 10 haviam sido submetidas a mastectomia e 7 a quadrantectomia). As mulheres com diagnóstico de câncer foram contatadas e entrevistadas em dois serviços de atendimento especializado: uma clínica particular de tratamento oncológico localizada na cidade de São Paulo e o Setor de Ginecologia do Hospital das Clínicas, também localizado em São Paulo. As demais mulheres que integraram o estudo foram recrutadas por meio do cadastro funcional da Universidade Federal de São Carlos e da Escola Paulista de Medicina em São Paulo, e a coleta de

---

* Resultados parciais do Projeto Integrado CNPq (Processo 521205/93-0 3 523398/95-6) coordenado por Maria da Glória G. Gimenes e Mary Jane P. Spink e referente à análise sob responsabilidade desta última.

dados realizada no próprio ambiente de trabalho mediante prévia autorização da instituição.

Por meio de carta-convite, tanto as instituições como as mulheres que integraram o estudo puderam tomar conhecimento dos objetivos da pesquisa. A carta trazia informações sobre os autores do estudo, seu objetivo geral, a importância da colaboração, ainda que voluntária, e o caráter confidencial das informações fornecidas. Nossas colaboradoras foram informadas, também, que as entrevistas seriam gravadas, pois se tratava de recurso necessário ao registro das informações e, como é de praxe em estudos desta natureza, assinaram um Termo de consentimento informado.

Sobre os procedimentos de pesquisa

Tomando por base o enquadre teórico das práticas discursivas como formas de produção de sentidos (SPINK, 1999), foi elaborado um roteiro de entrevista que buscou uma aproximação paulatina com a esfera afetiva e com o objeto da pesquisa: o câncer de mama. Para isso, a entrevista foi estruturada mesclando *questões associativas* que buscavam explorar os sentidos do corpo/seio e da saúde/doença e *questões narrativas*, voltadas à investigação retrospectiva das experiências com doenças marcantes da vida de cada uma das mulheres que integraram o estudo.

A entrevista era iniciada com a busca de alguns dados sociodemográficos: nome, data de nascimento, idade, escolaridade, profissão, estado civil/companheiro fixo, número de filhos, naturalidade e, para as mulheres com experiência de câncer, o diagnóstico e conduta (mastectomia ou quadrantectomia). As questões associativas e narrativas foram divididas em quatro blocos temáticos: corpo/seio, saúde/doença, enfrentamento da doença mais marcante e câncer de mama. Cada bloco era iniciado com questões gerais (por exemplo, no primeiro bloco, "o que vem a sua cabeça quando falo a palavra corpo?) para então explorar os sentidos pessoais sobre a questão focal do bloco de perguntas (por exemplo, "o que isto tem a ver com o seu corpo?" e "foi sempre assim?"), obtendo-se, portanto, a seguinte estrutura:

> • Corpo: O que vem à sua cabeça quando eu falo a palavra corpo? O que isso tem a ver com o seu corpo? E foi sempre assim?

- Seio: Fale tudo o que vem à sua cabeça quando eu falo a palavra seio; E isso tem a ver com o seu seio? E foi sempre assim?

- Ser saudável: Para você o que é ser saudável? O que esta definição tem a ver com você, pensando em você como mulher? Como você chegou a esta conclusão?

- Câncer de mama: O que vem à sua cabeça quando ouve a expressão câncer de mama?

As questões assim estruturadas possibilitaram identificar os repertórios interpretativos sobre corpo e saúde utilizados para dar sentido ao câncer da mama. Buscou-se, ainda, adotar uma perspectiva temporal remetendo o "tempo-do-aqui-e-agora" ao "tempo-vivido" (SPINK, 1999) por meio da questão: "E foi sempre assim?", de modo a entender possíveis mudanças nos sentidos do corpo e da saúde associadas a eventos da vida passada.

Já as *questões narrativas*, voltadas a explorar, de forma retrospectiva, as experiências com doenças variadas e, sobretudo, com o câncer, incluíam duas séries de perguntas:

- A primeira – "Que doença foi mais marcante para você?" – visava suscitar lembranças de experiências vividas envolvendo doenças.

- A segunda – "Como você lidou com isso? Funcionou para você?" – voltava-se às formas de enfrentamento da doença.

Estas questões permitiram identificar as experiências com doença grave e com o câncer mais especificamente, entender o impacto da doença na vida e no bem-estar psicossocial dessas mulheres, bem como as estratégias de enfrentamento por elas adotadas. Atenção especial foi dada aos seguintes conteúdos: a) o significado imputado ao seio, seja como instrumento de maternidade ou como elemento definidor da feminilidade e b) a história individual e familiar de enfrentamento da doença e os critérios para definição de si mesma como saudável ou não.

Com referência ao câncer da mama, no caso das mulheres sem experiência de diagnóstico, investigamos, também, as práticas de prevenção: o que faziam, quando haviam começado e com quem haviam aprendido. No caso das mulheres que tinham tido experiência com esta doença, explorávamos como elas se referiam à doença e as formas de enfrentamento da mesma.

Terminada a entrevista, o entrevistador recolocava o objetivo geral da pesquisa, o que suscitava, por vezes, outras falas por parte das mulheres participantes do estudo. O tempo médio das entrevistas foi de quarenta minutos.

Os passos da análise

Foram sete os passos da análise: transcrição das entrevistas; padronização para montagem do banco de dados; elaboração dos mapas de associação de ideias; análise dos repertórios associativos por bloco de questões; elaboração das árvores de associação de ideias; análise das linhas narrativas e análise das estratégias de enfrentamento. Para a análise de mapas associativos, árvores e linhas narrativas adotou-se a metodologia desenvolvida por Spink e Lima (1999). Para a análise do enfrentamento, adotou-se as estratégias desenvolvidas por Gimenes (1997).

A padronização da transcrição e do banco de dados de entrevistas constituiu passo fundamental para organizar as diversas análises, sendo que cada entrevista incluiu: 1) os dados de identificação, adotando-se a estratégia de utilização de nomes fictícios de forma a garantir o anonimato; 2) os antecedentes da entrevista, historiando os contatos feitos para o convite para participação no estudo e uma descrição do local da entrevista, dos contratempos e tudo o mais que estivesse relacionado ao contexto da entrevista; 3) a transcrição literal padronizada; 4) um resumo da entrevista no qual cada entrevistador descrevia, de modo sintético, a dinâmica da entrevista, recuperando a dialogia entre entrevistador e entrevistada.

Os resultados ora apresentados, referentes aos sentidos do câncer para as mulheres sem experiência de diagnóstico de câncer, são decorrentes da análise em mapas e árvores de associações, de modo que apenas estas técnicas serão aqui apresentadas.

Os mapas de associação de ideias

Os mapas constituem uma primeira aproximação analítica e têm por objetivo sistematizar o processo de interpretação da transcrição da entrevista em busca dos aspectos formais da construção linguística e dos repertórios interpretativos sobre corpo, seio, saúde, doença e câncer utilizados nesse diálogo entre entrevistador e entrevistada. Constituem instrumentos de visualização que têm duplo objetivo: dar subsídios para o processo de interpretação e facilitar a comunicação dos passos subjacentes ao processo interpretativo. São, portanto, resultantes da ressignificação da noção de rigor que decorre da revalorização dos métodos qualitativos como formas legítimas de fazer ciência (SPINK & LIMA, 1999).

A construção dos mapas (SPINK, 1994) inicia-se pela definição de categorias gerais que refletem, sobretudo, os objetivos da pesquisa[1]. São, portanto, formas de visualização das dimensões teóricas, diferenciando-se, assim, das análises de conteúdo usuais – mais presas aos conteúdos discursivos. Ou seja, busca-se entender a sequência das falas e os processos de interanimação dialógica a partir da esquematização visual da entrevista como um todo. Para isto, o diálogo é mantido intacto (sem fragmentar), apenas deslocando-o para as colunas previamente definidas em função dos objetivos da pesquisa. O Quadro 1 fornece um exemplo das categorias analíticas utilizadas nos mapas para análise das entrevistas nesta pesquisa específica.

Quadro 1 – Exemplo de mapa de associação de ideias (Entrevista n. 28)

Objetos	Primeiras associações	Explicações das associações	Qualificadores
E- *A primeira coisa que eu queria saber é o que vem à sua cabeça quando eu falo a palavra* corpo?			
	S- Corpo... ah eu acho a anatomia muito bonita, acho linda,		

---

1. E, portanto, sendo relacionadas aos objetivos específicos de pesquisa, serão distintas em cada pesquisa.

		a anatomia feminina, a anatomia masculina, tem as diferenças, eu acho os dois muito lindos, muito perfeitos, muito bonitos mesmo, perfeitos.	
		A gente entristece quando perde alguma coisa.	

Considerando que a entrevista associativa subdividia-se em blocos (*corpo, seio* etc.) e sub-blocos (*seu corpo; sempre foi assim*), a primeira coluna – *objetos* – serviu de marcador para a introdução de um novo bloco associativo. Ficou restrita, portanto, aos objetos de associação definidos no roteiro de entrevista, estando assim intrinsecamente vinculada às perguntas do entrevistador e às suas sínteses visando encerrar um bloco e passar para outro bloco, ou sub-bloco. Por exemplo: "Você disse que acha a anatomia linda. Pense agora no seu corpo. O que isto tem a ver com o seu corpo?"

Na segunda coluna, *primeiras associações*, foram colocadas apenas as respostas à pergunta efetuada na primeira coluna. Esta coluna constituiu o principal apoio para a busca dos repertórios utilizados para falar sobre corpo, seio etc. A terceira coluna, mais densa, englobou todas as *explicações* e esclarecimentos sobre o sentido das associações constantes da segunda coluna. Incluiu, portanto, os pedidos de esclarecimento feitos pelo entrevistador. Reiteramos, assim, que as colunas retratam a sequência das falas e a dialogicidade, englobando as falas do entrevistado e do entrevistador.

Finalmente, na quarta coluna – *qualificadores da afetividade* – foram colocadas as falas que explicitavam a tonalidade afetiva das associações: emoções, sentimentos e valores. Ficaram localizadas aí, também, as figuras de linguagem – tal como "Ai meu Deus"; "Nossa!" – que podem servir de subsídio para a compreensão da ruptura cognitiva/emocional que determinadas perguntas e intervenções do entrevistador geram no entrevistado (e vice-versa).

A construção dos mapas, uma vez entendidos seus objetivos, é simples. Utiliza-se um processador de dados, tipo *Word for Windows*, e digita-se toda a entrevista. Constrói-se, então, uma tabela com tantas colunas quantas forem as categorias analíticas e, usando as ferramentas de edição *cortar* e *colar*, transfere-se o conteúdo para as colunas, respeitando-se a sequência do diálogo, criando um efeito *escada* conforme pode ser visualizado na Figura 1.

É importante assinalar que o mapa utilizado nesta pesquisa, tendo por objetivo a visualização das associações referentes aos blocos e sub-blocos, era apropriado à análise dos conteúdos referentes à entrevista associativa. Houve ocasiões em que as associações suscitaram narrativas de situações vivenciadas direta ou indiretamente. Nestes casos, optou-se por assinalar estes trechos usando reticências entre parênteses, assinalando a temática (por exemplo, ...narrativa sobre a operação de útero...) e analisar o trecho posteriormente utilizando a técnica das *linhas narrativas*.

As árvores de associações

As árvores de associações têm como objetivo visualizar o *fluxo* das associações de ideias nos vários blocos da entrevista associativa que eram inaugurados pela pergunta do entrevistador e encerrados com suas sínteses, fechamentos do entrevistado (por exemplo, quando diziam "é só isso") ou a formulação de uma nova pergunta. Possibilitam a compreensão das singularidades da produção de sentido, presas tanto à história de cada pessoa quanto à dialogicidade intrínseca do processo de entrevista.

As árvores têm como ponto de origem o foco da pergunta e seguem o fluxo do discurso, usando linhas simples para o desenrolar das associações dos entrevistados e linhas duplas para as intervenções do entrevistador. O Quadro 2 ilustra estes procedimentos:

Quadro 2 – Árvore de associações do bloco corpo (Entrevista n. 28)

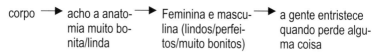

As linhas narrativas

As linhas narrativas são apropriadas para esquematizar os conteúdos das *histórias* utilizadas como ilustrações e/ou posicionamentos identitários no decorrer da entrevista. Sendo essa uma das formas discursivas mais presentes no cotidiano (MURRAY, 1997, por exemplo), constituem recursos de produção de sentido utilizados mesmo no âmbito de uma entrevista associativa. Sempre que emergia uma narrativa, utilizávamos a linha narrativa como recurso analítico, identificando cronologicamente – numa linha horizontal – os eventos marcadores da história contada, e detalhando-os em linhas verticais subsidiárias. Ao contrário dos mapas e das árvores de associações, a linha narrativa segue a *história que é contada*, e não o fluxo das associações. Por exemplo:

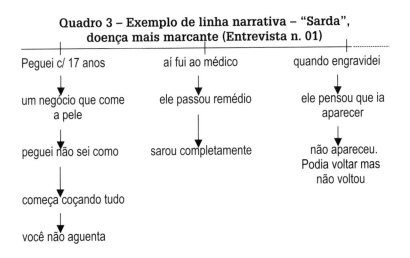

Quadro 3 – Exemplo de linha narrativa – "Sarda", doença mais marcante (Entrevista n. 01)

A onipresença do câncer na vida das mulheres

"Esta é uma pesquisa sobre saúde, mulher e bem-estar psicológico". Com essa formulação geral, usada tanto na primeira aproximação, quando era feito o convite para participar da pesquisa, como no início da entrevista, buscávamos estabelecer um contexto mais amplo, menos focalizado na problemática do câncer, de modo a não direcionar as associações de ideias sobre corpo, seio, saúde e doença para o câncer da mama. A pergunta específica sobre o câncer da mama, portanto, no caso de mulheres que não haviam passado por esta experiência, era feita apenas no bloco final da entrevista.

Entretanto, dez das dezoito mulheres entrevistadas fizeram menção ao câncer logo no início da entrevista, quando solicitávamos associações de ideias com a palavra seio (*o que vem à sua cabeça quando falo a palavra seio?*). É possível, sem dúvida, que a forte presença do câncer da mama no imaginário dessas mulheres esteja relacionado à faixa etária de nossas colaboradoras, tendo em vista que a proposta era de entrevistar mulheres com idade entre 35 e 70 anos, período em que a incidência de câncer da mama é maior.

Não há dúvida que a idade "pesa". Assim, muitas mulheres organizaram suas falas a partir da oposição entre o "antes", da juventude – pautado pelo seio estético, erótico ou maternal – e um "agora" marcado pelas transformações corporais e, sobretudo, pela preocupação com o câncer. Por exemplo, Ligia[2], de 39 anos, diz:

> S: primeiro vem... o aleitamento, né. Amamentar, eu achei que foi uma fase muito bonita da minha vida [...]. Então, naquela época de amamentar eles estavam muito próximos de mim, né.
> E: sei.
> S: Isso é a primeira parte, hoje quando eu penso em seio já vem uma preocupação.
> E: Hum.
> S: Tá, de estar sempre verificando se tem nódulo, ou se existe alguma possibilidade de estar acontecendo alguma coisa em termos de...mas mais por precaução [...].

As associações com câncer da mama ("o que vem a sua cabeça quando eu falo a expressão câncer da mama ?"), conforme os exemplos abaixo, foram fortemente marcadas pelo medo:

> E: Este medo, quando é que começou?
> S: Medo eu sempre tive; de qualquer tipo de doença. Mas as doenças que eu mais tenho medo, medo, medo, eu tenho pavor, é Aids e câncer.
> (Ionete, 35 anos, 4ª série do Ensino Fundamental)

---

2. Os nomes são todos fictícios.

E: o que vem à sua cabeça quando eu falo a expressão câncer da mama?
S: Ai, Deus nos livre! (Ri)
E: Você já tinha falado.
S: Não, quando você falou seio, eu já pensei, ah!, Câncer da mama com certeza. Para a mulher é terrível. Esta coisa de aparecer um carocinho no seio... pânico, pânico, pânico. Ah meu Deus, vão cortar o meu seio fora, é terrível... o primeiro momento é isso. E no segundo momento, é pensar que tem milhões de mulheres que já tiveram esta experiência, que já passaram por ela e sobreviveram. Não tira o gosto da experiência, mas dá outra direcionada.
(Vera, 44 anos, Superior completo)

Medos que se expressam de formas variadas:

S: Ai que horror... penso em alguém doente, de cama, sem poder fazer as coisas. Seja na mama, ou em qualquer lugar, câncer é câncer. É dor, é sofrimento; não conheço ninguém que tenha tido câncer e tenha tido uma vida normal.
(Fátima, 51 anos, Superior incompleto)

S: Eu penso logo em mim; eu tenho medo de ter de ver, porque a gente ouve sempre falar que é muito dolorido, que o tratamento é muito rigoroso. Eu morro de medo. A gente pode até ficar deformada [...].
(Djanira, 43 anos, Ensino Fundamental completo)

Mas, que é, sobretudo, medo da mutilação, de ter que tirar um seio:

S: Ah! Sei lá. Acho forte, né? Câncer da mama é uma coisa muito séria, porque eu acho que a pessoa tirou o seio, deixou de amamentar, né?
(M. da Graça, 43 anos, Superior completo)

S: [...] se aparecer algum caroço nos meus seios e eu tiver que tirar meu seio, eu acho que vai ser o fim do mundo pra mim. Eu acho que eu não vou viver sem uma parte do meu corpo; sem uma perna a gente vive, mas sem o seio da gente, eu não sei...
(Dirce, 46 anos, 5ª série do Ensino Fundamental)

O medo, mesmo quando não expresso diretamente nas primeiras associações, emerge indiretamente através dos esforços de prevenção: cuidar para poder diagnosticar cedo e assim evitar o pior:

S: Bom, eu acho assim... É uma coisa que para mim não tem problema nenhum, porque eu acho assim, se você está sempre fazendo uma prevenção, indo num ginecologista, então o que acontece, se você fizer a prevenção, não tem isso, entendeu? Não vai estar ali se tiver; tanto no começo, não tem problema, entendeu? Eu acho isso.
(Valéria, 37 anos, Superior completo)

S: Hã... eu fico imaginando, assim... como eu, eu, poderia tá vendo, me prevenindo para não chegar, para não chegar numa situação de ter que tirar o seio. Porque como eu já te falei, ele é uma das partes que faz com que a gente tenha vaidade, essas coisas, né?
(Rosa, 52 anos, Ensino Fundamental)

S: Câncer da mama?
E: É.
S: Olha... eu acho que toda mulher... descobre qualquer anormalidade na mama, deve correr...
E: Sei porque é um lugar propício para ele desenvolver,
E: Hum...
S: Por causa da (ininteligível). É um lugar próprio pra ele desenvolver; como no intestino.
E: Hum, hum...
S: Eu acho que deve correr; se tiver avançado que já enr... raízes, num passou lá por dentro, pela parte respiratória, ou pelos lugares mais...
E: Sei.
S: Precisa cortar tudo fora...
E: Hum... Hum...
S: Certo? Reconstrói, faz do jeito que fizer, ou fica sem, cabô. Mas dificilmente fica doente.
(Deolinda, 57 anos, Ensino Médio técnico)

Uma vigilância constante para algo que, ao que tudo indica, é percebido como inevitável. Assim, a cada autoexame, a cada exame médico periódico, a cada resultado de mamografia, respira-se aliviada, dando graças a Deus que está tudo bem (ainda...). Por exemplo, Clarinha (50 anos, Ensino Médio incompleto) apresenta a seguinte sequência de associações:

Figura 1 – Clarinha, 50 anos, 2º grau incompleto

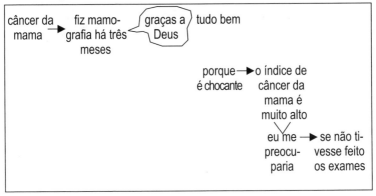

É sobretudo em relação ao câncer da mama que se recorre a Deus. As diversas formas de análise por nós utilizadas permitiram entender melhor o poder retórico da expressão "graças a Deus". De início pensada como artifício linguístico, como um mero maneirismo, o potencial de visualização das técnicas analíticas possibilitou perceber que a expressão tende a ser utilizada quando as mulheres abordavam temas que suscitavam preocupação e exigiam um maior investimento afetivo. Assim, doze mulheres utilizaram a expressão "Graças a Deus" (e seus derivados: Deus me livre, meu Deus, peço a Deus, ai meu Deus) ao falar das doenças mais marcantes em suas vidas (30 ocorrências da palavra Deus e 1 de Nossa Senhora); doze a utilizaram ao referirem-se especificamente ao câncer da mama (29 ocorrências da palavra Deus). O uso desta expressão é ilustrado nas árvores associativas abaixo.

Figura 2 – Fátima, 51 anos, Superior incompleto

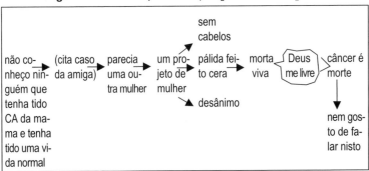

Figura 3 – Ilda, 56 anos, Ensino Médio

A palavra Deus surge em outros momentos da entrevista apenas no caso de quatro mulheres, e mesmo assim com apenas cinco ocorrências, dando apoio à hipótese de uso linguístico da palavra para reforçar a expressão de emoções. Apenas duas entrevistas não fizeram referência a Deus, sendo interessante observar que uma delas é de uma mulher espírita e sua entrevista é permeada de uma visão profundamente espiritual – usar Deus como artifício expressivo seria, no caso, "usar seu nome em vão".

A onipresença do câncer na vida destas mulheres fica evidente, também, nos esforços preventivos. Quatorze das dezoito mulheres entrevistadas faziam exames médicos periódicos (uma, várias vezes por ano; quatro a cada seis meses; quatro, anualmente; três sem especificar a periodicidade e duas sempre que surgia algum problema). Apenas quatro mulheres não mencionaram buscar apoio nos serviços médicos.

As posturas perante estes exames variaram desde a preocupação exacerbada de Dirce:

> S: Eu morro de medo que apareça caroço, em mim e na minha filha que tem 15 anos; e a gente vê sempre na televisão, né? Então eu tô sempre me dedicando a mim e à minha filha a esse respeito dos seios [...] sempre pensei nisso. Minha tia tirou o seio há um ano. Eu vi o sofrimento dela. Então... eu não desejo isso para ninguém. (Dirce, 46 anos, 5ª série do Ensino Fundamental)

À filosofia naturalista de Ilda, que considera que muitas mulheres ficam viciadas (sic) em exames:

> S: Mas eu acho que a gente tem que procurar, como se diz, ter sempre, ser mais ehh... ter otimismo, do que pessimismo, porque com o pessimismo você afunda. Ehh... quer dizer, puxa mais.
> E: Hum.

S: Eu acho que, eh..., na minha eh..., eu acho que isso é importante, sabe, você procurar saber. Eu não sou de ficar fazendo 150 testes.
E: Hum, hum.
S: Procurar, sabe... tem gente que não sai, vive fazendo exames de sangue, faz isso, faz aquilo; vive, como se diz, procurando coisa, sabe? Eu não, eu sou um pouco, para dizer a verdade, naturalista.
(Ilda, 56 anos, Ensino Médio)

Passando, também, pelo descaso estudado de Aparecida, que embora "relaxada" quanto aos exames (*porque eu sou meio relaxada, meio desleixada, demora, passo das épocas)*, observa com cuidado o que ocorre com outras mulheres, buscando definir sua posição face aos fatores de risco:

S: (falando das associações de seio e câncer) Assim, né, porque como eu disse, pela faixa etária, né, não sei. Eu imagino que...
E: Hum, hum.
S: Não sei. Se bem que diz que esse tipo de coisa, de saúde, né, do câncer...
E: Sei.
S: Tem, tem algumas características nessas pessoas que tem isso, né? Então eu fico sempre observando se não é o meu caso, né: vida sexual ativa.
E: Hum, hum.
S: E faixa etária, história de família, né.
E: Hum, hum.
S: Então eu tenho essa... mas eu tô numa fase de mudança hormonal e eu tenho medo que...
E: Sei.
S: Né, que...
E: Hum, hum.
S: Sei lá. Então eu presto mais atenção nessa parte assim... de saúde.
(Aparecida, 49 anos, Superior completo)

A prevenção parece ser feita de forma impositiva; uma norma médico-social a ser observada face à inevitabilidade do câncer, visto ora como desgaste físico – algo inerente à condição feminina e inevitável com o passar do tempo (vide fala de Ilda, na citação abaixo), ora como "herança genética", como transparece na fala de Ofélia.

S: Não vou dizer que, que eu sou como se diz, perfe... perfeição; que não dói aquilo; sabe, tem dia, hum..., às vezes a gente acorda,

dói uma perna, ou dói aqui, sabe como é. É natural. O corpo humano é uma máquina; ele gasta, né, então.
(Ilda, 56 anos, Ensino Médio)

S: Ai... o que vai dizer uma pessoa... é uma coisa muito perigosa, né?
E: Perigosa?
S: Na minha família já passou... tive problema com duas tias minhas...
E: É?
S: Extraiu um, depois extraiu outro.
E: Sei.
S: Eu morro de medo disso, né?
(Ofélia, 49 anos, Ensino Fundamental, 1º segmento)

Tendo em vista a técnica de entrevista utilizada, baseada no discurso livre emanado da associação de ideias, não havia uma pergunta específica, na entrevista, sobre as causas do câncer. Entretanto, dezessete das dezoito mulheres entrevistadas deixaram transparecer alguns dos repertórios interpretativos utilizados para explicar o surgimento de um câncer. Essas explicações, conforme verificado por diversos autores (BOLTANSKI, 1984; BAKIRTZIEF, 1994; SPINK, 1994; entre outros), incorporam repertórios antigos, já descartados pela medicina, assim como elementos novos, ressonâncias das últimas descobertas científicas.

Por exemplo, Lina fala do câncer – a exemplo da tuberculose – como "doença que pega nos outros". Ou seja, pensa-o como doença infectocontagiosa, fazendo coro com médicos do final do século passado (SANT'ANNA, 1997):

S: Diz que é uma doença que pega nos outros. Eu tinha medo também dos meus filhos. Meu Deus, se eu tiver essa doença, e meus filhos, eu tenho que me separar deles. O meu medo era esse. Eu ter que me separar dos meus filhos, me isolar com essa doença. [...] Ficar longe, sozinha, isolada, sem o amor de um filho, sem o amor de um amigo? Eu tinha medo de perder meus amigos – "eu não quero amizade com ela, que está com essa doença e vai pegar em mim". Eu tenho pavor disso aí. Câncer, essa doença, tuberculose, eu tenho medo. Doença que pega nos outros é um pavor.
(Lina, 57 anos, 4ª série do Ensino Fundamental)

Já para Ionete e Dirce, o trauma físico poderia causar um câncer:

S: Já aproveito e mando dar uma olhadinha (fala de uma espinha que nasceu no seio) na espinha que nasce no rosto; então, nasceu uma no seio e eu machuquei e ela virou um carocinho e este carocinho poderia crescer, como de fato acontece. Só que o meu não cresceu. Aí, sempre que vou no médico aproveito e mostro. Toda vez, será que ele mentiu para mim? Fico pensando. Eu mesmo pego quando estou tomando banho, dou uma olhadinha para ver: será que está crescendo? Será que ele mentiu para mim? Vou falar com aquele outro, quer dizer, já passei em vários. Agora eu já me conformei. Eu sei que ele não vai crescer, e também que não tem nada. Por enquanto está tudo normal.
(Ionete, 35 anos, 4ª série do Ensino Fundamental)

S: Então eu tô sempre me dedicando a mim e a minha filha a esse respeito dos seios e falo muito para ela: "Muito cuidado! Não bata os seios; não deixa bater seu seio em lugar nenhum, uma pancada que pode ter uma origem desagradável".
(Dirce, 46 anos, 5ª série do Ensino Fundamental)

A amamentação, como forma de prevenção (ou causa do câncer), surge na fala de quatro mulheres. Por exemplo,

S: (associações com câncer da mama) Medo... de um dia ter... agora não sei se a gente dá de mamar tem, ou se não dá tem.
(Ionete, 35 anos, 4ª série do Ensino Fundamental)

S: Eu só não entendo por que duas vezes eu tive que tirar nódulos do seio esquerdo, porque eu sempre amamentei. De onde surge e por que surge? Se existe alguma coisa bem mais profunda que os médicos não dizem, que é rotina, sabe?
(Deolinda, 57 anos, Ensino Médio)

A idade e o papel dos hormônios nas modificações do seio apareceu na fala de sete mulheres, muito embora em nenhuma destas falas há menção explícita ao risco induzido pela reposição hormonal. Falam do empedramento do seio decorrente de mudanças hormonais (por exemplo, Lina); da possível relação com laqueaduras, histerectomias e ovariotomias (por exemplo, Naíde), ou ainda, embora sem propor nexo causal, das mudanças ocorridas com a reposição hormonal (por exemplo, Aparecida).

E: Quando a sra. começou a se preocupar com isso?
S: Foi quando eu estava sentindo muita dor na mama e as dores

que eu sentia no ovário. Pensei, eu vou fazer um tratamento, porque tinha essa coisa de estar dando câncer nas mamas, no útero, essas coisas. E eu tinha medo; eu fui pro médico, mas eu fui com medo. Eu tinha a impressão que eu estava com essa doença, coisa da minha cabeça. Mas, graças a Deus, não deu nada. Foi dois anos atrás. Problema do hormônio. Porque eu já não tenho mais menstruação, e tinha que fazer um tratamento.
(Lina, 57 anos, 4ª série do Ensino Fundamental)

S: (discorrendo sobre dores no seio e medo de caroços) É, eu não sei, pelo menos uma vez o médico me falou, porque eu fiz essa laqueadura; depois que eu fiz essa laqueadura é que começou a me doer o seio. Conversei com o médico. Ele me disse que isso daí não tinha nada a ver. É onde eu fiquei cismada. Então, se não é, alguma coisa está acontecendo. Ele falou que isso aí não é nada não; isso daí é normal e eu fiquei com aquela cisma na cabeça, então, vira e mexe, eu faço isso (apalpação). Não vou procurar médico porque eu tenho pavor de médico. Eu vou em último caso mesmo.
(Naíde, 48 anos, Ensino Fundamental incompleto)

S: (fala do "desleixo" e que só fica preocupada na época da menstruação) É porque modifica. Passou e eu esqueço um pouquinho, né?
E: Esquece um pouquinho...
S: É, é...
E: Ou esquece até o próximo mês?
S: É esqueço tudo. Aí, até o próximo mês, né. É por aí os meus cuidados (risos).
E: Você tem feito alguma coisa para mudar?
S: Eu fui faz tempo já, na médica. Mas eu tô dentro do período de tratamento. Eu tô tomando hormônio.
(Aparecida, 49 anos, Superior completo)

Há, ainda, menção à existência (ou não) de casos na família em cinco entrevistas, sendo isto tanto um fator de preocupação (por exemplo, Rosa), como de não preocupação (por exemplo, Fátima).

S: Então fico pensando, que, que eu tenho que fazer para não chegar ao ponto de ter que tirar o seio, porque na minha família eu já tenho pessoas... irmã do meu pai...
E: Sei.
S: Então é o mesmo sangue... e já teve que tirar um dos seios.
E: Hum, hum.
S: Então minha preocupação é essa. Procurar descobrir rápido, porque eu sei que descobrindo rápido, que tá no começo.

E: Exatamente.
S: Tem... tem cura, né? Tem jeito de tirar.
(Rosa, 52 anos, Ensino Fundamental, 1º segmento)

E: E alguma vez você ficou preocupada com isso?
S: Não. E eu nunca tive ninguém na minha família com esse problema; quer dizer, quando eu vejo essas propagandas nas revistas ou na televisão, eu me preocupo, sim!
(Fátima, 51 anos, Superior incompleto)

Há obviamente uma relação entre a sofisticação dos repertórios utilizados e o nível de escolaridade, resultante, sem dúvida, do maior grau de aproximação com os valores e conteúdos do saber médico mais atual. É o caso de Aparecida, que arrola uma diversidade de fatores que servem de parâmetro para avaliar o seu grau de risco (vida sexual ativa, faixa etária, história de família); e o de Ligia, que explora também fatores coadjuvantes como o fumo.

S: (discorre longamente sobre colegas que fumam e que tiveram câncer e conclui) Então eu senti que eu não fumando, já eu sinto um certo alívio... quando, hã, eu tive essa displasia, eu não tive essa preocupação.
E: Sei.
S: Eu sei que a causa não é só o fumo, mas, hã, [...] a gente parece que está mais preservada, né?
(Ligia, 39 anos, Ensino Superior)

Entretanto, mesmo as mulheres que deixam transparecer repertórios já descartados pelo saber oficial exploram fatores causais variados, revelando, assim, o esforço de produção de sentido para uma doença percebida como ameaçadora. Este esforço transparece também na diversidade de termos usados para nomear a doença, conforme pode ser visto na Tabela 1. A familiaridade com a doença e incorporação ao cotidiano fica óbvia pela predominância de referências a câncer (N=43) e câncer da mama (N=19). É frequente, também, a menção ao sintoma palpável: caroço (N=16), pedra (2), bolinha (1) e nódulo (8). Entretanto, o câncer é também o inominável: "isso" (2), coisa (9) ou esta doença (9) e ferida (1).

Tabela 1 – Termos utilizados pelas mulheres sem câncer da mama para referirem-se à doença

Expressões	Total
Câncer	43
Câncer da mama	19
Caroço/carocinho	16
Doença	9
Coisa	9
Nódulo	8
Pedra/pedrinha	2
Isso	2
Ferida	1
Bolinha	1

17. AO SABOR DOS RISCOS
Reflexões sobre a dialogia
e a coconstrução de sentidos*

A noção de risco teve papel central na configuração dos contornos da epidemia de Aids. Diante do caráter espetacular que esta assumia nos seus primórdios – levando à total falência do sistema imunológico e à morte rápida de pessoas jovens – e, sobretudo, na ausência de um agente etiológico identificável, os modelos explicativos centraram-se primeiramente nos grupos onde havia maior prevalência da doença: os *grupos de risco* (homossexuais, hemofílicos, haitianos, num primeiro momento). Tendo em vista o potencial de geração de preconceito, amplamente apontado pelos ativistas da Aids (PATTON, 1990; CÁCERES, 1995), houve pressão para que a expressão fosse abandonada em favor dos *comportamentos de risco*. Mais recentemente, diante da tendência à excessiva individualização da responsabilidade pela infecção, houve mais uma mudança, centrando-se a preferência na expressão *práticas de risco*.

Movimento similar ocorreu na Epidemiologia, disciplina onde a noção de risco tem papel fundante, buscando-se aí uma progressiva socialização do conceito, com a adoção preferencial da noção de *vulnerabilidade* (MANN, 1993; AYRES, 1996).

Tendo esse panorama como pano de fundo, deparamo-nos com as práticas de risco na concretude do cotidiano do Projeto Bela Vista (PBV). O Projeto Bela Vista foi um estudo de coorte desenvolvido em São Paulo de 1994 a 2000 como parte do esforço global de desenvolvimento de uma vacina para o HIV/Aids. Tinha por objetivo definir a incidência do HIV entre homens que fazem

---

* Em colaboração com Carlos Passarelli; Mariana Aron (mestranda na PUC-SP); Marina Pigozzi Alves (bolsista de Iniciação Científica); Milagros Garcia (doutoranda na PUC-SP) e Olívia Moura (bolsista de Iniciação Científica).

sexo com homens (HSH) – voluntários potenciais de ensaios de vacina – assim como testar a factibilidade de realização de ensaios de vacinas de fase III no país. Nesse ínterim, com a chegada dos antirretrovirais, a questão das vacinas foi desacelerada (só sendo retomada mais recentemente). Entretanto, o Bela Vista e os outros estudos semelhantes realizados no Rio de Janeiro e Minas Gerais, forneceram importantes subsídios para trabalhar a questão da prevenção com HSH, sendo que, nesse período, no Bela Vista, cerca de 800 homens foram acompanhados por pelo menos três anos.

Esse estudo – assim como as demais coortes brasileiras – adotava os seguintes procedimentos:

1) *Recrutamento*, que usou diversas estratégias: parcerias com centros de testagem anônima; matérias na imprensa e anúncios na *secção classline* de jornais paulistas; materiais de divulgação do projeto – folhetos, vale-camisinha, cartazes e outros materiais foram colocados em circulação em vários locais de concentração da população de HSH – e recrutamento em locais de encontro da população de HSH (bares, boates, mostras de cinema, etc.).

2) *Entrevista de acolhimento*, realizada quando os voluntários chegavam à Unidade de Investigação (UI). Nessa ocasião eram colhidas informações sobre idade, forma de recrutamento, motivações para procura do Projeto Bela Vista e realização anterior de sorologia anti-HIV. Se a pessoa decidia ingressar no projeto, procedia-se a leitura, discussão e assinatura do consentimento informado.

3) Após adesão ao projeto, os voluntários passavam por *exame clínico* completo e anamnese com ênfase na história pregressa de DST e na identificação de sintomas de DST e/ou infecção pelo HIV. Esse exame clínico era repetido a cada seis meses, sendo que os voluntários eram incentivados a procurar a UI antes deste prazo no caso de intercorrência clínica relacionada a DST ou síndrome retroviral aguda.

4) Após realização do exame clínico, o potencial voluntário fazia uma *coleta de sangue* para sorologia para HIV, sífilis e hepatite B e C. Uma coleta como esta foi realizada a cada retorno de seis meses.

5) A *entrevista sociocomportamental* tinha por objetivo obter informações sobre vários aspectos da vida do voluntário, entre eles: condições socioeconômicas, conhecimento sobre Aids, práticas e parcerias sexuais. A primeira entrevista era realizada 15 dias após a entrevista de acolhimento, quando o voluntário recebia o resultado dos exames sorológicos realizados. Depois disto, era repetida a cada seis meses, antes da consulta clínica.

6) Era realizada também uma sessão de *aconselhamento* visando esclarecer e informar o voluntário sobre as formas de transmissão do HIV e das DST e o significado dos testes para HIV, sífilis e hepatite. O objetivo era produzir ou ampliar a reflexão sobre o assunto em questão e oferecer apoio emocional, posicionando-nos como aliados diante de questões para as quais não existem respostas ou saídas fáceis. O aconselhamento era realizado quando o voluntário procurava o Projeto Bela Vista pela primeira vez; na realização da primeira entrevista sociocomportamental; a cada retorno semestral para nova coleta de exames ou quando os voluntários procuravam algum profissional do projeto para intercorrências (por exemplo, por julgarem que haviam vivenciado uma situação de risco).

7) Além do aconselhamento, eram criados espaços coletivos de escuta, problematização e reflexão dos variados aspectos relacionados à prevenção do HIV e das DST entre homens que fazem sexo com homens – as *atividades paralelas*. Essas atividades eram realizadas com periodicidade quinzenal, no período noturno, após o horário de trabalho da grande maioria dos voluntários. A programação trimestral era enviada aos voluntários da coorte, através de correspondência. As *oficinas sobre risco* foram desenvolvidas como parte destas atividades paralelas.

Tendo em vista os objetivos de melhor compreensão dos determinantes da infecção pelo HIV, o foco, nesse projeto, eram as práticas sociais que colocam as pessoas em risco de contaminação pelo HIV. Considerando as formas de transmissão do HIV, essas práticas se desenham no âmbito dos comportamentos que envolvem troca de sangue, sêmen e secreções vaginais, tais como práticas sexuais, uso injetável de drogas, contato com sangue contaminado por meio de acidentes ocupacionais sofridos por profissionais de saúde ou mesmo por meio de rituais religiosos que requerem cortes em diferentes partes do corpo.

Muito embora o PBV fosse um estudo voltado à compreensão dos determinantes da infecção pelo HIV, configurava-se, também, como um projeto de intervenção, visto que os voluntários recebiam informação e aconselhamento voltado à sensibilização para a adoção de práticas sexuais mais seguras. Tendo em vista que a proximidade e a relação de confiança estabelecida entre pesquisadores e voluntários propiciam o que Fishbein (1997) denomina de *client centered counselling*, esperávamos um declínio substantivo no sexo desprotegido. Os resultados, discutidos em outros capítulos desta coletânea, sugerem que estávamos lidando com um fenômeno complexo e bastante resistente à mudança.

Também a literatura internacional tende a essa conclusão. Tomando como ponto de partida os estudos sobre sexualidade de pioneiros como Foucault (1979), as reflexões sobre as relações entre sexualidade e Aids centraram-se, sobretudo, nas questões de gênero, aliadas às políticas identitárias, levando a importantes reconceituações sobre orientação sexual e a natureza da homossexualidade (COSTA, 1992; POLLAK, 1990; PARKER, 1994). Essas reconceituações serviram de base teórica para pesquisas no campo das práticas sexuais de maior risco para exposição ao HIV, buscando sair do âmbito mais restrito da descrição e/ou quantificação e voltar-se à compreensão dos sentidos de *sexual safety* e de risco para homens (e mulheres, numa ampliação progressiva dos grupos afetados pela epidemia). A compilação feita por Aggleton, Davies e Hart (1995) é um exemplo desse esforço, especialmente o capítulo de Hart e Boulton (1995) que busca dar contornos a uma sociologia do risco.

Também nós vimos buscando entender os sentidos do risco na esfera das práticas cotidianas, buscando, para isso, adotar um modelo teórico – em desenvolvimento no Núcleo de Psicologia Social e Saúde da PUC-SP (SPINK, 1999) – que possibilitasse entender o uso dos repertórios sobre risco na confluência entre os imperativos da interação e a disponibilidade de repertórios numa perspectiva sócio-histórica.

Duas tradições e três discursos

Por que estudar risco? Risco e modernidade estão profundamente imbricados. Risco é uma palavra bastante recente, seja nas línguas de origem latina ou nos léxicos anglo-saxões, tendo seu primeiro registro nas línguas latinas no século XIV e adquirindo a clara conotação de probabilidade de ocorrência apenas no século XVII. É claro que as pessoas se deparavam com perigos muito antes da época moderna: desastres naturais, perigos manufaturados e acidentes sempre estiveram presentes, seja como puro perigo ou como aventura. Essas experiências, na sociedade ocidental, encontravam expressão em inúmeros vocábulos: fatalidade, sorte, perigo e até mesmo casualidade. Mas, não *risco*.

Muitos autores buscaram elucidar essa tardia emergência do vocábulo (BERNSTEIN, 1997; DOUGLAS, 1992). É provável que a palavra tenha sido usada inicialmente como termo náutico para falar de perigos invisíveis, como penhascos submersos que eram, entretanto, prováveis e, portanto, passíveis de cálculo. É esse entrelaçamento entre possibilidade e probabilidade – e mais especificamente com possibilidade de cálculo – que fazem do risco um conceito central na modernidade.

Lado a lado com a emergência de ferramentas para o cálculo das probabilidades, ocorreram diversas transformações no contexto europeu que contribuíram para que o cálculo dos riscos se tornasse uma preocupação central da sociedade. Paulatinamente, a mensuração do risco tornou-se uma ferramenta útil para o governo de populações.

A análise das origens históricas do conceito[1] (SPINK, 2001a) permite propor que os discursos sobre risco na atualidade prendem-se a duas grandes tradições. A primeira está intrinsecamente relacionada com a crescente necessidade de governar populações a partir da modernidade clássica. Já a segunda herda a positividade da aventura.

---

1. Pesquisa intitulada *A centralidade do conceito de risco na constituição da subjetividade moderna*, desenvolvida com auxílio concedido pela Fapesp (Bolsa de Pesquisa no Exterior, Processo 13515-4/1998).

Risco e governamentalidade

A *governamentalidade* (FOUCAULT, 1984), na perspectiva do risco, incorpora duas estratégias. A primeira refere-se às *medidas coletivas* que emergem da necessidade de gerenciar relações espaciais, especialmente a distribuição e movimento de pessoas nos espaços físicos e sociais. A medicina urbana do século XVIII, a que se refere Michel Foucault (1984), é um bom exemplo dessa forma de governo. Entretanto, no século XIX, essa reorganização do espaço passa a adquirir uma nova racionalidade na medida em que as estatísticas populacionais começam a dar mais visibilidade aos efeitos das condições de vida na saúde. As estatísticas sobre mortalidade e morbidade dão ao risco novas conotações, traduzindo-se em medidas de controle de populações que frequentemente assentam-se em legislação específica. Data dessa época o início da formalização do risco nas disciplinas emergentes, como a Epidemiologia (AYRES, 1997).

Essa é uma tradição de análise de risco que está profundamente imbricada com ação política. Movimentos sociais – tais como sindicatos e agremiações políticas – clamam por medidas; o governo responde com legislação. A ação fica paulatinamente associada com relatórios de especialistas. Análises de risco, estimativas de risco e gerenciamento de risco começam a ser formatados, especialmente no período após a Segunda Guerra Mundial, já no século XX. Entretanto, as medidas coletivas por si sós não são capazes de regular as complexas inter-relações entre corpos e espaços. Também os corpos precisaram tornar-se alvos de controle apoiando-se nas estratégias de *disciplinarização* (FOUCAULT, 1979).

Esse processo de disciplinarização parece ter ocorrido em duas etapas. Na primeira, a disciplina do corpo se dá através da *higiene*. O movimento higienista (COSTA, 1983) toma forma no final do século XIX, incorporando a moral da prevenção: higiene pessoal, higiene do lar e higiene moral. A educação é sua principal estratégia.

Progressivamente, no decorrer do século XX, com os avanços na tecnologia médica e a melhoria da qualidade de vida, as doenças infectocontagiosas tornaram passíveis de controle e as doenças crônicas passaram a ser preocupações centrais da saúde pública. Progressivamente, também, os conhecimentos médicos introduziram novos padrões de controle e o *life style* – estilo de vida – tornou-se o foco das atenções (PETERSEN & LUPTON, 1996). Mais recentemente, novas modalidades de preocupações começam a emergir na medida em que adentramos mais profundamente na era genética. Por exemplo, as aplicações da tecnologia do DNA inevitavelmente acabarão por definir novas formas de controle de risco no plano individual.

Entretanto, há também um conjunto de repertórios disponíveis hoje para dar sentido ao risco que, de certa maneira, escapa – embora não totalmente – do elemento de governamentalidade implícito no debate sobre risco. Esses concernem os comportamentos de risco no contexto da *aventura*. A tradição da aventura traz para a modernidade algumas das antigas conotações que fazem com que *correr riscos* seja um preâmbulo necessário para ganhos de certos tipos.

Impõe-se, nesta tradição, a tensão inevitável entre a racionalidade (que é própria do cálculo dos riscos) e o *flow* (Csikszentmihalyi, 1975): um estado de concentração em que a ação e a atenção se fundem, focalizando exclusivamente o momento presente. É dessa fusão que decorre o prazer que, em muitos relatos de aventuras envolvendo risco, é referido como "adrenalina".

O risco como aventura

O exemplo mais precoce de reinterpretação do risco como aventura na modernidade é a Economia. Correr riscos é, a bem dizer, o cerne dos investimentos em economia. Mas a aventura é também ressignificada nas práticas cotidianas, especialmente aquelas voltadas ao lazer. De um lado, temos o crescimento dos esportes de aventura, modalidades até certo ponto domesticadas, tendo suas próprias regras de comportamento, equipamento de segurança e uma viva tradição de fortalecimento de caráter. Trata-se da experiência do *flow* com cinto de segurança; reintegrada, portanto, à vertente da governamentalidade.

Mas, em clara oposição à aventura presa a regras, encontramos hoje um crescente número de modalidades de aventura que nos fazem pensar o risco-aventura como metáfora da modernidade tardia (SPINK, 2001b): práticas sociais sabidamente "arriscadas" quanto às consequências, mas perpassadas por discursos sobre "adrenalina" e "flow". Tem havido crescente reconhecimento que as teorizações sobre risco têm que incorporar o que vem sendo chamado de *risco desejado* (MACHLIS & ROSA, 1990). Inclui-se aí não apenas os esportes radicais como também uma diversidade de experiências que rompem com os requisitos da racionalidade, entre elas, o uso de substâncias que alteram os estados da consciência.

No contexto da governamentalidade, seja na perspectiva coletiva ou individual, os riscos são sempre negativos. Em contraste, na tradição da aventura, os riscos – embora continuem sendo a possibilidade de perda – são positivos. Há a possibilidade de ganho financeiro, como no discurso da Economia. Ou a possibilidade da emoção e da adrenalina, como no discurso dos esportes radicais.

Herdamos assim tensões decorrentes da maneira em que o enquadre do risco foi formatado na sociedade industrial. Em primeiro lugar, a tensão entre a perspectiva coletiva de gerenciamento de risco – que se apoia sobretudo na legislação – e a perspectiva mais individualista, que se apoia na introjeção da disciplina. Em segundo lugar, herdamos a tensão entre as visões de leigos e especialistas. Os especialistas apoiam-se sobretudo na quantificação dos riscos. Já os leigos tendem a utilizar o que os estudiosos do risco chamam de *availability heuristic* – a informação disponível (BOHOLM, 1998). Herdamos, ainda, a tensão entre o imperativo da prevenção dos riscos e a percepção que as experiências com risco propiciam a formação de caráter ou mesmo a criatividade (LE BRETON, 1996).

São essas constatações que nos levaram a buscar compreender as possibilidades de dar sentido ao risco na sociedade contemporânea e resultaram na metodologia das oficinas sobre risco.

As oficinas sobre risco

As oficinas sobre risco consistem em um misto de grupo focal e dinâmica de grupo. Grupo focal, pois estão circunscritas à discussão de uma temática específica: o risco. Dinâmica de grupo porque se estruturam em torno de dois exercícios, o primeiro visa uma sensibilização para o tema e para a diversidade de sentidos do risco; o segundo, partindo das experiências com situações de risco, busca entender as negociações sobre os sentidos do risco.

As oficinas incluem idealmente entre cinco a dez pessoas, convidadas a participar após explicitação dos objetivos do exercício. Os participantes sentam-se em um círculo ao redor do coordenador(a) e observador(a) e a oficina é iniciada com uma nova explicitação dos objetivos, apresentação dos procedimentos, pedido para gravar as discussões e assinatura do Termo de consentimento informado.

No primeiro exercício, solicita-se que cada participante escreva a palavra *risco* em uma folha de papel e escreva abaixo todas as palavras e frases que vêm à cabeça quando se fala a palavra risco. Pede-se que deixe as associações fluírem, parando quando sentirem que as palavras e frases não estão saindo naturalmente. Solicita-se, então, que cada participante leia em voz alta as palavras que anotou, e essas são registradas numa lousa ou *flip-chart*. Esse registro possibilita discutir a diversidade de sentidos dos riscos.

No segundo exercício, são distribuídas tiras de papel e pede-se aos participantes que pensem em sua vida desde quando eram crianças, procurando lembrar de situações em que se sentiram em risco. Cada situação lembrada é escrita em uma tira de papel, podendo usar quantas tiras forem necessárias. Concluída essa etapa, passa-se à classificação das situações quanto ao grau de responsabilidade pessoal pela situação vivida, apresentando-se a gradação paulatinamente:

1) *Risco imprevisível* – "na inocência": situações que não tinham nada a ver com o seu comportamento ou seu modo de agir; que aconteceram por causa de fatores independentes da vontade de cada um. Por exemplo, andando na rua, cai uma telha sobre a nossa cabeça. Pede-se que escrevam o número um na tira correspondente e a coloquem num local acessível a todos, bem no centro do círculo.

2) *Sem pensar no risco*. Argumentando que as situações que sobraram têm algo a ver com alguma coisa que fizemos pensadamente, pede-se que os participantes dividam-nas em dois grupos: que escrevam o número dois nas tiras das situações que não sabiam ou não pensaram que tal comportamento envolvia riscos e as coloquem à direita da pilha com as situações de risco "na inocência".

3) *Sabendo do risco*: situações que envolveram comportamentos em que a pessoa sabia que havia risco envolvido. Pede-se que nessas seja escrito o número três e que sejam colocadas na pilha final, à direita das situações classificadas como *sem pensar no risco*.

Segue-se uma discussão sobre as situações, começando com os "riscos na inocência", solicitando-se voluntários para falar de uma ou mais situações que escreveram nas papeletas. Nesse momento é ligado o gravador, sendo esse o material que subsidia a análise da coconstrução dos sentidos do risco apoiada na metodologia de análise das práticas discursivas (SPINK & LIMA, 1999). As discussões tendem a ser intensas, podendo as pessoas mudarem suas classificações à vontade. Esse segundo exercício desdobra-se em uma última etapa onde se discute prevenção dos riscos.

Para análise do material, adotam-se os seguintes procedimentos:

• Listagem de associações e situações para futuras análises comparativas entre populações distintas;

• Transcrição seqüencial[2] e escolha de temas para aprofundamento da análise dos processos de negociação de sentidos;

• Transcrição integral da discussão das situações e construção dos mapas para análise dos processos de negociação de sentidos nos temas selecionados.

A discussão a seguir refere-se à oficina realizada em 18 de abril de 1996, como parte das atividades programadas do PBV. O convite para participação foi feito através de cartazes colocados na Unidade de Investigação do PBV, na época funcionando num anexo do CRT DST/Aids, na Rua Frei Caneca, 1.140. Participaram desta oficina – coordenada por Mary Jane Spink e tendo Carlos Passarelli como observador – cinco voluntários do PBV. A oficina durou duas horas e acabou "sob protesto", pois todos queriam falar de suas experiências e cada situação trazida por um participante reativava memórias de outras situações vividas pelos demais. Acrescendo-se a isso o jogo de sedução ocorrido entre dois participantes (um deles era voluntário recente no PBV), o que fez com que a dinâmica dessa oficina fosse particularmente vivaz.

---

2. Trata-se de uma forma abreviada de transcrição, onde são anotados os temas abordados por cada participante, fornecendo, assim, uma visão panorâmica da dialogia.

As situações de risco

As situações de todas as oficinas[3] foram agrupadas em nove categorias, de acordo com seu conteúdo. A tabela abaixo permite visualizar as categorias, o número de situações trazidas nesta oficina e o grupo em que os participantes as classificaram.

Tabela 1 – Situações de risco relatadas na oficina sobre risco realizada no PBV

Bela Vista	"Na inocência"	Sem pensar no risco	Sabendo do risco
Acidente	1	1	1
Violência	2	–	–
Saúde-doença	–	–	–
Risco-aventura	–	–	3
Vida profissional	–	–	–
Mudança	–	–	–
Vida afetiva	–	1	–
Insegurança	–	1	1
Práticas de risco	–	1	3
Total	6	4	8

Foram muitos os temas abordados a partir das situações relatadas nas tiras de papel: a revelação da homossexualidade e afirmação da identidade sexual; os riscos à integridade física no cotidiano da vida, como os perigos próprios da vida urbana; os riscos mais específicos das práticas homossexuais, seja pela violência suscitada pelo preconceito em relação à homossexualidade (como surras que a polícia dá nas batidas noturnas nos parques), seja pela diversidade das práticas sexuais entre homens que fazem sexo com homens.

---

3. Foram realizadas oito oficinas sobre risco com grupos diversos (praticantes de esportes radicais, homossexuais, mulheres ativistas políticas, etc.) no âmbito da pesquisa intitulada *Risco e incerteza na sociedade contemporânea: vivendo na sociedade de risco* (Projeto Integrado CNPq, Processo 522056/97-0).

Foi recorrente a associação entre risco e perda. Os participantes relataram perdas de diversos tipos, a maioria relacionada ao universo homossexual: perda da afetividade, da integridade física (tanto por companheiros como por policiais), situações de violência urbana e perda da vida, entre outros motivos, pela ameaça da Aids. Por outro lado, parecia haver um esforço dos participantes em tirar lições das situações relatadas. A positividade do risco se fez presente em diversos momentos da oficina, seja por acreditarem que a experiência serviu para o crescimento do indivíduo ou para reafirmarem a coragem que tiveram de enfrentar o medo e o perigo.

Percebeu-se nessa oficina que a busca pelo prazer era uma constante, motivando as pessoas a se colocarem em situações de risco, deixando em segundo plano a autopreservação. Apesar de terem um discurso bem elaborado sobre a consciência que homossexuais têm a respeito de doenças sexualmente transmissíveis, mostraram também que são capazes de experienciar o risco das mais diversas maneiras para chegar ao prazer desejado.

Na medida em que alguns participantes contavam suas situações de risco, outros pareciam se recordar de situações semelhantes que viveram. Passavam então a contá-las, o que proporcionou o surgimento no grupo de um clima de apoio entre os participantes, que trouxeram assim temas que geraram momentos de grande dialogia. Dois desses temas foram transformados em mapas, conforme a metodologia proposta (SPINK & LIMA, 1999), e serão discutidos no próximo item. Tais temas foram escolhidos pela riqueza da discussão que geraram. No primeiro (Mapas 1 e 2), há uma discussão sobre o estigma da homossexualidade (linhas 425 a 528 da transcrição integral, que ocupa 1.228 linhas); no segundo (Mapas 3, 4 e 5), falam sobre práticas de risco e a busca de desafios (linhas 150 a 245 da transcrição).

A homossexualidade como risco

A partir da análise do mapa puderam ser visualizadas duas situações principais: 1) a revelação da homossexualidade para a família e as repercussões dessa revelação face às diferentes dinâmicas familiares; 2) a identidade homossexual no contexto social.

Mapa 1 – A revelação da homossexualidade para a família

Descrição da situação de risco	Explicações/justificativas das ações	Expressões e nomeação das emoções
P1. É: eu não sei se tá no segundo, mas pra mim esse (2,8) quando eu falei da minha homossexualidade pra minha família acho que foi uma coisa muito (1,6) quer dizer risco eu sei que (1,6)		
	Acho que não foi uma coisa assim arriscada porque eu tava resguardado.	
		Por mais que foi um choque pra eles,
	Mas eu sei que não ia ser posto pra fora de casa, apedrejado nada disso.	
Foi uma coisa assim bem (1,8) como nós estamos aqui sabe, de chamar todo mundo sentar e acontece assim, assim, assim, quer dizer, dá aquele branco em todo mundo, todo mundo [ficou		
	Carlos. [Mas isso poderia ter acontecido, você poderia ter sido posto pra fora de casa? *P1.* Não, não poderia. Isto não aconteceria = *P5.* = Porque nesse caso tá ligado risco a responsabilidade. Por que ele conhecia a famí-	

Descrição da situação de risco	Explicações/justificativas das ações	Expressões e nomeação das emoções
	lia dele então ele tinha segurança, sabia que contando isso nada ia mudar. *P1*. Exatamente isso que aconteceu, foi uma coisa assim bem (1,6) tanto é acho que assim (1,6) graças a Deus me dou muito bem com a minha família até esse ponto de pra todo mundo que eu converso isso o pessoal fala assim: "Pô, você é louco de falar isso". Eu falo "Pô, louco porquê?"	Acho que a gente sempre se deu *tão* bem antes disso que eu acho que eu estaria sen- do *irresponsável* de não falar. Apesar de ser uma coisa minha, da minha vida, que eles não têm nada com isso,
	Apesar de ser pai, mãe e irmãos, acho que o que acontece entre quatro paredes seria pro- blema meu. Então eu cheguei [e: C. Mas se ele lembrou dessa situação tra- balhando com a questão de risco algum ris- co tinha. De perder afetividade, proximidade =	*P2*. = Ser olhado de maneira diferente

O mapa (ver Mapa 1) tem início com a fala de um participante (P1) relatando a revelação da homossexualidade para sua família. Ao mesmo tempo em que trouxe esta situação para a discussão sobre risco, começou contando que não sentia que a revelação pudesse conter riscos, dada a sua boa relação com a família.

> Acho que não foi uma coisa assim arriscada porque eu tava resguardado. Por mais que foi um choque pra eles. Mas eu sei que não ia ser posto pra fora de casa, apedrejado, nada disso (P1).

Ao ser questionado pelo grupo sobre qual seria então o risco nesta situação, P1 foi auxiliado por P5, que trouxe para a discussão a responsabilidade em relação à família, já que, para preservar o bom relacionamento, era preciso ser transparente quanto à orientação sexual. P1 e P5 parecem chegar a um acordo de que o risco em questão era o de perder a confiança se não fizesse essa revelação.

Para chegar a essa conclusão, P1 fez uma avaliação do "antes e depois", decidindo fazer a revelação para se livrar do conflito que a omissão dessa informação poderia gerar: "Uma coisa legal foi o respeito adquirido" (P1).

A partir desse momento a discussão se direcionou para as estratégias utilizadas por cada participante para lidar com essa situação, o que causou uma certa divisão de opinião entre os participantes, já que alguns acreditavam ser desnecessário contar às pessoas sobre uma questão que era tão evidente: "Eu não sei se eu tenho essa necessidade de falar, assim, porque você já sentiu sua família de uma maneira legal [...] mas não precisa falar, eles já sabem" (P2).

P5 passou a falar sobre a diferença entre P1 e os demais participantes (Mapa 2), parecendo sugerir ser ele o único integrante da oficina que não aparentava ser homossexual, sendo que os outros demonstravam isso mais explicitamente.

> Mas para nós, na nossa situação que somos pessoas que realmente somos *[4] eu não sei até que ponto psicologicamente onde foi que a gente se *libertou* mais ou se perdeu a vergonha, não sei qual é a verdade [...] eu admiro uma pessoa dessa forma, sabe, admiro. Eu gostaria muito de ser assim (1,5)[5] discreto (P5).

---

4. Este símbolo indica uma pausa para respirar feita pela pessoa que fala.

5. Indica o tempo, em segundos, que durou o silêncio na fala.

Mapa 2 – A homossexualidade no contexto social

Descrição da situação de risco	Explicações/justificativas das ações	Expressões e nomeação das emoções
	P5. Olha tem uma grande evidência aí que é óbvia, todo mundo tá vendo. Na sua posição quem te vê em qualquer outro lugar vai dizer que você é homossexual? *P1.* Não. *P5.* Pra gente precisa falar alguma coisa?	
		P1. (risos) preci... não (risos).
	P5. Então, pra você é diferente. Por exemplo, você sai com seu irmão. O problema do seu irmão tava sendo, na cabeça dele é o seguinte: "Eu vou sair com você, quer dizer, estou saindo com um viado". Desculpe a expressão [mas é isso. *P1.* [Não, normal. *P5.* Então os amigos dele cobravam isso (?) mas para ele todo mundo ia olhar cobrando: "Pô seu irmão é um viado". Mas para nós, na nossa situação que somos pessoas que realmente somos * eu não sei até que ponto psicologicamente onde foi que a	

gente se libertou mais ou se perdeu a vergonha, não sei qual é a verdade =

= (risos gerais)

P5. De você assumir mais do que você é e de repente *

eu admiro uma pessoa dessa forma, sabe, admiro. Eu gostaria muito de assim (1,5) é: discreto.

Porque onde eu entro, eu sou percebido. Principalmente quando eu penso: "Não, hoje o homem vai baixar, vou andar até meio de perna aberta pra dizer que é homem", sabe, esse dia é o que eu sou mais paquerado.

É terrível.

Pra ele foi mais fácil do que pra nós, é diferente. Se você chega seu pai já te olha. "Pô, o cara não quer fazer serviço masculino, não anda no meio dos meninos, todas essas coisas".

P1. = Nunca joguei futebol.

P5. Tá escrito na nossa cara, tá escrito aqui "você é".

P4 continuou a discussão sobre as dificuldades na revelação da homossexualidade de acordo com o estilo das famílias. Considerou que na sua família seria mais conflituoso do que na de P1, já que era descendente de italianos tradicionais. "Na minha família é assim, se você é viado, acabou" (P4).

P1 tentou resumir esse conflito fazendo uma reflexão sobre o que a sociedade pensa sobre os homossexuais. Voltou a falar sobre a questão da responsabilidade, mas agora sob outro ângulo: homossexuais também têm outras preocupações além de sexo, mas acabam sendo reduzidos a isso. P4 compartilhou da mesma opinião e completou a fala de P1, afirmando que a sociedade (incluindo-se as próprias famílias) vê o homossexual como o transmissor de Aids, e incluiu na discussão a questão da orientação sexual como escolha ou preferência.

> *P1*: [Mas sabe o que acontece, quer dizer *sempre* aconteceu, todo mundo só vê o homossexual como cama, só isso. Quer dizer o cara com outro na cama, nada mais sabe, não sabe que trabalha, que tem responsabilidade, que paga imposto, nada mais =
> *P4*: = É isso, eles acham que o homossexual é um objeto sexual. É da cama pra outra *cama* e da cama pra cama, então quer dizer, traduzindo, chamando todos os homens (?) tô saindo com aquele carinha, será que ele é *viado*? É engraçado, todo mundo fala, ninguém vê o lado sentimental, o lado *profissional*, ninguém vê * agora é que nem já foi falado, né Carlos, é igual o filme *Priscila*, ou seja, viado, *Drag Queen*, travesti e transformista é uma coisa só, que significa transmissor de Aids. É isso que a gente é considerado pela nossa família, pela minha família ou pela de qualquer um. Então se você andar, eu de braço dado com ele é dois viados se amando. Por quê que tem essa: acho que discriminação ou preconceito, é um não respeito à preferência. Antigamente, antes de me tornar homossexual, eu gostava de mulher, gostava. Mas depois que eu virei a casaca, porque eu fui estuprado
> *P1*: [Por que você não continuou? =
> *P4*: Por que eu fui estuprado (?). Então eu acho o seguinte * a homossexualidade deve ser respeitada (2,8) =
> *P2*: = Fugiu do assunto.
> *P5*: Acho que tem que ser respeitada a partir do momento que você assume. Na firma eu sempre assumi, na escola eu sempre assumi. Se eles me consideram como pessoa tudo bem e se não me considerar também...

C: Mas é legal, eu acho que traz para a discussão do risco um risco de outra ordem, não o risco da ameaça física mas o risco da ameaça social e emotiva, né?
– uh uh (concordando) =

Conforme pode ser visto no trecho transcrito, ao final da discussão, a coordenadora caracterizou os riscos relatados como pertencentes à esfera do risco social e afetivo, contrastando-os com os riscos que trazem ameaça física, e todos os participantes concordaram.

A busca de desafios

O trecho que constitui esse mapa concerne à busca de desafios aos riscos que os participantes correm para a satisfação de desejos afetivos e sexuais. O "sonho do amor perfeito" é uma idéia recorrente, que leva a frustrações e a diversas situações de risco. O trecho analisado tem início com um dos participantes falando sobre uma situação em que levou um desconhecido para sua casa. Essa fala desencadeia outras histórias dos demais participantes, que também falam sobre seus riscos no campo dos relacionamentos afetivos.

Ao contar o episódio em que levou um estranho para casa, P3 fala sobre o desejo de encontrar "a pessoa certa". A primeira impressão o levou a acreditar que tinha encontrado alguém que corresponderia ao que sonhava. "Bom, pra mim foi ótimo, encontrei a pessoa da minha vida" (P3). Mas esse sonho foi frustrado quando ele passou a conhecer um pouco melhor essa pessoa e percebeu os riscos que esse relacionamento oferecia. Nesse momento, quis evitar um outro encontro – começou a ponderar prós e contras de se relacionar com um desconhecido que mostrava episódios violentos. "Bom, imaginei uma coisa e agora tá sendo outra e sei lá, né, falei 'então vai pra lá'" (P3).

Apesar de ter pensado em afastar-se, P3 age influenciado pelo sonho do amor perfeito. Quando o rapaz pede ajuda, pois não tem onde morar (havia brigado com o parceiro), o participante deixa de lado o que ponderou sobre riscos:

> [...] tinha aquela coisa de me solidarizar com ele por tá jogado na rua * ah * por outro lado tinha aquele sonho do sábado à noite,

> opa!: * parece que: tudo que: ele falou sei lá: era uma coisa que parece que casava com algumas coisas que eu gostaria de ter com alguém [...] (P3).

P3 continuou explicando que, embora percebesse que havia muitas contradições no discurso do parceiro, decidiu assumir o risco. Levou-o para casa mas adotou a medida de segurança de esconder uma arma dentro da gaveta. Embora o histórico de violência o deixasse assustado, P3 decidiu continuar encontrando o rapaz. Diz ele:

> Mas naquela noite eu senti: que eu tava em risco * mas eu paguei pra ver, eu fui e não sei se eu paguei pra ver só porque eu queria passar o risco ou se tinha: essa mistura de ser solidário a ele [...] mas eu senti que tinha o risco e mesmo assim fui lá (P3).

O risco, para esse participante, é uma situação em que ele dita as normas: escolhe entrar e sair. Não considera seu estilo de vida arriscado, pois tem o poder de decidir o que quer vivenciar ou não. O risco se encontra no exterior; é algo que se vai em busca.

A partir da história de P3, outro participante se recorda de situações parecidas, em que levou ou foi levado para a casa de estranhos. Diferente de P3, que diz escolher os riscos que vive, P2 considera que o risco está em todos os lugares. Diz ele: "Ah é, eu vivo * eu vivi e vivo (risos)" (P2).

P2 admite que só com algum tipo de proteção divina consegue ficar livre de desfechos negativos em suas situações de risco. Mesmo sabendo que algo ruim pode acontecer, como, por exemplo, em cinemas no centro da cidade que costumam ser frequentados por ladrões, ele diz "evocar" a proteção (que chama de "fada-madrinha") e assume o risco. Conforme pode ser visto no Mapa 3, o medo não é impedimento para se colocar nesse tipo de situação.

A proteção da fada-madrinha é personificada em desconhecidos, que o avisam quando há algum perigo no lugar onde ele está. Relata episódios no parque do Ibirapuera à noite, local conhecido pela frequência de homossexuais à procura de sexo, quando a polícia está se aproximando e alguém avisa.

Outro participante engata no que P2 estava dizendo, e descreve a imagem de pessoas que, ao buscar sensações através do sexo, são capazes de se envolver em atividades ilícitas para obtenção

Descrição da situação de risco	Explicações/justificativas das ações	Expressões e nomeação das emoções
	P5: = Risco maior do que esse é impossível = *P2:* = Todos, têm os mais espertos e os mais espalhafatosos * todos correm riscos,	
		e é um risco gostoso, é o desafio. *P5:* Maravilhoso.
	C: Gostoso: quando? Como é que é no dia seguinte?	
		P5: Depois te dá uma sensação de medo * é: de vergonha, pelo menos comigo acontece isso * e: parece que lá foi tirado um pedaço de você,
	porque ninguém sai de lá sem chegar ao orgasmo.	
		(risos)
	Ninguém sai * então parece que tá te faltando um pedaço. Pelo menos é assim que * quando a gente vai * é.	

Descrição da situação de risco	Explicações/justificativas das ações	Expressões e nomeação das emoções
Um rapaz passou e falou "Cuidado, tá cheio de: da Elza, não sei quê". Como é que o cara avisa? *C:* Elza? *P4*: Dar Elza é roubar. *P2*: Passou por mim e avisou. Eu pensei "como avisou se nem me conhece?"		
		Quer dizer, percebeu que eu tava lá morrendo de medo, e não sei quê * e:
C: Aí você foi? *P2:* Mas eu fui * e ainda paguei		
		(risos) (risos gerais)
		P2. A gente paga pra sentir isso (risos) é masoquismo (risos). É terrível.

Mapa 4 – O risco gostoso

Descrição da situação de risco	Explicações/justificativas das ações	Expressões e nomeação das emoções
P5: Mas sempre tem uma que grita "Olha os Alibans!"		
		(risos) (risos gerais)
P5: E aí você pode esparramar * ou então você tá assim numa boa * quer dizer, tá que nem barata no escuro, né * é igualzinho, você entra numa cozinha que tem muita barata * acendeu a luz ó. É desse jeito. (?)		
		(risos) (risos gerais)
P5: (?) A gente assobiava * daqui dez minutos tá todo mundo lá de novo.		
	É que nem jogar um bombom no meio de formiga e as formigas verem. Aí (?) elas sabem que você vai jogar de novo. *P2:* Eu acho que risco maior do que esse =	

Mapa 3 – Invocando a proteção da fada-madrinha

Descrição da situação de risco	Explicações/justificativas das ações	Expressões e nomeação das emoções
P2: Nos cinemas lá no centrão assim * dizem: "Tem ladrão aí". As pessoas me avisam		
		(risos)
	e eu tenho uma coisa assim (?) parece que tem uma fada-madrinha. Antes de entrar eu me benzo, peço pros meus anjos e penso "gente, me ajuda que eu vou entrar!"	
		(risos)
	Correndo o risco mas eu quero correr esse risco	
		(risos). (risos gerais)
	C: Quer dizer, você sabe a ponto de chamar fada madrinha: *P2:* Não, a fada uma vez com uma coisa no bolso, sei lá *	

de prazer. Essa é a justificativa para viverem o risco de maneira tão intensa: a busca pelo orgasmo, "...ou então você tá assim numa boa * quer dizer, tá que nem barata no escuro, né * é igualzinho, você entra numa cozinha que tem muita barata * acendeu a luz, ó (risos)" (P5, referindo-se aos policiais que os surpreendem no parque).

A presença de policiamento nesses locais não os impede de frequentá-los. Aliás, torna a aventura mais emocionante. P2 e P5 discutiram a emoção do risco, e consideraram que este é o maior risco possível, e muito prazeroso: " ...é um risco gostoso, é o desafio". (P2)

Quando perguntado sobre o dia seguinte, P5 descreve o medo que vem depois da situação vivida, e os sentimentos como vergonha e vazio. A busca do orgasmo traz essas consequências, pois, ao mesmo tempo em que conseguem a sensação, ocorre também um tipo de perda:

> [...] depois te dá uma sensação de medo * é: de vergonha, pelo menos comigo acontece isso * e: parece que lá foi tirado um pedaço de você... você chega lá e encontra pessoas de diversos tipo, e ninguém vai com a sua cara, o que interessa é o sexo [...] (P5).

O sonho do parceiro ideal, apesar de existir para alguns participantes, é visto como algo distante e difícil de ser realizado. O que se torna mais viável para eles é a substituição do sonho pela realidade de parques e cinemas e por sexo com pessoas desconhecidas, trazendo assim para a emoção do risco uma consequência negativa: a sensação de vazio.

A prevenção do HIV/Aids

O tema *prevenção* emerge mais especificamente a partir de uma observação feita pela coordenadora que os integrantes da oficina, de maneira geral, parecem estar mais conscientes do risco para a infecção pelo HIV. Pergunta, entretanto, se os parceiros têm igual nível de consciência.

> *C*: Mas eu acho legal o fato de que tá todo mundo tão mais consciente, de você estar sempre com as camisinhas no bolso, daí por diante, eu acho super legal. Mas eu me pergunto se os parceiros de vocês também têm essa consciência?

Mapa 5 – Das possibilidades de prevenção ao HIV/Aids em contextos de "ferveção"

Descrição da situação	Explicações/justificativas das ações	Expressões e nomeação das emoções
P5: Aí eu falei pra ele assim: "Você conhece aquela mona?" e ele disse não.		
	"E por que você transou com ela sem camisinha? Você sabe o que ela tem?" Olha, foi o mesmo que jogar água gelada no pinto do homem.	
		(risos gerais)
P5: Foi a *última* vez que eu vi esse menino na boate, a última vez.		
		P1: Tadinho!
	C: Por que você não deu sua camisinha pra ele?	
P5: Eu dei foi um puta grito pra ele! Eu sei que eu não devia, eu sei que eu devia ter dado a camisinha, mas ele já tinha feito mesmo!		
		(risos gerais)

P1: Mas eu achei interessante é que ele tava certo de fazer isso, porque mesmo arriscado a levar uma porrada ou ser agredido lá dentro desse inferninho, tava certo, ele foi alerta. Agora a maioria das pessoas de lá você não conhece, então se você vai lá, *transa* e não usa camisinha você tá com [Aids.

P5: [Assim como fez com ela, tudo bem que Deus ajude e que ela não esteja com a coisa * claro que a coisa não pega assim pá pum * mas, ele tirou, ele não usou camisinha * além dele ter trazido bactérias do ânus dela, ele ia ficar enfiando em *todas*, assim como ele veio pra perto de mim ele ia ficar enfiando em outra também!

P1: Ainda bem que você viu.

P5: Não, aí também não. Eu queria chegar também nesse ponto, mas há uma sequência de: bom, isso é assunto pra noite inteira * mas existem, como existem muitos conscientes, existem mais inconscientes ainda. Eu falo porque vou te citar um exemplo bem claro * este jovem de 14, 15, 16, até da minha própria idade, eles não se preocupam com isso.

P5 passa a relatar longa história sobre práticas de risco no inferninho de uma boate, adotando o estilo próprio das narrativas:

P5: E eu percebi que existe muito do nosso meio dos homossexuais que transava sem camisinha, lá, em pé, porque tem um negócio que tem lá que chama "Inferninho, Caldeirão", sei lá o nome, e o negócio é escuro =
(risos gerais)
P5: Então era uma ferveção, um calor desgraçado. Então era chamado de inferninho * e a única coisa, assim como existe aqueles do Ibirapuera que gritam "Olha os Alibans!", existe aqueles lá dentro que falam da segurança. Eu vi, com esses olhos que a terra há de comer, tinha uma "mona", ela estava até maltratada, ela estava o dragão =

A discussão passa a girar em torno da possibilidade de fazer um trabalho preventivo nesse contexto de ferveção, conforme pode ser visto no Mapa 5, em anexo. P5 conclui, dizendo:

P5: Eu tenho consciência, mas eles não têm. Ou então a maioria deles tá com a coisa, sabe que vai embora, mas eles não se preocupam se você pega. É mais um, sabe. Então quando eu cheguei pra procurar o projeto aqui, eu cheguei em busca disso, eu queria nos meus parceiros na noite, era levar folhetos, levar camisinha, era esta a minha proposta.

Trabalhando a positividade do risco na prevenção

Certamente a colaboração de pessoas como P5, que têm familiaridade com as especificidades das práticas sexuais de homens que fazem sexo com homens, pode ser uma contribuição valiosa para os esforços de prevenção à transmissão do HIV/Aids. Essa estratégia é amplamente reconhecida e adotada nas modalidades de prevenção por pares. Entretanto, para que não caia na falácia da prevenção moralista, é preciso entender os sentidos dos riscos para diferentes grupos populacionais, buscando trabalhar a diversidade do risco para jovens, adultos e idosos; para mulheres e homens; para distintas orientações sexuais; para distintas inserções sociais. É preciso situar o risco da infecção pelo HIV na pirâmide de riscos que enfrentamos no nosso cotidiano, assim como na hierarquia de valores dos grupos a que pertencemos.

REFERÊNCIAS

AGGLETON, P. et al. (orgs.) (1995). *Aids*: Safety, Sexuality and Risk. Londres: Taylor and Francis.

AMARAL, M. (1988). *A profissão negada* – Um estudo exploratório do universo psicossocial de atendentes de enfermagem de hospitais e centros de saúde da Grande São Paulo. São Paulo: PUC [Dissertação de mestrado].

ARMISTEAD, M. (org.) (1974). *Reconstructing Social Psychology*. Londres: Penguin Education.

AROUCA, A.S.S. (1978). "O trabalho médico, a produção capitalista e a viabilidade do projeto de prevenção". *Encontros com a Civilização Brasileira*, 1: 132-155.

ASSIS, M. (org.) (1972). *Mercado de trabalho em São Paulo*. São Paulo: IPE/USP.

AVERASTURI, M. (1985). A psicologia social da saúde. In: NUNES, E.D. (org). *As ciências sociais em saúde na América Latina*. Brasília: Opas.

AYRES, J.R. (1997). *Sobre o risco*. São Paulo: Hucitec.

_____ (1996). *Vulnerabilidade e avaliação de ações preventivas*. São Paulo: Casa de Edição.

BADINTER, E. (1991). *Palavras de homens*. Rio de Janeiro: Nova Fronteira [Trad. de M. Helena F. Martins].

BAIRD, D. (1960). The evolution of modern obstetrics. *Lancet*, 2, p. 557-564.

BAKHTIN, M. (1995). *Marxismo e filosofia da linguagem*. São Paulo: Hucitec [Trabalho original publicado em 1929].

_____ (1994). The problem of speech genres. In: EMERSON, C. & HOLQUIST, M. (orgs.). *Speech Genres and other late essays*. Austin/Texas: University of Texas Press, p. 60-102.

BALINT, M. (1957). *The Doctor, His Patient and the Illness*. Nova York: International Universities Press.

BARKER, R.G. & WRIGHT, H.F. (1955). *Midwest and its children*. Evanston/Illinois: Row/Petersen.

BARKITZIEF, Z. (1994). *Águas passadas que movem moinhos* – As representações sociais da hanseníase. São Paulo: PUC [Dissertação de mestrado].

BASTOS, A.V.B. (1988). Áreas de atuação – Em questão o nosso modelo de profissional. In: CONS. FEDERAL DE PSICOLOGIA. *Quem é o psicólogo brasileiro.* São Paulo: Edicon, cap. 10.

BAYÉS, R. & MARÍN, B. (1992). *La Psicologia de la Salud en España y America Latina* [Apresentação feita no Congresso Iberoamericano de Psicologia, Madri].

BECK, U. (1992). *Risk Society:* Towards a New Modernity. Cambridge, UK: Polity Press.

BENNETT, P. & CARROLL, D. (1990). "Stress management approaches to he prevention of coronary heart disease". *British Journal of Clinical Psychology*, 29: 1-12.

BERGER, P. & LUCKMANN, T. (1976). *A construção social da realidade.* Petrópolis: Vozes, 1976 [Original: *The Social Construction of Reality.* Nova York: Doubleday, 1966].

BERNSTEIN, Peter L. (1997). *Desafio aos deuses* – A fascinante história do risco. Rio de Janeiro: Campus.

BILLIG, M. (1987). *Arguing and Thinking*: a Rhetorical Approach to Social Psychology. Cambridge: Cambridge University Press.

BLOOM, S.W. & WILSON, R.N. (1972). Patient Practioner Relationships. In: FREEMAN, H.E. et al. *(orgs.). Handbook of Medical Sociology.* Englewood Cliffs, N.J.: Prentice Hall.

BOHOLM, A. (1998). "Comparative studies of risk perception: a review of twenty years of research". *Journal of Risk Research* 1(2): 135-163.

BOLTANSKI, L. (1984). *As classes sociais e o corpo.* 2. ed. Rio de Janeiro: Graal.

_____ (1969). *Prime education et morale de classe.* Paris: Mouton.

BONSER, W. (1963). *The Medical Background of Anglo-saxon England.* Oxford: Oxford University Press.

BOTT, E. (1968). *Family and Social Network.* Londres: Tavistock.

_____ (1990). Asylums and Society. In: TRIST, E. & MURRAY, H. (orgs.). *The social engagement of social science* – *Vol. I: The sociopsychological perspective.* Londres: Free Association Books.

BOURDIEU, P. (1994). Structures, Habitus and Practices. *The Polity Reader in Social Theory.* Cambridge: Polity Press, p. 95-110.

_____ (1989). *O poder simbólico.* Lisboa: Difel.

_____ (1983a). Algumas propriedades dos campos. In: BORDIEU, P. (org.). *Questões de sociologia*. Rio de Janeiro: Marco Zero.

_____ (1983b). Os intelectuais estão fora do jogo? In: BORDIEU, P. *Questões de sociologia*. Rio de Janeiro: Marco Zero.

_____ (1983c). O campo científico. In: BORDIEU, P. *Sociologia*. São Paulo: Ática.

_____ (1974). *A economia das trocas simbólicas*. São Paulo: Perspectiva.

BRAGA, J.C.S. & PAULA, S.G. (1981). *Saúde e previdência* – Estudo de política social. São Paulo: Cebes/Hucitec.

BRASIL/Min. da Saúde (1972). *Catálogo brasileiro das principais ocupações do setor saúde*. Rio de Janeiro, [s.e.].

BRASIL/Min. do Trabalho e Previdência Social/Dep. Nacional de Mão-de-Obra (1973). *Legislação sobre profissões*. Rio de Janeiro, [s.e.].

BRASIL/Min. do Trabalho/Delegacia Regional do Trabalho no Estado de São Paulo (1981). *Manual de endereços e informações de entidades sindicais*. São Paulo, [s.e.].

BRAUDEL, F. (1989). *História e ciências sociais*. Lisboa: Presença.

BRAZELTON, T.B. (1961). "Effects of maternal medication on the neonate and his behaviour". *Journal of Pediatrics*, 56: 513-518.

BREEN, D. (1978). The mother and the hospital. In: LIPSHITZ, S. (orgs.). *Tearing the Veil* – Essays on Femininity. Londres: Routledge/Keegan Paul.

BREILH, J. & GRANDA, E. (1986). *Investigação da saúde na sociedade* – Guia pedagógico sobre um novo enfoque do método epidemiológico. São Paulo: Inst. da Saúde/Abrasco.

BRIGGS, A. (1978). "Public health: the sanitary Idea". *The Origins of the Social Services*. New Society.

BROWN, G.W. (1981). "Life events, psychiatric disorder and physical illness". *Journal of Psychosomatics Medicine*, 25, p. 461-473.

BUTLER, N.R. & BONHAM, D.G. (1963). *Perinatal Mortality*. Edinburgh: Livingstone.

CÁCERES, C. (1995). "Construcción epidemiológica del Sida". *Ciencias Sociales y Medicina* – *Actualidades y perspectivas Latino-americanas*. Campinas: Cemicamp.

CAMPANHOLE, A. & CAMPANHOLE, H.L. (1978). *Todas as constituições do Brasil*. São Paulo: Atlas.

_____ (1971). *Profissões regulamentadas*: legislação federal específica. São Paulo: Atlas.

CAMPANHOLE, A. et al. (1978). *Entidades sindicais*: legislação, jurisprudência, prática, [*s.n.t.*].

CAMPOS, F.C.B. (org.) (s.d.) *Psicologia e saúde* – Repensando práticas. São Paulo: Hucitec, p. 11-23 [Coleção Saúde e Loucura, 6].

CARTWRIGHT, A. (1979). *The Dignity of Labour? A Study of Childbearing and Induction*. Londres: Tavistock.

CARVALHO, G.I. (1981). *Memorial* – Constitucionalidade da lei que regulamentou as profissões de fisioterapeuta e terapeuta ocupacional *(S.T.F. – Ação de representação n. 1056-2)*. Brasília, [s.n.t.].

CICOUREL, A.V. (s.d.). "Raisonnement et diagnostic – Le role du discourse et la comprehension clinique en medicine". *Actes de la Recherché* [s.d.].

COHN, A. et al. (1991). *A saúde como direito e como serviço*. São Paulo: Cortez.

CONS. FEDERAL DE PSICOLOGIA (1984). *Boletim Informativo*. Ano 9, n. 27, abr.

CONS. REGIONAL DE ODONTOLOGIA (1992). *A inocência e o vício*. Rio de Janeiro: Relume-Dumará.

_____ (1989). *Psicanálise e contexto cultural* – Imaginário psicanalítico, grupos e psicoterapia. Rio de Janeiro: Campus.

_____ (1983). *Crosp Informativo* – Boletim oficial do Conselho Regional de Odontologia de São Paulo. Ano 8, n. 19, out.

COSTA, J.F. (1983). *Ordem médica e norma familiar*. Rio de Janeiro: Graal.

CSIKSZENTMIHALYI, M. (1975). *Beyond Boredom and Anxiety*. San Francisco: Jossey-Bass.

DAVIES, B. & HARRÉ, R. (1990). "Positioning: the discursive production of selves". *Journal for the Theory of Social Behaviour*, 20 (1), p. 43-63.

DI MATTEO, M.R. & DI NICOLA, D.D. (1982). *Achieving Patient Compliance*: the Psychology of the Medical Practitioner's Role. Nova York: Pergamon Press.

DOISE, W. et al. (1992). *Représentations sociales et analyses de donnés*. Grenoble: Presses Universitaires de Grenoble.

DONNANGELO, M.C.F. (1976). *Saúde e sociedade*. São Paulo: Duas Cidades.

_____(1975). *Medicina e sociedade* – O médico e seu mercado de trabalho. São Paulo: Pioneira.

DONNANGELO, M.C.F. & COHN, A. (1983). *Condições do exercício profissional da medicina na área metropolitana de São Paulo – Relatório São Paulo.* São Paulo: Dep. de Medicina Preventiva da Faculdade de Medicina da USP.

DOUGLAS, M. (1992). *Risk and Blame* – Essays in cultural theory. Londres: Routledge.

DUARTE, E. (1999). *Sobre a sociologia da saúde.* São Paulo: Hucitec.

DUARTE, L.F. (1988). *Da vida nervosa nas classes trabalhadoras urbanas.* 2. ed. Rio de Janeiro: Zahar [Primeira edição, 1986].

DURAND, J.C. (1985). "Profissões de saúde em São Paulo – Expansão e concorrência entre 1968 e 1983". *Cadernos Fundap,* 5(10): 4-23.

_____ (1975). "A serviço da coletividade – Crítica à sociologia das profissões". *Revista de Administração de Empresas.* Rio de Janeiro (s.e.), 15(6): 59-69, nov./dez.

Editorial Renovação: o balanço de uma campanha (1977). *Saúde em Debate.* São Paulo (s.e.), 5, p. 76-77 out./dez. [Parte do artigo Reme contra o imobilismo venceu eleições no Rio, publicado na Seção Sindicatos].

_____ (1979). *For Her Own Good:* 150 Years of the Expert's Advice to Women. Londres: Pluto Press.

EHRENREICH, B. & ENGLISH, D. (1973a). *Witches, Midwifes and Nurses:* a History of Women Healers. Nova York: The Feminist Press.

_____ (1973b). *Complaints and Disorders:* The Sexual Politics of Sickness. Nova York: The Feminist Press.

ENGELMANN, G.J. (1883). *Labor Among Primitive Peoples.* St. Louis: J.H. Chambers.

Etiology of essential (primary) hypertension (1947). Editorial *Journal of the American Medical Association* (s.n.t.), 6, 135 (14), p. 922-923, dez.

EYSENCK, H.J. & RACHMAN, S. (1966). Dimensions of personality. In: SOFF, B. (org.). *Personality assessment:* selected readings. G. Britain: Penguin Books, p. xxx.

FARR, R. (1998). *As raízes da psicologia social moderna.* Petrópolis: Vozes [Original: *The Roots of Modern Social Psychology.* Oxford, UK: Blackwell, 1996].

FIGUEIREDO, L.C. (1992). *A invenção do psicológico.* São Paulo: Educ/Escuta.

FISHBEIN, M. (1997). *Developing Effective Behavior Change Interventions –* Lessons learned from behavioral theory and research. São Paulo: XXVI Congresso Interamericano de Psicologia.

FLEURY, S.T. (1986). "Cidadania, direitos sociais e Estado". In: *Anais da 8ª Conferência Nacional de Saúde*. Brasília.

FOUCAULT, M. (1987a). *História da loucura*. São Paulo: Perspectiva.

_____ (1987b). *A arqueologia do saber*. 3. ed. Rio de Janeiro: Forense Univ. [Original: *L'archeologie du savoir*. Paris. Gallimard, 1969].

_____ (1987c). *As palavras e as coisas* – Uma arqueologia das ciências humanas. São Paulo: Martins Fontes [Original: *Les mots et les choses*. Paris. Gallimard, 1966].

_____ (1984a). *Microfísica do poder*. 4.a ed. Rio de Janeiro: Graal [Publicado originalmente em 1979].

_____ (1984b). O nascimento da medicina social. In: MACHADO, R. (org.). *Microfísica do poder*. Rio de Janeiro: Graal.

_____ (1984c). O nascimento do hospital. In: MACHADO, R. (org.). *Microfísica do poder*. Rio de Janeiro: Graal.

_____ (1979). *Historia da sexualidade I: A vontade de saber*. Rio de Janeiro: Forense Univ.

_____ (1977). *O nascimento da clínica*. Rio de Janeiro: Forense Univ.

FRAMINGHAM, Albany (1978). *Journal of Chronic Disease*, [s.n.t.], *31: 201-306*.

FREITAS, M.F.Q. (1986). *O psicólogo na comunidade* – Um estudo da atuação de profissionais engajados em trabalhos comunitários. São Paulo: PUC [Dissertação de mestrado].

FULLER, S. (1988). *Social epistemology*. Bloomington, Ind: Indiana University Press.

GENTILLE De MELLO, C. (1969). "Privatização e produtividade dos serviços de saúde – Pesquisa setorial sobre a incidência da cesárea". *Revista Brasileira de Medicina*, [s.n.t.], 26(10), p. 563-568.

GERGEN, K. (1985). "The social constructionist movement in modern Psychology". *American Psychologist*, 40 (3), p. 266-275.

GIAMI, A. et al. (1993). *Volunteer's Motivations for Participating in an HIV Vaccine Trial*. Berlin: 9th International Conference on Aids, 7-11 jun.

GIBSON, E.S. et al. (1972). Absenteism from work among hypertensives. *Newsletter of the Council on Epidemiology of the American Heart Association*.

GIDDENS, A. (1998). Risk society: the context of British politics. In: FRANKLIN, J. (org.). *The Politics of Risk Society*. Cambridge: Polity Press, p. 23-34.

GIMENES, M.G.G. (1997). *A mulher e o câncer*. Campinas: Psy.

GOFFMAN, E. (1982). *Estigma* – Notas para a manipulação da identidade deteriorada. Rio de Janeiro: Zahar.

_____ (1974). *Manicômios, prisões e conventos*. São Paulo: Perspectiva.

_____ (1959). *The Presentation of Self in Everyday Life* (s.l.): Anchor Books.

GOODE, W.J. (1969). The Theorical Limits of Professionalization. *In*: ETZIONI, A. *The Semi-Professions and their Organization Teachers, Nurses, Social Workers*. Nova York: Free-Press.

GORDON, J.E. et al. (1964). "Childbirth in rural Punjab, India". *American Journal of the Medical Sciences*, 247, p. 344-357.

HAIRE, D. (1973). "The cultural warping of childbirth". *Journal of Tropical Pediatrics* (Special Issue), jun., p. 171-191.

HALL, J.A. & DORNAN, M.C. (1988). "What Patients like about their medical care an how they are asked: a meta analysis of the satisfaction literature". *Social Science and Medicine*, 27, p. 935-939.

HARRÉ, R. (1984). "Some reflections on concept of 'social representation'". *Social research*, 51 (4), p. 927-38.

HART, G. & BOULTON, M. (1995). Sexual Behaviour and Gay Men – Towards a sociology of risk. In: AGGLETON, P. et al. (orgs.). *Aids*: Safety, Sexuality and Risk. Londres: Taylor and Francis.

HELLMAN, L. & PRITCHARD, J. (1971). *Williams Obstetrics*. 14. ed. Nova York: Appleton/Century-Crofts.

HERZLICH, C. (1973). *Health and Illness* – A Social Psychological Analysis. Londres: Academic Press.

HERZLICH, C. & PIERRET, J. (1984). *Malades dhier, malades d'aujourd hui* – De la morte collective au devoir de guérison. Paris: Payot.

HOWARD, F.H. (1958). "Delivery in the physiologic position". *Obstetrics and Gynaecology*, 11, p. 318-322.

HUNTINGFORD, P. (1978). Obstetric practice: past, present and future. In: KITZINGER, S. & DAVIS, J.A. (orgs.). *Place of Birth*. Oxford: Oxford University Press.

Hypertension: some unanswered questions (1985). Editorial *Journal of the American Medical Association*, 253 (15), 2.260-2.261, 19/abr.

IBAÑEZ, T. (1994). La construcción del conocimiento desde una perspectiva socioconstrucionista. In: MONTERO, M. (org.). *Conocimiento, realidade ideología*. Caracas: Avepso, p. 39-48.

_____ (1990/1). "Henri Serge and the next generation". *Social Psychology Newsletter*, (24), p. 5-14.

ILLYCH, I. (1977). *Limits to Medicine – Medical Nemesis*: the expropriation of health. Harmondsworth, Midd.: Penguin Books [Tradução: *A expropriação da saúde*. Rio de Janeiro: Nova Fronteira, 1975).

ISRAEL, J. (1972). Stipulation and Construction in the Social Sciences. In: ISRAEL, J. & TAJFEL, H. *The Context of Social Psychology*: a Critical Assessment. Londres: Academic Press.

JACQUES, E. (1955). "Social Systems as a Defense Against Persecutory and Depressive Anxiety". *New Directions in Psychoanalysis*. Londres: Tavistock.

JACQUES, P. (1977). *Curso de Direito Constitucional*. 8. ed. Rio de Janeiro: Forense.

JAHODA, G. (1988). "Critical notes and reflections on social representations". *European Journal of Social Psychology*, 18, p. 195-209.

JODELET, D. (1989a). Réprésentations sociales: un domain en expansion. In: ID. (org.). *Les Représéntations Sociales*. Paris: PUF.

_____ (1989b). *Folies et representations sociales*. Paris: PUF.

_____ (1984). La representation social: fenómenos, concepto y teoría. In: MOSCOVICI, Serge (org.). *Psicología Social*. Barcelona: Paidós, p. 469-494.

Jornal do Conselho Regional de Assistentes Sociais (1982). [s.l.] nov./dez.

Jornal do Conselho Regional de Psicólogos (1983). [s.l.], set./out.

KLAG, M.J. et al. (1991). "The association of skin color with blood pressure in US blacks with low socioeconomic status". *Journal of the American Medical Association*, 265 (5), p. 559-602.

KLOOSTERMAN, G.L. (1978). The dutch system of home birth. In: KITZINGER, S. & DAVIS, J.A. (orgs.). *Place of Birth*. Oxford: Oxford University Press.

KRON, R. (1966). "Newborn sucking behaviour affected by obstetric sedation". *Pediatrics*, 37, p. 1.012-1.016.

LANE, S. & CODO, W. (org.) (1984). *Psicologia social*: o homem em movimento. São Paulo: Brasiliense.

LAPASSADE, G. (1977). *Grupos, organizações e instituições*. Rio de Janeiro: F. Alves.

LAQUEUR, T. (1990). *Making Sex* – Body and Gender from the Greeks to Freud. Cambridge, Mass.: Harvard University Press.

LE BRETON, D. (1996). *Passions du risque*. Paris: Métailié.

LEESON, J. & GRAY, J. (1978). *Women and Medicine*. Londres: Tavistock.

LE GOFF, J. (1988). *Os intelectuais na Idade Média*. São Paulo: Brasiliense.

LEME, M.A.V.S. et al. (1989). "A representação social da psicologia e do psicólogo". *Psicologia, ciência e profissão*, 9, p. 1.

LEONTIEV, A. (1978). *Actividad, consciencia y personalidad*. Buenos Aires: Ciencias del Hombre.

LIPOWSKI, Z.J. (1986). "Psychosomatic Medicine – Past and Present". *Canadian Journal of Psychiatry*, 31, p. 2-21.

LO BIANCO, A.C. et al. (1994). Concepções e atividades emergentes na psicologia clínica – Implicações para a formação. In: ACHCAR, R. (org.). *Psicólogo brasileiro* – Práticas emergentes e desafios para a formação. São Paulo: Casa do Psicólogo.

LOYOLA, M.A. (1994). *Médicos e curandeiros*: conflito social e saúde. São Paulo: Difel.

LUZ, M.T. (1988). *As instituições médicas no Brasil*. Rio de Janeiro: Graal.

_____ (1979). Natural, racional, social – Razão médica e racionalidade científica moderna. Rio de Janeiro: Campus.

MACHLIS, G.E. & ROSA, E.A. (1990). "Desired risk: broadening the social amplification risk framework". *Risk Analysis*, 10 (1), p. 161-168.

MANN, J. et al. (1993). *Aids no mundo*. Rio de Janeiro: Relume-Dumará.

MARANHÃO, D. (1977). *Direito do Trabalho*. 5. ed. Rio de Janeiro: FGV.

MARKS, D. (1996). "Health Psychology in Context". *Journal of Health Psychology*, 1(1), p. 7-21.

MARSIGLIA, R.G. et al. (1987). *Saúde mental e cidadania*. São Paulo: Mandacaru.

MARTEAU, T.M. (1989). "Framing of Information: its influence upon decisions of doctors and patients". *British Journal of Social Psychology*, 28: 89-94.

MARTEAU, T.M. & JOHNSTON, M. (1987). "Health Psychology – The Danger of Neglecting Psychological Models". *Bulletin of the British Psychological Society*, 40, p. 82-85.

MARTINS, H.H.T.S. (1979). *O Estado e a burocratização do sindicato no Brasil*. São Paulo: Hucitec.

MATARAZZO, J.D. (1980). "Behavioral Health and Behavioral Medicine: frontiers of a new Health Psychology". *American Psychologist*, 35, p. 807-817.

MAUTNER, A.V. (1991). "Vicissitudes da barreira de contato". *Revista USP*, 11, p. 71-76.

McGUIRE, E.J. (1986). "The vicissitudes of attitudes and similar representational constructs in twentieth century psychology". *European Journal of Social Psychology*, 16, p. 89-130.

McQUEEN, K. et al. (1993). *The Decision to Enroll in HIV Vaccine Efficacy Trials* [Conference on Advances in Aids Vaccine Development. Alexandria, Virginia, 2/nov.].

MEAD, M. & NEWTON, N. (1967). Cultural patterning of perinatal behaviour. In: RICHARDSON, S.A. & GUTTMACHER, A.F. (orgs.). *Childbearing* – It's Social and Psychological Aspects. Baltimore: Williams and Wilkins.

MENZIES, I. (1970). *O funcionamento das organizações como sistemas sociais de defesa contra a ansiedade*. São Paulo: FGV [Tradução de Rodrigues, A.M.].

MICHLER, E.G. (1984). *The discourse of Medicine*: dialetics of medical interviews. Nova Jersey: Ablex Publishing Corporation.

MONTERO, P. (1985). *Da doença à desordem* – A magia na umbanda. Rio de Janeiro: Graal.

MOORE, W.M.O. (1978). Antenatal care and the choice of place of birth. In: KITZINGER, S. & DAVIS, J.A. (orgs.). *Place of Birth*. Oxford: Oxford University Press.

MORIN, E. (1983). *O problema epistemológico da complexidade*. Lisboa: Europa-América.

MORIN, M. & MOATTI, J.P. (1996). "Observance et Essais Thérapeutiques: obstacles psychosociaux dans la recherche sur le traitment de l'infection par le HIV". *Natures, Sciences, Societé*, 4 (3), p. 228-240.

MOSCHOCOWITZ, E. (1919). "Hypertension: its relation to arteriosclerosis and nephritis and etiology". *American Journal of Medical Science*, 158/668.

MOSCOVICI, S. (1988). "Notes Towards a Description of Social Representations". *European Journal of Social Psychology*, 18, p. 195-209.

_____ (1978). *A representação social da psicanálise*. Rio de Janeiro: Zahar.

MOSER, M. (1986). "Historical perspective on the management of hypertension". *American Journal of Medicine*, 80 (5B): 1-11.

MURRAY, M. (1997). "A narrative approach to health psychology – Background and potential". *Journal of Health Psychology*, 2 (1): 9-20.

MUYLAERT, M.A. (1992). *O psicólogo no Hospital Geral* – A incômoda escuta da "queixa do desejo". São Paulo: PUC [Dissertação de mestrado].

NEDER, M. (1992). "O psicólogo no hospital". *Revista de Psicologia Hospitalar do HC*, 1 (1), p. 6-15.

NEVES, W.M.J. (1989). *O psicólogo escolar da Prefeitura de São Paulo – Atividade e representação*. São Paulo: PUC [Dissertação de mestrado].

NEWTON, N. & NEWTON, M. (1960). "The propped position of women at childbirth". *Obstetrics and Gynaecology*, 15, p. 28-34.

NOGUEIRA, O. (1967). *Contribuição ao estudo das profissões de nível universitário no Estado de São Paulo*. São Paulo [Mimeo. – Tese de livre-docência).

NUNES, E.D. (1988). *Medicina social*: aspectos históricos e teóricos. São Paulo: Global.

_____ (org.) (1983). "A relação médico-paciente – Suas determinações sociais". *Educación Médica y Salud,* 22 (2), p. 153-168.

OAKLEY, A. (1980). *Women Confined*: Towards a Sociology of Childbirth. Oxford: Martin Robertson.

_____. (1976). Wisewoman and medicine man: changes in the management of childbirth. In: MITCHELL, J. & OAKLEY, A. (orgs.). *The Rights and Wrongs of Women*. Harmondsworth, Middl.: Penguin Books.

ORFALI, K. (1990). *Hospital Experience*: Identity Construction of the Patient [XII Congres Mondial de Sociologie. Madrid, 9-13/jul.].

PAGE, J.H. (1976). "Hypertension: a strange case of neglect". *Journal of the American Medical Association*, 235 (8): 809-810.

PALMONARI, A. & ZANI, B. (1989). Les representations sociales dans le champs des profissions psychologiques. In: JODELET, D. (org.). *Les representations sociales*. Paris: PUF.

PARKER, I. (1989). *The crisis in Modern Social Psychology and how to end it*. Londres: Routledge.

PARKER, R. (1994). *A construção da solidariedade* – Aids, sexualidade e política no Brasil. Rio de Janeiro: Relume Dumará.

PATTON, C. (1990). *Inventing Aids*. Nova York: Routledge.

PETERSON, A. & LUPTON, D. (1996). *The New Public Health*. Londres: Sage.

POLLACK, M. (1990). *Os homossexuais e a Aids*. São Paulo: Estação Liberdade.

POTTER, J. (1996). *Representing reality*. Londres: Sage.

POTTER, J. & WETHERELL, M. (1987). *Discourse and social psychology*: beyond attitudes and behaviour. Londres: Sage.

PRADO, N. (1985). "Profissões de saúde: profissões de mulher?" *Cadernos Fundap*, 5 (10), p. 44-56.

PRANDI, J.R. (1982). *Os favoritos degradados* – Ensino Superior e profissões de nível universitário no Brasil hoje. São Paulo: Loyola.

Progress in essential hypertension. Editorial (1979). *The Lancet*, 1066-1067, 19/mai.

REICH, W. (1970). *The function of the orgasm*. Londres: Panther Books [Tradução: *A função do orgasmo*. São Paulo: Brasiliense, 1981).

RICHARDS, M.P.M. (1975). "Innovation in medical practice: obstetricians and the induction of labour in Britain". *Social Science and Medicine*, 9: 595-602.

RODRIGUES, A.L. (1998). *O stress no exercício profissional da medicina* – Uma abordagem psicossocial. São Paulo: PUC [Tese de doutorado].

ROEMER, T. (1968). "Legal Systems Regulating Health Personnel – A comparative analysis". *Milbank memorial Fund Quarterly*, 46 (4), out.

ROKEACH, M. (1960). *The Open and Closed Mind*. Nova York: Basic Books.

ROLNIK, S. (1989). *Cartografia sentimental* – Transformações contemporâneas do desejo. São Paulo: Estação Liberdade.

RORTY, R. (1994). *A filosofia e o espelho da natureza*. Rio de Janeiro: Relume-Dumará.

ROSE, N. (1992). Individualizing Psychology. In: SHOTTER, J. & GERGEN, K.J. (orgs.). *Texts of Identity*. 3. ed. Londres: Sage.

ROSEN, G. (1980). *Da polícia médica à medicina social*. Rio de Janeiro: Graal.

ROSEN, G. (1983). A evolução da medicina social. In: NUNES, E.D. *Medicina social*: aspectos históricos e teóricos. São Paulo: Global [Texto original: Evolution of Social medicine. In: FREEMAN, H.E. et al. (orgs.). *Handbook of Medical Sociology*. Nova Jersey: Prentice Hall, 1963].

RUAS, A.G. (1976). O Ensino Superior no Brasil e sua estrutura básica. In: GARCIA, W. (org.). *Educação brasileira contemporânea*: organização e funcionamento. São Paulo: McGraw-Hill.

SANT'ANNA, D.B. de (1997). A mulher e o câncer na história. In: GIMENES, M.G.G. (org.). *A mulher e o câncer*. Campinas: Psy.

SÃO PAULO (cidade)/Câmara dos Deputados/Comissão de Saúde. (1983). *Projeto de Lei n. 6.717, de 1983* [Relator Mário Hato].

SASS, O. (1989). O campo de atuação do psicólogo, esse confessor moderno. In: CONS. FEDERAL DE PSICOLOGIA. *Quem é o psicólogo brasileiro*. São Paulo: Edicon, cap. 11.

SCHRODER, H.M. et al. (1967). *Human Information Processing.* [s.l.]: Holt, Rinehart & Winston.

SCHWARTZ, G.E. & WEISS, S.M. (1978). "Behavioral Medicine Revisited: an amended definition". *Journal of Behavioral Medicine,* 1, p. 249-251.

SECR. DE ESTADO DA SAÚDE/Coord. de Saúde Mental (1983). *Proposta de trabalho para equipes multiprofissionais em unidades básicas e em ambulatórios de saúde mental.* São Paulo, [s.n.t.]. [Arquivos da Coord. de Saúde Mental Franco da Rocha].

SEIGEL, J. (1990). "Avoiding the subject: a Foucaultian itinerary". *Journal of the History of Ideas,* 51 (2): 273-299.

SILVA, P.L.B. (1984). *Políticas governamentais e perfis de intervenção – Reflexões acerca da análise da intervenção estatal.* São Paulo, set. [Trabalho apresentado na 7ª Reunião Anual da Associação de Programas de Pós-graduação em Administração].

_____ (1992). A formação em psicologia. In: CAMPOS, F.C.B. (org.). *Psicologia e saúde*: repensando práticas. São Paulo: Hucitec.

SILVA, R.C. (1988). *O trabalho do psicólogo em centros de saúde – Algumas reflexões sobre as funções da psicologia na atenção primária.* São Paulo: USP [Tese de doutorado].

SINGER, P. et al. (1978). *Prevenir e curar – O controle social através dos serviços de saúde.* Rio de Janeiro: Forense Univ.

SOARES, A.R. (1979). História do Conselho Federal de Psicologia. In: CONS. FEDERAL DE PSICOLOGIA. *Psicologia, ciência e profissão.* Brasília, dez. [Edição especial].

SONTAG, S. (1989). *A Aids e suas metáforas.* São Paulo: Cia. das Letras.

_____ (1984). *A doença como metáfora.* Rio de Janeiro: Graal.

SPICER, J. & CHAMBERLAIN, K. (2001a). "Os contornos do risco na modernidade reflexiva – Considerações a partir da psicologia social". *Psicologia e Sociedade,* 12 (1/2), p. 156-173.

_____ (2001b). "Trópicos do discurso sobre risco: risco-aventura como metáfora na modernidade tardia". *Cadernos de Saúde Pública,* 17 (6), p. 1.277-1.311.

_____ (1999) (org.). *Práticas discursivas e produção de sentidos no cotidiano – Aproximações teóricas e metodológicas.* São Paulo: Cortez.

_____ (1996). *Journal of Health Psychology,* 1 (2), p. 161-171.

_____ (1994a) (org.). *A cidadania em construção.* São Paulo: Cortez.

_____ (1994b). "Permanência e diversidade nas representações sociais da hipertensão arterial essencial". *Temas em Psicologia*, 2, p. 199-212.

_____ (1993a). *O contexto como pretexto* [Paper apresentado no Simpósio Teorías de las Representationes Sociales: avances y problemas – XXIV Congresso Interamericano de Psicologia. Santiago, 4-9/jul.].

_____ (1993b). *Permanência e diversidade nas representações sociais da hipertensão arterial essencial* [XXXIII Reunião Anual de Psicologia – Sociedade Brasileira de Psicologia. Ribeirão Preto].

_____ (1993c) (org.). *O conhecimento no cotidiano* – As representações sociais na perspectiva da psicologia social. São Paulo: Brasiliense.

_____ (1992). "Qualitative Research on Social representations – The delightful world of paradoxes". *Papers on Social Representations*, 2: 48-54.

_____ (1989). *"A contribuição da psicologia social na área da saúde"*. São Paulo: USP [Seminário de Psicologia Social e Saúde Pública, out. – Mimeo.].

_____ (1985a). "A prática profissional nas unidades de saúde". *Assistência à saúde na rede básica*. São Paulo: Fundap [Documento técnico].

_____ (1985b). "Regulamentação das profissões da saúde: o espaço de cada um". *Cadernos Fundap*, 5 (10), p. 24-43.

SPINK, M.J.P. (1982). *Experiences of First Pregnancy and Artenatal Care in São Paulo, Brazil*. Londres: LSE [Tese de doutorado].

SPINK, M.J.P. & LIMA, H. (1999). Rigor e visibilidade – A explicitação dos passos da interpretação. In: SPINK, M.J.P. (org.). *Práticas discursivas e produção de sentidos no cotidiano* – Aproximações teóricas e metodológicas. São Paulo: Cortez, p. 93-122.

SPINK, M.J.P. & MEDRADO, B. (1999). Produção de sentido no cotidiano – Uma abordagem teórico-metodológica para análise das práticas discursivas. In: SPINK, M.J.P. (org.). *Práticas discursivas e produção de sentidos no cotidiano* – Aproximações teóricas e metodológicas. São Paulo: Cortez, p. 41-61.

SPINK, M.J.P. & MENEGON, V. (1999). A pesquisa como prática discursiva. In: SPINK, M.J.P.(org.). *Práticas discursivas e produção de sentidos no cotidiano* – Aproximações teóricas e metodológicas. São Paulo: Cortez, p. 63-92.

SPINK, M.J.P. et al. (1996). *Recruitment of Volunteers for Vaccine Efficacy Trials – The Bela Vista Project* [Workshop for the Agence Nationale de Recherches sur le Sida, set.].

STRAUSS, A. (1963). The Hospital and its Negotiated Order. In: FRIEDSON (org.). *The Hospital in Modern Society*. Nova York: Free Press.

TAJFEL, H. (1982). *Social identity and intergroup relations*. Cambridge: Cambridge University Press.

TAKAHASHI, E.I.U. (1991). *A emoção na prática da enfermagem*. São Paulo: USP/Escola de Enfermagem [Tese de doutorado].

TANNEN, D. & WALLAT, C. (1987). Interactive Frames and Knowledge Schemas in Interaction: examples from a medical examination interview. *Social Psychology Quarterly*, 50 (2), p. 105-216.

TAYLOR, S. (1987). "The Progress and Prospects of Health Psychology: tasks of a maturing discipline". *Health Psychology*, 6 (1), p. 73-87.

TOLEDO, R.P. (1990). *A incorporação do social na relação terapeuta-paciente em uma instituição pública de saúde*. São Paulo: PUC [Dissertação de mestrado].

WARE, J.E. et al. (1983). "Defining and measuring Patient Satisfaction with Medical Care". *Evaluation and Program Planning*, 5, p. 247-263.

WATKINS, B. (1975). *Documents on Health and Social Services*. Londres: Methuen.

WERTSCH, J.V. (1993). *Voices of the Mind* – A sociocultural approach to mediated action. Harvard: Harvard University Press.

WERTZ, R. & WERTZ, D.C. (1977). *Lying-in*: a History of Childbirth in America. Nova York: Schocken Books.

WHITE, W.D. (1979). "Why is Regulation Introduced in the Health Sector? A look at occupational licensure". *Journal of Health Policy and Law*, 4. p. 536-552.

WILLIAMS, H. (1932). *A Century of Public Health in Britain*: 1832-1929. Londres: A.C. Black.

WOLFF, H.G. (1953). *Stress and disease*. Springfield, Ill.: Charles C. Thomas.

COLEÇÃO PSICOLOGIA SOCIAL

– *Psicologia social contemporânea*
Vários autores
– *As raízes da psicologia social moderna*
Robert M. Farr
– *Paradigmas em psicologia social*
Regina Helena de Freitas Campos e
Pedrinho A. Guareschi (orgs.)
– *Psicologia social comunitária*
Regina Helena de Freitas Campos e outros
– *Textos em representações sociais*
Pedrinho A. Guareschi e Sandra
Jovchelovitch
– *As artimanhas da exclusão*
Bader Sawaia (org.)
– *Psicologia social do racismo*
Iray Carone e Maria Aparecida Silva
Bento (orgs.)
– *Psicologia social e saúde*
Mary Jane P. Spink
– *Representações sociais*
Serge Moscovici
– *Subjetividade e constituição do sujeito em Vygotsky*
Susana Inês Molon
– *O social na psicologia e a psicologia social*
Fernando González Rey
– *Argumentando e pensando*
Michael Billig
– *Políticas públicas e assistência social*
Lílian Rodrigues da Cruz e Neuza
Guareschi (orgs.)
– *A identidade em psicologia social*
Jean-Claude Deschamps e Pascal Moliner
– *A invenção da sociedade*
Serge Moscovici
– *Psicologia das minorias ativas*
Serge Moscovici

– *Inventando nossos selfs*
Nikolas Rose
– *A psicanálise, sua imagem e seu público*
Serge Moscovici
– *O psicólogo e as políticas públicas de assistência social*
Lílian Rodrigues da Cruz e Neuza
Guareschi (orgs.)
– *Psicologia social nos estudos culturais*
Neuza Guareschi e Michel Euclides
Bruschi (orgs.)
– *Envelhecendo com apetite pela vida*
Sueli Souza dos Santos e Sergio Antonio
Carlos (orgs.)
– *A análise institucional*
René Lourau
– *Psicologia social da comida*
Denise Amon
– *Loucura e representações sociais*
Denise Jodelet
– *As representações sociais nas sociedades em mudança*
Jorge Correia Jesuíno, Felismina R.P.
Mendes e Manuel José Lopes (orgs.)
– *Grupos, organizações e instituições*
Georges Lapassade
– *A psicologia social da comunicação*
Derek Hook, Bradley Franks e Martin W.
Bauer (orgs.)
– *Crítica e libertação na psicologia*
Ignácio Martín-Baró
– *Psicologia social do trabalho*
Maria Chalfin Coutinho, Marcia Hespanhol
Bernardo e Leny Santo (orgs.)

C.G. JUNG
OBRA COMPLETA

1	Estudos psiquiátricos
2	Estudos experimentais
3	Psicogênese das doenças mentais
4	Freud e a psicanálise
5	Símbolos da transformação
6	Tipos psicológicos
7/1	Psicologia do inconsciente
7/2	O eu e o inconsciente
8/1	A energia psíquica
8/2	A natureza da psique
8/3	Sincronicidade
9/1	Os arquétipos e o inconsciente coletivo
9/2	Aion – Estudo sobre o simbolismo do si-mesmo
10/1	Presente e futuro
10/2	Aspectos do drama contemporâneo
10/3	Civilização em transição
10/4	Um mito moderno sobre coisas vistas no céu
11/1	Psicologia e religião
11/2	Interpretação psicológica do Dogma da Trindade
11/3	O símbolo da transformação na missa
11/4	Resposta a Jó
11/5	Psicologia e religião oriental
11/6	Escritos diversos – Vols. 10 e 11
12	Psicologia e alquimia
13	Estudos alquímicos
14/1	Mysterium Coniunctionis – Os componentes da Coniunctio; Paradoxa; As personificações dos opostos
14/2	Mysterium Coniunctionis – Rex e Regina; Adão e Eva; A Conjunção
14/3	Mysterium Coniunctionis – Epílogo; Aurora Consurgens
15	O espírito na arte e na ciência
16/1	A prática da psicoterapia
16/2	Ab-reação, análise dos sonhos e transferência
17	O desenvolvimento da personalidade
18/1	A vida simbólica
18/2	A vida simbólica
	Índices gerais – Onomástico e analítico

CULTURAL

Administração
Antropologia
Biografias
Comunicação
Dinâmicas e Jogos
Ecologia e Meio Ambiente
Educação e Pedagogia
Filosofia
História
Letras e Literatura
Obras de referência
Política
Psicologia
Saúde e Nutrição
Serviço Social e Trabalho
Sociologia

CATEQUÉTICO PASTORAL

Catequese
Geral
Crisma
Primeira Eucaristia

Pastoral
Geral
Sacramental
Familiar
Social
Ensino Religioso Escolar

TEOLÓGICO ESPIRITUAL

Biografias
Devocionários
Espiritualidade e Mística
Espiritualidade Mariana
Franciscanismo
Autoconhecimento
Liturgia
Obras de referência
Sagrada Escritura e Livros Apócrifos

Teologia
Bíblica
Histórica
Prática
Sistemática

VOZES NOBILIS

Uma linha editorial especial, com importantes autores, alto valor agregado e qualidade superior.

REVISTAS

Concilium
Estudos Bíblicos
Grande Sinal
REB (Revista Eclesiástica Brasileira)
SEDOC (Serviço de Documentação)

VOZES DE BOLSO

Obras clássicas de Ciências Humanas em formato de bolso.

PRODUTOS SAZONAIS

Folhinha do Sagrado Coração de Jesus
Calendário de mesa do Sagrado Coração de Jesus
Agenda do Sagrado Coração de Jesus
Almanaque Santo Antônio
Agendinha
Diário Vozes
Meditações para o dia a dia
Encontro diário com Deus
Guia Litúrgico

CADASTRE-SE
www.vozes.com.br

EDITORA VOZES LTDA.
Rua Frei Luís, 100 – Centro – Cep 25689-900 – Petrópolis, RJ
Tel.: (24) 2233-9000 – Fax: (24) 2231-4676 – E-mail: vendas@vozes.com.br

UNIDADES NO BRASIL: Belo Horizonte, MG – Brasília, DF – Campinas, SP – Cuiabá, MT
Curitiba, PR – Fortaleza, CE – Goiânia, GO – Juiz de Fora, MG
Manaus, AM – Petrópolis, RJ – Porto Alegre, RS – Recife, PE – Rio de Janeiro, RJ
Salvador, BA – São Paulo, SP